WIZARD

ブラックエッジ

資産1兆円の男、スティーブ・コーエン物語

BLACK EDGE

Inside Information, Dirty Money, and the Quest to Bring Down the Most Wanted Man on Wall Street

by Sheelah Kolhatkar

ルハトカー［著］
修］ 藤原玄［訳］

Pan Rolling

Black Edge : Inside Information, Dirty Money, and the Quest to Bring Down the Most Wanted Man on Wall Street
by Sheelah Kolhatkar

This translation is published by arrangement with Random House, a division of Penguin Random House LLC through The English Agency (Japan) Ltd.

監修者まえがき

本書はヘッジファンドの勤務経験を持つジャーナリスト、シーラ・コルハトカーによる〝Black Edge : Inside Information, Dirty Money, and the Quest to Bring Down the Most Wanted Man on Wall Street〟の邦訳で、ここで言うブラックエッジとは、非合法のインサイダー取引によるエッジを指す。これは、世界最大級のヘッジファンド、SACキャピタル・アドバイザーズが犯した一連のインサイダー取引をめぐる、SACとFBI（米連邦捜査局）やSEC（米証券取引委員会）の攻防を描いたドキュメントである。だがその結末は釈然としないもので、インサイダー取引の起点となったアナリストは有罪となり刑務所に行くことになったが、本来、最も責任を問われるべきSACのオーナーであるスティーブ・コーエン自身は逃げ切ることに成功している。その後、SACは閉鎖されたが、組織はコーエンの資産を運用するファミリーオフィス（ポイント72アセット・マネジメント）として再編され活動を継続している。

ところで、読者の方はインサイダー取引など自分とはまったく関係のない世界の話だと思われることだろう。確かに普通の生活を送っているかぎり、たとえ望んだとしてもインサイダー情報など得られるものではないし、そもそも分別のある人間ならばそんな割に合わない危険な行為はしないだろう。しかし、だからと言って安心することはできない。随分前のことになるが、私が勤務先で、ある新興国の大手銀行の幹部の訪問を受けたときのことだ。彼は自慢げに、「自分の国では銀行による資産運用ビジネスの兼務が認められている。だから銀行部門からの情報によるインサイダー取引でわれわれは利益を上げている」と語ったのだ。私が驚いて、「あなたの国ではそれは合法なのか?」と聞くと、「もちろん違法だが、だれも法律など守ったりしない」と返された。さらに私が、日本ではそれは絶対に許されないことであり、当社としては違法行為にかかわるつもりは一切ない、と伝えると、彼は不満げな表情を見せて沈黙した。会合は物別れになり、その幹部とは二度と会うことはなかったが、後にその銀行が運用する投資信託が日本の金融機関で販売されたことを私は知った。純資産残高からみて数万人単位の日本の投資家がそれを購入したと推察される。したがって、もし彼らの順法精神のあり方に変化がなければ、そうとは知らない多くの人々がブラックエッジから得られた利益を手にしたことになる。

翻訳にあたっては以下の方々に心から感謝の意を表したい。まず藤原玄氏には正確で読みやすい翻訳を、そして阿部達郎氏は丁寧な編集・校正を行っていただいた。また本書が発行される機会を得たのはパンローリング社社長の後藤康徳氏のおかげである。

二〇一七年一一月

長尾慎太郎

CONTENTS

パート4

セスに

序章　不安

二〇〇八年七月のある夜、ＦＢＩ（米連邦捜査局）の特別捜査官Ｂ・Ｊ・カンは、デスクに背を丸め、ヘッドフォン越しにある通話を聞き入っていた。外はすでに暗くなっていたが、まだ夕食を済ませていない。腹が鳴っていた。

「ラジ、ちゃんと聞いてる。ちゃんと、やってよ」。女は、優しいハスキーな声で話している。

「分かってるよ」と男の声が答える。

「彼らは、ガイドダウンする予定だわ」。ガイド・ダウン、これが、企業が収益の下方修正をすることを示すウォール街の用語であることをカンは知っていた。確実に悪いニュースである。ここで言われている「彼ら」とはマサチューセッツ州ケンブリッジを本拠とする八億ドルのインターネット企業のアカマイ・テクノロジーズのことである。「仲間から電話があったのよ。彼とは波長がぴったりなのよね」

「空売りしよう、それで良いな」。男が答える。

「ちゃんと乗ってね。私たちはチームだからね」と女が満足げに言う。少なくとも、この時点では女がセックスの話をしているのではないことは明らかだ。お金の話である。「これでいきましょう。売り続けてね。毎日よ」

だれだ、この女は。カンは一人考えた。彼女の声は、どこか現実離れして、いわくありげだ。カンは耳を澄まし、メモを取る。彼はＦＢＩの「通信室」にいた。ロウアーマンハッタンのフェデラルプラザ二六番地にあるＦＢＩニューヨーク支局本部の二四階、デルの古びたコンピューターが四〇台設置され、不似合いなオフィス家具が並ぶ、窓のない密室である。一方の壁には金属製の棚が置かれ、そこにはグラノーラのバーやゴールドフィッシュのクラッカー、キットカットなどが置かれている。毎日、この部屋で電話を傍受しながら何時間も過ごす捜査官たちの腹ごしらえ用である。

盗聴などくだらない仕事だと思われがちだが、カンはそうとは考えていなかった。要は忍耐力の問題なのだと。つまり、粘り強く取り組めば、必ず報われると考えていたのだ。今から数カ月前の三月七日、連邦判事はカンにあるプレゼントを授けた。ラジ・ラジャラトナムという名のウォール街の大物の携帯電話を傍受する許可が与えられたのだ。以来、カンは通信室に文字どおり住み込んで、巨大なインサイダー取引の証拠を集めていた。彼は、過去二年間取り組んできたような、ちっぽけな、小者による証券犯罪を追っているのではない。彼は、ラジャラトナムのような大物、金融界の重要人物を押さえようとしているのだ。

七〇億ドルの規模を誇るヘッジファンドであるガレオン・グループの共同設立者で、五〇歳になるラジャラトナムは、ウォール街でももっとも名を知られたトレーダーの一人である。その一因は彼のサイズにある。デブで、派手で、無類の大食漢なのだ。彼は食べることと、お金を使うことが大好きで、自分の誕生日に七〇人の友人とケニアにサファリに出かけたり、ビスケーン湾のスター島で行われたスーパーボウルのパーティーに二五万ドルを投じたりしている。韓国移民の子として厳格に育ち、黒髪を短く刈り込み、コンクリートブロックのような堅物であるカンとは好対照である。ラジャラトナムが事あるごとにおしゃべりし、取引し、自分の並外れた能力を吹聴して回る一方で、カンは物静かで、本当に必要なときにしか口をきかない努力家である。ＦＢＩでもっとも親しい同僚ですら、彼の個人的なことはほとんど知らなかったくらいである。

あの電話から六日後、アカマイが次の決算発表は期待にそぐわないものとなると全世界に向けて発表するのをカンは目撃する。株価は、三一・二五ドルから二三・三四ドルまで下落した。一方で、八七万五〇〇〇株を空売りしていたラジャラトナムは、一週間で五〇〇万ドル超を稼ぎ出すことになる。彼にインサイダー情報をもたらした女、ダニエラ・チエシという名のトレーダーは、二五〇万ドルを稼ぎ出していた。カンは、この女が、アカマイが公表しようとしている価値ある情報をどこで入手したのかを知るために、彼女の通話記録の提出を求めた。彼女の通話記録を調べていくと、彼女がラジャラトナムに情報を提供する直前にアカマイの経営幹部と話をしていることが明らかとなった。

「しゃれた方法でやるんだな。そうやってコネを生かすんだな」と、後にラジャラトナムはインサイダー情報のお礼を伝える電話のなかでチエシに話していた。

チエシはため息をつく。「くどき落としたのよ」

ラジャラトナムは、アカマイに関する極秘のインサイダー情報を入手し、それに基づいて取引し、利益を獲得する、という明らかな違法行為を行ったことが記録に残っているのだ。暗号や暗示的な表現が用いられたわけでもない。すべては完全に提示され、刑事告発を行うに十分である。電話があったのが七月二四日の夜で、ラジャラトナムは翌日には一三万八五五〇株を空売りし、株価の下落に賭けた。そして、七月三〇日にニュースが報じられるまで空売りを続けたのだ。この証拠だけでも、ウォール街でもっとも成功したトレーダーの一人は刑務所行きである。カンは興奮を抑えられなくなっていた。ラジャラトナムとチエシがこれほどさりげなく、あからさまにインサイダー取引をしているのであれば、ほかにも余罪があるはずだ。

ラジャラトナムの電話は、朝、市場が開いたころがもっとも忙しい。カンは早めに傍受して耳をすませた。ラジャラトナムは、友人や知人に電話をかけ、噂話をかき集める。彼が情報交換する相手には、すでにハイテク産業やヘッジファンドからは身を引いたウォートン時代のクラスメートもいる。彼らの多くがラジャラトナムから小遣いをもらっているのだ。カンは、ラジャラトナムがいまだ公表されていない業績発表や買収案などの情報を収集し、それに基づいて何百万ドルもの株式を取引していることを観察していた。その後、数カ月のうちに、カンはラジャラトナムの友人の通話も傍受するようになる。

彼や、傍受を行っていたほかのＦＢＩ捜査官たちは、自分たちが耳にしたことに衝撃を受けていた。これがウォール街の普通の振る舞いなのか。インサイダー情報はこれほど簡単に入手できるのか。彼らは金融界で不正を見るのには慣れていたが、これらのやり取りはあまりにあからさまで、違法であることは言うまでもないが、あらゆる方向に広がっているように思われた。インサイダー取引を行う一団を見つけると、それは必ずほかのグループとも重複し、追いかけるべき新たな容疑者の一覧が出来上がるのだ。問題はラジャラトナムなどよりもよほど大きなものである。それは、巨大かつ複雑なネットワークなのだ。

通話記録を調べ、聞き込みの資料を見ていくと、一つのヘッジファンドに行きあたる。ＳＡＣ・キャピタル・アドバイザーズ、である。カンは、詳しく調査することに決めた。

サンフランシスコ南部、エンバシー・スイーツの看板が頭上に現れたころ、Ｂ・Ｊ・カンは駐車場から引っ張り出した中型のレンタカーのハンドルを握り、クパチーノに向けて南下していた。およそ四〇分後には静かな通りに面した三ベッドルームの家の前に到着する。彼と、その隣に静かに座っているパートナーは前夜、長い時間をかけて、これから向かう目的地に到着し、ドアをノックした場合に起こると予想される幾つかのシナリオをリハーサルしていた。目指す男が家にいなかったらどうするか。彼が失せろと言ったらどうするか。拳銃を持っていたらどうするか。あり得ないことかもしれないが、あらゆる可能性に備えておかなければならない。

これは二〇〇九年四月一日のことで、太陽は傾き始めていた。カンと、彼が自分の「ウィングマン」と呼ぶもう一人の捜査官であるトム・ズカウスカスは車を降り、ドアまでの道を進む。ドアをノックすると、黒髪の男が一人現れた。

「アリ・ファーか」とカンが尋ねる。男はうなずいたが、戸惑ってもいた。カンは、ジャケットからIDカードを取り出し、男の鼻面に掲げる。「私の名前はB・J・カン、FBIだ。インサイダー取引のことで話がある」

彼は一呼吸おいて、IDカードをしまった。

ファーは、過去に行ったいくつかの行為によって難しい立場にあること、しかしそれは解決可能であることをカンが説明する。カンとファーは互いに助け合える立場にあるのだ。ファーの妻、二人の娘、母親、そして義理の母親は背後で小さくなって聞き耳を立てている。「あなたが、ガレオンのラジ・ラジャラトナムのもとで働いており、インサイダー取引に関与していたことをわれわれは知っている。あなたの記録があるのだ」とカンが言った。

記録だと。

そして、カンは音声録音機のスイッチを入れると、ラジャラトナムに半導体企業のインサイダー情報を提供するファーの声が流れた。録音が流れるに従い、ファーは言葉を失っていった。

ファーは二〇〇八年にガレオンを去り、友人で、「C・B」の名でだれもが知るリチャード・クー・バン・リーとヘッジファンドを立ち上げた。リーは、かつてはSACキャピタルで働いていたハイテク分野のアナリストである。カンは、世界最大のヘッジファンドの一つであるSACに、ファーとリーの助けを借りて接近することを望んだのだ。カンは、ファンドのこと、そして謎に包まれた創業者のスティーブ・コーエンのことをどんどん学んでいった。ウォール街のほかのトレーダーたちに言わせると、コーエンはあらゆる取引で「常に正しい側についている」と言うのだ。これは少なくとも表面的には不可能な話である。コーエンがどうしてそれほど一貫して、たくさんのお金を稼ぐことができるのかは業界のだれにも理解できなかった。

それゆえ、競合たちはうらやみもし、また疑いもしたのだ。ガレオンとSACで腕を磨いたファーとリーは、スヘリックス・キャピタルと名づけた自分たちのファンドを投資家たちに売り込むにあたり、自分たちはハイテク企業の経営陣と関係を有しており、それゆえに有益な情報が手に入るのだと喧伝していた。カンはそのすべてを把握していたのだ。彼が言いたかったのは、「ダーティーで、重要なヘッジファンド」「時間をかけて取り組むに値しないダーティーなヘッジファンド」、そして「重要でないヘッジファンド」の違いを自分は理解しているということだ。

彼は、FBIの同僚に対し、ラジ・ラジャラトナムやガレオンを超えて、コーエンのようなより大きく、より強力なターゲットの捜査を進めるべきだと主張していた。人脈も豊富で、企業内部から直接的にインサイダー情報を入手しているファーやリーは第一のグループ、それ自体追いかける価値のある存在とみなしていた。しかし、カンにとって彼らはより大きな獲物への通過点にすぎなかったのだ。カンがやるべきことは、彼らを転ばせることである。

ファーについて言えば、ＦＢＩの協力者となる可能性が高いとカンは考えていた。彼は、家族にとって最良のことをしようとする善人だと見ていたのだ。

「子供たちまで取り調べられたいのか」とカンが尋ねる。

自分の申し出こそが最良の選択なのであるから、よく考えるようファーに伝えた。つまり、刑務所に行くよりもよほど魅力的ということだ。もしファーが正しい選択をしなければ、次にＦＢＩの捜査官が彼の家に現れるときには逮捕されることになるわけだ。「このことはだれにも話すな」と、カンはさよならを言う前に付け加えた。「われわれは引き続き監視している。お前が何をしようと筒抜けなのだ」。そして、捜査官たちは車に戻っていった。

その夜、ファーは悩んでいた。彼は眠ることができなかった。カンが警告したにもかかわらず、ファーはパートナーであるＣ・Ｂ・リーに電話をかけた。留守番電話に切り替わる。「ＦＢＩがわが家にやってきたぞ」とファーは話し、乱暴に電話を切った。

ＦＢＩにとっては、捜査や傍聴のことがヘッジファンド業界に漏れ伝わらないようにしなければならない。情報の漏えいを防ぐためにカンはでき得るかぎり早くＣ・Ｂ・リーと話をしなければならなかった。リーは、ファーの家から二〇分ほど離れたところに母親と生活しており、二日後、カンは彼に会いにいった。リーが応対に出ると、カンはスフェリックスでインサイダー取引が行われていることは知っていると伝えた。

当初、リーはＦＢＩの質問に答えようとしなかったが、やり取りを終えるころには、彼は協力するようになると、カンが確信するまでになっていた。

「われわれは互いに助けることができるのだ、お前は正しいことをするのだ」とカンは伝えた。

ＳＡＣキャピタルのスティーブ・コーエンのオフィスで電話が鳴った。Ｃ・Ｂ・リーからである。彼とコーエンはしばらく話をしていなかったのだ。

「やぁ、スティーブ。僕らはファンドを閉めなければならなくなったよ」。リーは努めて平静を装いながらコーエンに伝えた。リーは、アリ・ファーとの利益の分配方法で合意できなくなったので、一緒にはやっていけなくなったのだと説明したのだ。「もう一度、あなたと仕事がしたい」とリーは言った。リーはコーエンのもとで働いていたときの良き思い出を思い返させようとした。リーは、コーエンのコンサルタントとして働き、優れた情報を提供した場合に利益の分配に預かる契約を提案した。彼はいくつかのハイテク企業の名前を挙げ、それらの極秘の社内数字を入手する能力を吹聴したのだ。

「僕には知り合いがいる。エヌビディアの営業と財務部に知り合いがいるから、彼らが四半期の数字を教えてくれる。それに、台湾の半導体企業にもコンタクトがあるから、ウエハーのデータは手に入るよ」

コーエンは興味をそそられた。リーは二〇〇四年にSACを去るまでの間、もっとも成績の良いアナリストの一人であり、儲かる取引話を持ってくる信頼に足る人物であったのだ。リーの調査は優れたものであったので、コーエンや部下のファンドマネジャーの一人はその取り合いをしたものだった。しかし、コーエンはうぶではない。注意深くあろうとした。

「これ以上電話では話したくないね」と彼は言った。

コーエンは十分に興味を持っていたのであるが、採用の担当者にリーに電話をかけさせ、SACでの仕事に戻るための計画を話させた。この二人の会話は数回に及んだ。

数週間後、コーエンはC・B・リーを再び雇い入れるつもりだとリサーチトレーダーの一人に持ちかける。このトレーダーは身震いしたが、何も言わなかった。彼は、ラジャラトナムのファンドであるガレオンで働いていた友人からリーに関する噂を聞いていたのだ。それによると、連邦職員が最近、リーとファーのヘッジファンドを訪問しているという。「そこで何が起きているかは分からない」と、三日前にマンハッタンでグループの会食があったときにガレオンのトレーダーが口にしたというのだ。「不気味な話だね」と。

翌朝、このリサーチトレーダーは勇気を振り絞って、コーエンに語りかけた。この気まぐれな上司が、自分がこれから話すことにどのように反応するか、彼には見当もつかなかった。「まったくの的外れかもしれませんが、連邦職員がC・Bのオフィスに行ったという噂があります。お気をつけになったほうがよろしいかと思いまして」

「ＳＥＣ（米証券取引委員会）ということかね」とコーエンが尋ねる。

「いえ、ＦＢＩです」とトレーダーは答えた。

コーエンは受話器をつかみ、友人の一人に電話をかけた。ＳＡＣのファンドマネジャーを務めていた男で、リーに近い人物だ。「Ｃ・Ｂが連邦政府に協力しているかもしれないと聞いたんだがね。彼は盗聴器をつけているということだが」とコーエンが伝える。ＦＢＩがヘッジファンド業界を捜査しようとしているようにも聞こえる。それがどうなるかはだれにも分からない。

「気をつけろよ」


これは、ウォール街でも史上類を見ない捜査であった。一〇年の長きにわたり、いくつもの政府機関が、ヘッジファンドに的を絞って一斉にインサイダー取引の捜査を行ったのである。ラジ・ラジャラトナムとガレオン・グループから始まったものではあるが、あっという間に手を広げ、何十もの企業の経営者や弁護士、科学者、トレーダー、アナリストたちが巻き込まれていった。しかし、究極的なターゲットはスティーブ・コーエン、おそらくは史上最強と言えるヘッジファンドのＳＡＣキャピタル・アドバイザーズを立ち上げた億万長者である。

一九九二年、コーエンがＳＡＣを設立したとき、一般的な人々はヘッジファンドのことなどほとんど知りもしなかったであろう。ほとんどのファンドは当初極めて小規模で、ウォール街の最大手投資銀行でも満たすことのできないほどの金銭欲を持ったエキセントリックなトレーダーたちが型にとらわれることなく運用していたのだ。彼らは企業文化などには馴染めず、また毎年ボーナスの交渉をすることなどにはまったく興味もない。彼らの多くが職場でもジーンズにサンダル履きである。彼らはそのプライドゆえに、大銀行や証券会社に背を向けるのだ。

ヘッジファンドというのは、小規模な、ほとんどブティックレベルのサービスで、富裕層が投資を分散させたり、株式市場の浮き沈みから離れて安定的に、適度なリターンを獲得するためのビークルだと考えられていた。その背景になる考え方はシンプルだ。ファンドマネジャーは最良の企業を見いだし、その株式を取得し、一方で、見通しの暗い株式は空売りする、というものだ。空売りとは株価が下落することを期待して行う手法であり、これが洗練された投資家には新たな収益機会をもたらすことになる。株式を借り（費用を払って）、市場で売却し、その後下落すれば、より安い価格で株式を買い戻し、返済するという仕組みである。ほとんどの銘柄が上昇するような強気相場では、買いの利益が空売りによる損失を上回り、弱気相場では空売りによる利益が買いの損失を相殺することになる。買いと売りとを同時に行うということは、「ヘッジ」しているということでもある。この戦略は、株式だけでなく、債券やオプション、先物など世界中のあらゆる市場で取引される金融商品に用いることができる。

有価証券の価格が上昇を続ければ、空売りでの損失は無限大となり得るので、空売りはリスクが大きいと考えられている。さらに、多くのヘッジファンドがレバレッジを用いる、つまり借り入れた資金を用いて、世界中のさまざまな市場で、さまざまな戦略を通じて取引を行う。

そのため、規制当局はもっとも洗練された投資家以外がヘッジファンドへ出資することを禁じている。ヘッジファンドは、出資者を富裕層、つまり理論的には投じた資金を失っても支障がないだけのお金持ちに限定するかぎり、いかなる方法でお金を稼ごうと、どれだけの手数料を徴収しようと自由なのである。

長い間、ヘッジファンドはウォール街の芝居じみた景気循環とはほとんど無縁の存在であったが、二〇〇〇年代半ばまでには、金融業界の中心的存在となっていた。なかには毎年巨額な利益を上げる者も現れた。時間の経過とともに、ヘッジファンドはその名の由来となった用心深い戦略とは無関係となり、むしろ本質的には何でもできる無秩序な金融機関となっていった。レバレッジを用い、リスクをとることも広く知られるようになったが、それ以上に、ほとんどのヘッジファンドを特徴づけたのは運営する人々が手にする巨額の資金である。彼らが毎年徴収する費用は、「管理報酬」として資産の二％、「成功報酬」として収益の二〇％と手厚いものであった。つまり、出資者に利益をもたらす前の段階で、二〇億ドルのファンドのマネジャーは、運用するだけで四〇〇〇万ドルの報酬を獲得できるわけだ。二〇〇七年までに、ポール・チューダー・ジョーンズやケン・グリフィンなどのヘッジファンドの創設者たちは何十億ドルもの資金を運用し、二万平米もある邸宅に住み、五〇〇〇万ドルもするプライベートジェットに乗って旅をするようになっていた。

ヘッジファンドで働くことが、ある種のトレーダーにとっては自由をもたらす体験であり、自らのスキルを市場で試すチャンスでもあり、その過程で飛躍的に裕福にもなれるのだ。ヘッジファンドでの職は金融業界ではだれもが羨むものとなる。ヘッジファンドでは巨万の富を得られるので、ベア・スターンズやモルガン・スタンレーなどの確立された投資銀行でのヒエラルキーを上っていくような伝統的なウォール街でのキャリアも色あせて見える。二〇〇六年、ゴールドマン・サックスのCEO（最高経営責任者）であるロイド・ブランクフェインの年俸は五四〇〇万ドルであり、一部では激しく非難されたが、この年の高給ヘッジファンドマネジャー上位二五人のうち、もっとも報酬の低いマネジャーで二億四〇〇〇万ドルであった。上位三人はそれぞれ一〇億ドルを超える稼ぎを上げていた。コーエンはその年第五位で、九億ドルである。二〇一五年までに、ヘッジファンドは世界中で三兆ドルの資産を預かるようになり、二一世紀初頭、富の極端なまでの不均衡を助長することになる。

ヘッジファンドの大物たちは、線路を敷設することも、工場を建てることも、人命を救うような薬品や技術を発明することもない。彼らは投機、つまり市場への賭けが正しければ、何十億ドルも稼ぐことができるのだ。また、彼らは巨万の個人資産を手にするばかりでなく、政治や教育、美術、プロスポーツなど、自らの関心と資産とを振り向けた社会のあらゆる側面に大きな影響力を持つようになる。彼らは、年金基金や寄付基金などの大きな資金を運用し、市場においても大きな影響力を保持しているので、公開企業のCEOたちも彼らに注意を払わざるを得なくなる。つまり、ヘッジファンドという株主を満足させるために短期的な業績に執着せざるを得なくなるのだ。一方で、これらヘッジファンドのトレーダーのほとんどが自分たちを企業の「オーナー」とは考えておらず、さらには長期的な投資家だとも思っていない。彼らの関心事は、買い、利を上げ、売り抜けること、である。

ヘッジファンドの隆盛と、ウォール街を変えたそのあり方とを一人の人間に帰するとしたら、それはスティーブ・コーエンとなる。彼は、同業者からしても得体の知れない人物であったが、二〇年間にわたり平均して年利三〇％のリターンを上げてきたその業績はもはや伝説である。特に興味深いのは、ジョージ・ソロスやポール・チューダー・ジョーンズなどの著名投資家と違って、彼の業績はよく知られた戦略によるものではないということだ。つまり、世界的な経済のトレンドに賭けるわけでもなく、住宅市場の崩壊を予言したわけでもない。コーエンには、市場がどのように動くかを理解する直観力のようなものがあるようで、彼は、世の中がその業界を再構築しようとするまさにその瞬間に投資し、そしてその優れた能力に対する報いを得てきたのである。彼は、矢継ぎ早にトレードを行い、そのほとんどが同日のうちに終わる。若きトレーダーたちは彼のもとで働くことを望み、裕福な投資家たちは彼の手に資金を預けようとするのだ。二〇一二年には、ＳＡＣは世界でもっとも業績の良い投資ファンドの一つとなり、一五〇億ドルを運用するまでになっていた。「スティービー」ことコーエンは、ウォール街では神にも等しい存在となっていた。

大金を稼げるこの新たな方法はあっという間に広がり、何千ものヘッジファンドが創設され、好戦的なトレーダーたちが投資機会を探し回った。競争が激化し、また報酬の期待値も増大するにつれて、ヘッジファンドのトレーダーたちは市場での優位性を獲得すべく手を広げ、科学者や数学者や経済学者や精神科医まで雇い入れるようになる。株式市場のそばまでケーブルを敷設して、取引が一ナノ秒でも早く執行されるようにしたり、エンジニアやプログラマーを雇って、自分たちのコンピューターを国防総省並みに強力なものにしたりする。郊外に住む主婦にお小遣いを払って、ウォルマートの通路を歩いて、何が売れているかをリポートしてもらったりもする。情報を獲得すべく、駐車場の衛星画像を分析したり、CEOたちを高価なディナーに連れ出したりもする。彼らは、毎日、毎週、毎年のように市場に勝つことがどれほど難しいことかを理解しているがゆえに、これらの行動を取るのだ。ヘッジファンドは、トレーダーたちが「エッジ」と呼ぶものを常に探し求めている。つまり、ほかの投資家たちを出し抜くための情報である。

時に、このエッジを追い求めていくと、必然的に超えてはならない一線にぶつかり、そしてそれを超えていくことになる。つまり、企業の業績を事前に把握したり、ある半導体メーカーが来週買収を仕掛けられるといった情報を得たり、薬品の試験結果をほかに先んじて取得したりといった具合だ。これらの情報は、社内に限られたもので、公表されることはないが、市場を動かすことは確実で、ウォール街では「ブラックエッジ」として知られている。もっとも有益な情報である。

これらの情報に基づき取引を行うことはたいていの場合、違法である。

インサイダー取引をしなかったファンドを知っているかと問われれば、トレーダーたちはこう答えるであろう。「知らない。彼らは生き残っていないだろう」と。つまり、ブラックエッジは、一流の自転車選手のドーピングやプロ野球選手のステロイド剤のようなものなのだ。トップの自転車選手やホームランバッターがそれを使い始めたとしたら、周りの人間もそれに倣わざるを得ず、さもなければ敗れ去るだけなのだ。

自転車や野球と同様に、ウォール街でも審判の日はやがて訪れる。コーエンにたどり着く、ずっと以前の二〇〇六年、SECとFBI、そして米司法省は、ブラックエッジを追及するつもりであると発表した。みんながやっていることであるとしても、コーエンこそがその道の第一人者であることはだれもが知っていたのだ。

本書は、オフィス街にある秘密の部屋やウォール街のトレーディングフロアで繰り広げられた探偵物語である。直観を頼りに、盗聴器をセットし、証人を転がし、本丸にたどり着くまでピラミッド構造を追い詰めていったFBI捜査官たちの物語である。自分よりも二五倍もの年収を稼ぎ出す被告側の弁護士と対峙した、理想に燃える政府の検察官たちの物語である。コンピューターのハードドライブをハンマーで壊し、たくさんの書類をシュレッダーにかけ、投獄されないよう親友にすら食ってかかっていった若きトレーダーたちの物語である。SACのようなヘッジファンドがどれほど注意深く築き上げられ、トップにいる人々が、末端の社員たちの疑わしい取引の責任を回避できるようになっているかを伝えるものでもある。

そして、ウォール街の頂点に一気に上り詰め、その地位にとどまろうと壮絶な戦いを繰り広げるスティーブ・コーエンの物語である。

パート 1

第1章 金、金、金

ウォール街で職を求める人々には、二つのタイプがあるようだ。

一つは、裕福な家庭に生まれ、有名な私立の中高等学校に通い、アイビーリーグの大学を出て、トレーディングフロアに出た初日から、あたかもそこにいることが運命づけられているかのように見える者たちである。安心しきったように人生を歩み、やがてはパークアベニューにアパートを買い、ハンプトンに夏の別荘も手に入れることが分かっているかのようだ。その好みも、上流階級の学校や、子供のころのテニスレッスンで身につけたもので、サッカー地のジャケットを着るべきときと着るべきでないときとをわきまえている。

二つ目は、世事に長けた、喧嘩っ早い、といった表現がふさわしいタイプである。この手の人々は、家族を支えるのに苦労した父親の姿を見てきていることが多い。営業職や保険業であくせく働いたり、小さな事業を行っていたり、懸命に働けども稼ぎが少なかったり、と。そのことが彼らに多大な影響を与えているのだ。子供のころにいじめられたり、高校で女の子に振られたりしているかもしれない。激しい憤りを抱え、それを晴らしたいと思っているか、または大金持ちになりたいという野心を抱えているか、またはそのどちらも抱えているがゆえに成功するタイプである。頼るべきものは何もないが、強い意志と意欲を持ち、自己満足している金持ちの子供たちを出し抜こうとする。このような人々を突き動かすものは、時に激しく、熱狂的ですらある。

スティーブ・コーエンは二つ目のグループに属する。

一九七八年一月のある朝、出社したときのコーエンは初めて仕事に就いたほかの二一歳とさして変わらなかった。たくさんの若者が電話でしゃべりまくり、電話の向こう側にいる人々からお金を引き出そうとしているトレーディングフロアの喧噪を耳にした。その部屋にはエネルギーが満ちあふれていた。秋の森の真ん中で巨大なオークの木が揺れ、お金の葉っぱが降り落ちてきているかのようである。コーエンにはわが家にいるかように感じられ、彼はすぐに溶け込んだ。

グランタル・アンド・カンパニーは、ロウアーマンハッタンの薄暗い渓谷に佇むNYSE（ニューヨーク証券取引所）の角にほど近いところにある小さな証券会社である。一八八〇年に設立されたグランタルは、マッキンリー大統領の暗殺も、一九二九年の大恐慌も、原油価格の高騰も景気後退も、主にユダヤ系の小さな証券会社を買収することで潜り抜けてきた。それでも、他社からの注意を引くほどの規模になることはなかった。全国に散らばったグランタルのブローカーたちは、歯医者や配管工や引退した人々に株式を売りつけていた。コーエンが就職したとき、グランタルは自己勘定取引と呼ばれる分野に積極的に乗り出し、自社の資金を投資して利益を獲得しようとしていた。

コーエンのように、ロングアイランド出身の野心あふれるユダヤ系の若者に対して、ウォール街は狭き門であった。彼はウォートンを卒業したばかりではあったが、それでも他を押しのけていかなければならなかったのだ。グランタルはけっして有名ではなかったが、世間の評価などコーエンの問題ではなかった。問題はお金であり、コーエンは大金を稼ぐことに意を割いたのだ。

コーエンの幼なじみの一人であるロナルド・アイザーがグランタルのオプション部門で職を得ていたので、コーエンは彼を頼りにしたのだ。

コーエンよりも一〇歳年上のアイザーは数学の才能にあふれ、会社の資金を好きなように投資する権限を与えられていた。コーエンの出社初日、アイザーは椅子を指さし、そこに座って、自分がやっていることを正確に把握するようこの新入社員に指示した。クオトロンの目の前に座ったコーエンは、刻々と流れる数字のリズムに引き込まれていった。

株式市場には、経済の原則が表れている。そこにアイザーは利益を獲得する方法を見いだしていた。つまり、投資のリスクが大きければ大きいほど、獲得できる報酬額も大きくなる可能性があるということだ。一つのニュースが株価を急落させる可能性があるならば、その下落に賭けることで投資家はより大きな利益を獲得することが可能なのだ。一方で、地方債のように、確実で予見可能なものはほとんど利益をもたらさないのである。リスクなくして報酬なし、これが投資の原則の一つである。しかし、アイザーはこのメカニズムに興味深い穴を発見する。この原則に合致しない二つの要素があるのだ。それは、株式のオプションに見いだすことができた。

当時のオプション市場は普通株の取引に比べれば圧倒的に取引量が少なく、いろいろな意味で魅力も大きかった。オプションというのは、将来の満期日以前に、決められた価格で株式を売ったり買ったりする権利を与えるものである。「プット」というのは株式を売る権利のことで、プットの保有者は株価が下落すれば、あらかじめ決められたより高い価格で当該株式を売却することができるのである。「コール」はその反対で、保有者は満期日またはそれ以前に特定の価格で株式を買うことができる権利を有する。それゆえ、株価が上昇すれば、オプションによって株式市場の価格よりも安い値段で株式を買うことができるので、即座に利益を獲得することができるのである。投資家は、すでに保有している株式のポジションをヘッジする手段としてオプションを利用することがある。

グランタルで、アイザーは「オプションアービトラージ」と呼ばれる戦略を編み出した。オプション価格が原資産の価格変動に応じてどのように変化するかは、数学的に正確に関係づけることができる。理論上、市場が完全であれば、プットオプションの価格、コールオプションの価格、そして株式の時価の関係には整合性があるのだ。オプションは新しい取引で、市場間の情報伝達も時に緩慢であるため、この等式が成立しないときがあり、価格間の不整合が生まれるのだ。例えば、一つの取引所でオプションを売買し、別の市場で株式を売買すれば、賢いトレーダーであれば価格差から利益を獲得することができたのである。

理論的には、この手法にリスクはほとんどない。資金を借り入れる必要もないし、取引に必要となる資金も比較的少なくて済み、ほとんどのポジションがその日のうちに手仕舞われるので、一晩のうちに株価が下落するかもしれないと心配して胃の痛い思いをせずに済むのだ。この戦略は技術の進歩とともに衰退したが、一九八〇年代初頭では現金のつかみ取りのようなものので、グランタルのトレーダーたちは豊作を享受していたのである。アイザーやほかのトレーダーたちは終日株価とオプション市場での評価額とを比較し、矛盾を見つけるやいなや、取引に殺到したのだ。

「NYSEでIBMが一〇〇ドルで取引されていて、一〇〇ドルに相当するIBMのオプションがシカゴで九九ドルを付けているなら、急いでシカゴでそれを買って、NYSEで売れば良いわけだ」と一九八〇年代前半にアイザーの部下を務めたヘレン・クラークは説明する。それを何度も繰り返せば、それだけ利益が積み上がるのである。

コンピューターのスプレッドシートがなかった時代、トレーダーたちはすべてを自分の頭のなかで処理しなければならなかった。アイザーはシステムを構築して、でき得るかぎり頭を使わずに済むようにしていた。賢い必要はない、ただ計算式に従えば良いだけである。彼は好んでこう口にするのだ。退屈ではあったが、サルでもできる。

出社初日、コーエンはアイザーがアシスタントとともに、だれでもできるオプション取引を実行するために〇・二五ドルとか〇・五〇ドルとかを求めて市場を探し回っているのを眺めていた。取引が一休みすると、コーエンは市場を映すスクリーンを見つめていた。そして、とある株式を見ながら宣言する。「これは明日、高値で寄り付くと思います」と。駆け出しの新人ながら、コーエンは自らのトレーダーとしての能力に自信があったのだ。

アイザーはくすくす笑い、「オーライ」と言った。もじゃもじゃの茶色い髪に眼鏡をかけたこの新入りは自分がしていることが分かっているのかどうか興味をそそられたのだ。「さぁ、やってみろ」

コーエンはその日の午後に四〇〇〇ドルを稼ぎ、翌朝にはさらに四〇〇〇ドルを稼いだ。一九七八年、これは有意義な利益である。正弦波のように価格が変動するのを眺め、賭け、リスクをとり、そして報酬を吸い上げる。彼の身体にはアドレナリンがあふれ、コーエンは虜となった。トレードの病みつきとなったのだ。

アイザーは衝撃を受けた。この経験の乏しい、ワイシャツにアイロンをかける煩わしさも知らない男が、株価が上がるか下がるかを正確に言い当てたのだ。

「彼は一週間のうちに有名になると思ったね。あれほどの才能を目にしたことがない。まさに目を奪われたよ」とアイザーは言う。

土曜日の午後、グレートネックにある、四ベッドルームの乱平面の家のなかで、小さな少年は寝室の窓を眺め、アスファルトにタイヤの音が鳴るのを待っていた。外にキャデラックが止まるとすぐに、彼は階段を飛び降りていった。兄弟たちよりも早くドアに向かい、到着した祖父母を迎えたかったのだ。

コーエンの母方の祖父母であるウォルター・マイヤーとマデレン・マイヤーは相続した財産の運用で生活しており、月に一～二度孫たちに会いにくるのだ。彼らは、豪華なレストランにブロードウエーのショーと、マンハッタンの魅惑的な生活にいざなってくれる。祖父母は、現実逃避と、豊かさと、興奮の象徴であり、成長したコーエンにとっては、彼らの訪問はお気に入りの時間だったのである。祖父母はいつもお金の話をしており、コーエンはそのなかから得られる教訓に耳を傾けていた。お金を持ったらどうするか、銀行はそれに利息を支払う、お金は投資することで増やすことができ、投資家はほとんど何の仕事もせず、他者から羨ましがられるようになる、といった具合だ。自由を享受していた祖父母に比べると、コーエンの両親の貧しく、そのありふれた生活は対照的であった。毎晩、父親が仕事を終えて帰ってくると、コーエンはニューヨーク・ポスト紙を奪い取って、祖父同様に株式欄の研究をするのだ。

一九五六年夏、コーエンはジャック・コーエンとパトリシア・コーエンのもと、八人兄弟の三番目の子供として生を受ける。ニューヨーク市から二〇マイル離れたグレートネックは、進歩的なユダヤ人が多く住む裕福な郊外の地域で、彼らは子供たちに良い成績を収め、将来は医者や歯医者などの職業に進むことを期待していた。一九二二年にはF・スコット・フィッツジェラルドが移り住み、『華麗なるギャツビー』のインスピレーションともなった地で、小説に出てきた「ウエストエッグ」はロングアイランドの入り江に面した、グレートネック最北の町のキングスポイントにある。グレートネックに住む多くの父親たちは、ロングアイランドとマンハッタンとを往復する生活を送り、大酒を飲み、長い列車通勤に耐え、家を空けることも多かった。シナゴークや優秀な学校や大邸宅もあった。

グレートネックにおいて、コーエン家は財政面で底辺に属しており、そのことはスティーブ・コーエンも幼いころから気づいていた。ガーメントディストリクトでまだ衣服が製造されていたころ、コーエンの父ジャックは毎日電車に乗って、マンハッタンにあるショールームの一つに通っていた。そこで彼は、ミネルバ・ファッションズという会社を経営しており、マーシーズやJ・C・ペニーのようなチェーン店向けに二〇ドルのドレスを製造していたのだ。

ミネルバは、終始倒産の危機にあり、ジャックはめったに家に帰ってこなかった。コーエンの母のパッツィことパトリシアは自宅でピアノ教師をしていた。彼女は地元のペニーセイバーに広告を出し、顧客と言っても近所の子供たちばかりであるが、ベートーベンやブラームスではなく、「ハロー・ドリー」などのポップ音楽を教えていた。彼女は情け容赦なく厳しい女性で、家族の中心となり、皮肉たっぷりのユーモアセンスにあふれ、時折、夫を叱りつけてもいた。「ジャッキー、やられる前にやりこめなさいよ」

コーエンの家では、お金が常にストレスの種だった。コーエンの両親は、やがてパッツィの両親からもたらされる遺産についてもあからさまに話をし、生活を快適なものにすべく、どのように使うかと計画していたのだ。コーエンは背が低かったが、運動神経に恵まれ、野球チームではピッチャーを、バスケットではポイントガードを務めていた。しかし、彼の両親は、彼が運動選手としての可能性を追求することを援助する手段を持ち合わせていなかった。つまり、個人レッスンを受けさせるお金も、あちこちの試合に参加させる時間もなかったのである。中学のサッカーチームのコーチはメーン州の湖畔でサマーキャンプを開催し、近隣の子供たちがそれに参加していた。コーエンも一九六八年にそれに参加し、大いに楽しんだ。キャンプは魅惑的な世界で、すべての子供たちが同じTシャツを着て、小さな松の木の山小屋に眠り、だれもが対等であった。請求書のことで口論し、できないことばかりを子供に話す両親もそこにはいない。しかし、翌夏以降、コーエンの両親が彼をキャンプに参加させることはなかった。彼のクラスメートたちは、費用が払えなかったからだろうと考えていた。

それでも、コーエンは溺愛されていた。彼の祖母は、彼が八人兄弟のなかでもっとも賢く、彼のことを「筆箱のなかでもっともとがった鉛筆」と呼んでいたが、彼はそれを誇りにしていた。彼は、勉強にそれほど時間を割かずとも優秀な成績を残した。コーエンの兄であるゲーリーは、彼らの母親はほかの子供たちにはホットドッグしか準備しないのに、スティーブにはステーキを与えていたことを覚えている。「僕は文句を言ったものさ。でも母親は『弟のスティーブはいつか私たちを支えてくれる』と言ったよ」と、彼は当時を振り返る。

高校でコーエンは、真に情熱を燃やすことになる課外活動を発見する。ポーカーだ。「僕らは、だれかの家でゲームを始めるんだ。毎日、そして毎晩ね」とコーエンは当時を語る。「最初は、例えばクオーター、つまり五〇セントから始めるんだ。それが徐々に五ドル、一〇ドル、二〇ドルと上がっていく。高一が終わるころには、一晩に何千ドルも勝ち負けするようになった」

このトランプゲームで、コーエンは資本主義の重要な教訓を学ぶことになる。お金を稼ぐのが比較的難しい仕事がある。例えば、彼がある夏体験してひどい目にあった、スーパーマーケットのボハックで一時間一・八五ドルの商品補充係として働くような仕事だ。一方で、ポーカー台で仲間を打ち負かすような、簡単にお金を稼ぐ方法もある。彼はそれが楽しくてしかたなかった。コーエンは朝早く、大金を抱えてふらふらと家に戻り、父親の出勤に間に合うように、彼の車の鍵を戻しておくのだ。毎朝とぼとぼと仕事に向かう父を見て、コーエンはこう思った。あんな人生、僕はごめんだ、と。

コーエンはウォートン校に合格し、両親は大喜びした。彼らはジャックの両親の少しばかりのお金を相続していたので、学資ローンの負担を背負わずには済んだが、本を買ったり、遊びに出かけるためにはスティーブ・コーエンも働かなければならなかった。キャンパスに到着するとすぐに、駐車場が同級生たちのBMWやメルセデスでいっぱいになっていることに気づいた。再び、コーエンは周りにいるほとんどが自分より裕福な家庭の出である環境に身を置くことになり、エリート社交サークルのほとんどから締め出されることになる。大学の友愛会館が彼の居場所となった。

ウォートンの文化は、拝金主義そのものであった。コーエンが所属した友愛会館（Zeta Beta Tau、ZBT）はキャンパスに二つあるユダヤ系の友愛会館のうち裕福なほうであったが、そのニックネームは、「ジリオンズ、ビリオンズ、トリリオンズ（Zillions、Billions、Trillions）」である。コーエンはほとんどの夜をZBTのリビングルームで過ごしたが、そこはギャンブル部屋へと姿を変えており、何十人もの男たちがテーブルを囲んでいた。テーブルの真ん中に座ったコーエンは、ゲームを主導し、タバコの煙が充満し、ビール瓶の音が鳴るなかでも集中していた。彼は、テーブルを占める五～六人の中心メンバーの一人であり、残りの席は敗者たちが入れ代わり立ち代わりしていた。

一九七六年のある夜、ある講義で一緒になった学生の一人が彼の反対側に座り、背中にびっしょりと汗をかいていた。コーエンは軽口を叩き、汚い歯を見せて笑った。彼はすでに、クラスメートから相続財産をかっさらうヘビ使いとして知られていた。かっこ悪いし、女性にもモテなかったが、彼は信託財産で生活する同級生たちの尊敬を獲得していた。ゲームの賭け金はすでに何百ドルにもなっていたが、その都度変わるコーエンの相手は、それが大学生のゲームにしては少し高すぎることを知ることになる。コーエンのクラスメートは涙をこらえ、さらなる損失に備えなければならなかった。コーエンはその学期の間、彼から何千ドルも巻き上げたが、クラスメートは負けるたびに二度と同じことは起こさないと心に誓うのだ。

友愛会館の仲間の多くが、LSDをやったり、ビールを飲んだりしながら、夜更かしをしていたが、コーエンは毎朝早起きしてウォール・ストリート・ジャーナルを読んでいた。彼は、株式市場を注意深く観察していたが、一方で学校そのものは時間の無駄だと考えていた。ある日、統計学の試験中、ほかのクラスメートが問題を終わらせようと躍起となるなか、コーエンは立ち上がり、ドアに向かっていった。問題を終わらせるよりも、株価の終値を確認したかったのだ。コーエンは、仲間内で同じ言葉を話し、同じ本を読んでいる私立の名門高校出の連中に太刀打ちする術はないと考えていた。彼らを出し抜かなければならないのだ。

講義の合間、コーエンはフィラデルフィア・ボルティモア・ワシントン証券取引所をTシャツ姿で歩き回り、トレーダーたちに向かって「やぁ、君のスプレッドは消えたね」などと声をかけて困らせていたのだ。彼は、講義をサボるようになり、フィラデルフィアのメリルリンチのオフィスを訪問して、NYSEのティッカーを眺めていた。「私はそこに立って、眺めていたんだ。テープがカタカタ鳴るのが聞こえ、株式が目の前を通りすぎていくのが見える。例えば、五〇、五〇、五〇、とね。そして、一ティック上がったり、下がったりする。そしてトレードが行われるのが分かる。それがスローモーションで起こっているように見える。その後しばらくして、自分には株価がどう動くか予測する能力があることに気づいたよ」

コーエンは、自分の周りにいる人々は自分ほどの才能がないことを理解する。このカタカタカタというテープの音は、自分にふさわしい未来への鍵だったのだ。

エレーヌスは、スモーキーなオーク材で飾られたレストランである。アッパーイーストサイドのアーティストや役者に人気があったが、コーエンはバーに座り、酒を舐めていた。彼は一人である。そして自分の誕生日だ。彼には友人がほとんどいなかったのだ。外では雨が通りを濡らしていた。

一九七九年六月、コーエンは、終日だれからも「スティービー」と叫ばれ続けるグランタルのフロアでの一日を終え、疲れ果てていた。彼はそのニックネームが大嫌いだったのだ。アイザーは、コーエンの高校時代の親友であるケニー・ギンスバーグの兄で、最近、グランタルで働き始めたスティーブ・ギンスバーグとスティーブ・コーエンを区別するために「スティービー」というニックネームをつけたのだ。アイザーの小部隊はグランタルの重要なプロフィットセンターとなっていたので、グランタルのＣＥＯ（最高経営責任者）であるハワード・シルバーマンは相当な裁量を与えていた。彼はコーエンを気に入っていた。シルバーマンはスポーツカーを乗り回し、尊大な話し方をし、野心にあふれ、彼の価値観を共有する人々を好んだ。彼はコーエンが野心家であることを認め、コーエンのような男たちを求めていたのだ。

この一年、コーエンはグランタルでたくさんのお金を運用するようになっていたが、いまだ社会的には不幸で、認められていないと感じては落胆していた。彼には友人がほとんどいなかった。エレーヌスは大入りである。コーエンは周りを見渡し、はたから見れば自分は今や単なる二三歳の独り者にすぎないと思っていた。

一人の女性が入ってきて、雨を払っている。白いキャミソールに、シルクのスカートが脚にまとわりついていた。コーエンは彼女を見つめた。

その女性はあたりを不安そうに見渡し、濡れた髪をなでていた。おそらくは夕食に女友だちと会う予定なのであろう。マンハッタンの暴風雨でタクシーがつかまらず、彼女の友人は遅れているのかもしれない。彼女はバーに腰かけ、ドアを見つめる。レストランのあちこちから向けられる男たちの視線を避けるように、彼女は伏し目がちのままだ。これは彼女に自然と身についたニューヨークで生き抜く術であろう。あるとき、彼女はコーエンが自分のほうを見ているのに気づき、身体と顔を背け、反対の方を向いた。コーエンは数分間彼女を眺めていたが、勇気を出して近づいてみた。

「ハロー」。彼はぎこちなく近づきながら言った。努めて笑顔を作る。

「ハロー」と彼女はいぶかしげに彼を見ながら言った。だれだこの男は、と彼女は一人考えた。

彼女の名前は、パトリシア・フィンケという。彼女は、コーエンのような保守的で、勤め人然とした男と普段はかかわりあうことがない。彼女は、マンハッタンで芸術家気取りの家庭に育ち、郊外に住む者たちに対する鼻持ちならない態度を身につけていた。環境が異なれば、彼女は彼を完全に無視したであろう。しかし、しわだらけのシャツにダサい靴を履いた彼は無害のように見え、さらには自分に完全に魅了されているようなのだ。彼が発する弱々しいオーラがかえって好ましかったのである。

当初コーエンは、自分が子供のころからバーミツバのお金を株式市場に賭けていたこと、自分が取引で大きなリスクをとることにグランタルの上司が腹を立てていること、また職場の連中がどれほど自分を自信過剰な人間だと思っているかという話をパトリシアに語った。「連中は僕のことをカウボーイだと思ってる」と彼は言った。しばらくの間、パトリシアは彼の肩越しに、自分の友人を探していた。しかし、彼女の直感に反して、彼女は最終的にコーエンに引き込まれていった。やがて彼女とコーエンは何時間も語りあうことになる。

その夜、別れるまでに、コーエンはパトリシアから電話番号を教えてもらうことができた。その後の数週間、彼は彼女を追いかけ回し、日に二度は電話をかけ、次にいつ会えるかを尋ねた。

その後数カ月、彼らはデートを重ねた。パトリシアの友人には、無粋で、お金しか能がなさそうなロングアイランド出身のコーエンと彼女が何をしているのか理解できない者もいた。しかし、パトリシアは貧しい育ちで、高校も最後まで通えなかったのだ。彼女は日々の支払いを心配しなければならないことがどのようなものか分かっていたのだ。彼女は出版社で働きながら自らの生計を立て、ウエストビレッジのレントコントロール（家賃制限付きの）アパートに住んでいた。彼女は不幸ではなかったが、コーエンがお金持ちになろうとしている魅力にあらがえなかったのだ。彼女は株式市場については何も知らなかったが、彼はそのことについて延々と語り、自分がどれほどのお金を稼ぐつもりか自慢げに話していた。そして、彼は彼女の面倒をみると言う。

コーエンにしてみれば、それ以外に人生で為すべきことがないのだ。彼は、電球がほとんど切れているようなワンルームのアパートに住んでいた。余暇はほとんど一人で過ごしていたのだ。彼は、奥さんが欲しかった。彼はパトリシアに引かれ、そして結婚を申し出るようになる。パトリシアはやがてそれを受け入れた。

彼らは両親に駆け落ちしたと後に伝えたが、実際にはささやかな結婚式を挙げていた。来客はたった二人、パトリシアの付添人と、コーエンの介添人だけで、マンハッタンの中心部から少し離れた静かな町のマーリーヒルの小さなユニテリアン教会で執り行われた。それからまもなく、一九八一年に一人目の子供のジェシカ・リンが生まれる。コーエンはついに家庭を持ったのだ。

「その電話を取りやがれ」。ロナルド・アイザーが怒鳴る。

グランタルのトレーディングデスクではお馴染みの朝で、アイザーのトレーダーたちはキーボードを叩いている。たいてい電話が鳴ると、だれが最初に無視できなくなって電話を取るか、だれもがその様子を見ているのだ。

デスクに取引メモを広げて記入しようとしていたアシスタントトレーダーの一人はあたりを見回したが、近くに空いている電話がなかった。「電話がありません」と彼も怒鳴る。

電話は鳴り続けている。

取引をしようとしていたコーエンは壁にかかっていた自分の電話を引っ張り、アシスタントトレーダーのデスクに叩きつける。「電話が欲しいんだろ、ここにあるぞ」。数秒もしないうちに二人は立ち上がり、鼻を突き合わせる。

「くそったれめ、自分が何をしてるか分かってんのか」

「うるさい、バカ野郎」

数分もすると、みんな、元どおり仲良くなっていた。

毎日がこのような具合である。緊張感を維持し、トレーダーたちの生産性を上げることがアイザーの仕事である。彼は、ダウ・ジョーンズ指数の構成銘柄をトレーダーたちに分担させ、ＩＢＭやイーストマン・コダック、ハネウェルなどもっともボラティリティの高い銘柄は自分で担当した。特定の銘柄を適切に取引できる者がいない場合、トレーダーのだれかが少しずつそれを引き受け、やがては自分の担当としていく。ほとんどの場合、この仕事の割り振りをだれもが尊重していた。コーエン以外は。

ある日、一人のトレーダーが彼の担当するメサ・ペトロリアムのことでアイザーに不平を漏らした。メサはボラティリティの高い銘柄で、値動きが大きいので、お金を稼ぐチャンスが豊富にあり、だれもが取引したいと思っていた。「私が取引しようとすると、必ずスティーブが先を超しています。メサは私にとっては最高の銘柄です。彼は私を殺そうとしてますよ」とトレーダーは不満を訴えたのだ。

アイザーがコーエンに問い詰める。「スティーブ、お前は大金を稼いでいる。連中はそうでもないんだ。それでもメサを取引する必要はあるのかね」と彼が言う。

「ヤンキースはミッキー・マントルに八番バッターになってくれって言いますかね」とコーエンはやり返す。アイザーは肩をすくめる。反論のしようがない。コーエンは優れた稼ぎ手であったので、やがてあらゆるルールの対象外となった。

アイザーは、彼のチームが稼ぎ出した運用益の五〇％を確保できるよう交渉していたので、月に何百万ドルにもなった。彼らは、新たに採用したトレーダーたちすべてを収容できるよう、グランタルのトレーディングフロアの隣のオフィスに移動した。新たに採用されたトレーダーの多くが、マイケル・ミルケンが働き、積極果敢なトレーダーを養成していると評判だったドレクセル・バーナム・ランベールの出身である。しかし、より広いオフィスに移っても、気性の粗い男たちがたくさん押し込められていたので、彼らは文字どおり重なりあうようにして、トレードをしていた。

コーエンやアイザーのほかの部下たちは最高のタイミングで金融のキャリアをスタートさせた。ロナルド・レーガンの企業寄りの政策のおかげで、ウォール街や成功を収めるトレーダーや乗っ取り屋たちは自由に飛び回ることになる。規制は緩和され、企業は容易に資金を借り入れ、競合他社を買収し、株式市場は史上最長の上昇相場に突入していた。ドレクセル・バーナム・ランベールのミルケン帝国の攻勢もあって合併買収は加速していた。彼らは新たに、ジャンクボンドとして知られる高利回り債券によって買収資金を調達していた。これは、ほかの債券よりもリスクが大きいため、格付け機関が「投資適格未満」としていたものである。この新たな手段の登場によって、資金の借り入れができない企業はすぐにジャンクボンドを発行し、競合他社に対する敵対的買収をしかける原資を獲得していった。このようなLBO（レバレッジド・バイアウト。対象企業の資産を担保とした借入金による買収）の噂が、企業の株価を毎日のように上昇させ、それらの株式を売買するトレーダーたちは何百万ドルも稼ぎ出すようになった。

コーエンがその成功につけ上がるようになるのに、さほど時間はかからなかった。彼は、市場で産業の変化が起こることを予見する己の直観にしたがって、株式のデイトレードを始め、買収やIPO（新規公開株）などのイベントに合わせポジションを積み上げていった。「彼は私が今まで会ったなかで最高のトレーダーだ」とアイザーの部下であるヘレン・クラークは述べている。「彼にはビビらずにポジションを維持する能力があった。ポジションを取っても、だれかがパキスタンでバナナの皮に滑って転び、すべてが変わってしまうことがある。それでも彼はけっしておじけづいてポジションを手放したりはしなかった」

コーエンがほかのトレーダーたちよりも賢かったというわけではない。ただ、彼は自分の直観を信じ、即座に行動したのである。「彼には生来の才能があった」とグランタルのシルバーマンCEOは述懐する。コーエンの能力を「テープリーダー」と表現する。これは、完了したばかりの取引を示すティカーのテープを眺めることで市場の需給関係を本能的に感じ取ることのできる者という意味だ。「彼は本当に優秀だった」

コーエンはグランタルのスターとなり、どれほどリスク制限を犯しても、社内でどれほどかんしゃくを起こしても、クビになることはなかった。コーエンは、個別株がどう動くかということについては自分がたいていの場合は正しいということを知っていたのだ。そこで、彼はアイザーのリスクのないオプション戦略は放棄し、ポジションをヘッジすることもやめ、より大きなリスクをとり、そしてたいていの場合、より大きな利益を獲得していった。

やがてコーエンは年に五〇〇～一〇〇〇万ドルを稼ぐようになる。しかし、皮肉なことにお金はトレーディングフロアでの彼の自信の糧とはなったが、私生活ではほとんど役に立たなかった。彼は職場から興奮状態で帰ってくるので、彼とパトリシアは口論となるのだ。彼は家庭的な父親ではなかった。彼と彼の妻は、彼らの富がもたらした贅沢な社会的環境にも居心地が悪かった。彼は、その日に行ったすべての取引を列挙しながら、だれもが自分を利用しようとし、取引所のスペシャリストがどのように彼を欺くか、またはどのようにしてブローカーが一株当たり〇・二五ドルを彼からだまし取るのか、パトリシアに始終不平をもらすのだ。

　だれもが彼を叩き潰そうとしているというコーエンの感覚はすべてが妄想とは限らない。それは、一つには産業構造の結果であるのだ。ウォール街では、コーエンのような小さい会社のトレーダーはのりの利いたシャツを着た守銭奴がいっぱいいる銀行や証券会社と戦っているのだ。グランタルよりもずっと大きい会社のトレーダーたちは一日中コーエンに電話をかけてきて、まとまった量の株を自分たちが決めた値段で売りつけようとする。彼らは自分たちが持ちかけたいかなる取引でもコーエンに同意させようとするのだから、コーエンもおかしくなる。「彼がそう考えるのも無理はない、いつものことさ」と元同僚は言う。「ゴールドマン・サックスが電話をしてきてこう言うのさ。『われわれは一〇万株までなら九〇ドルで売るつもり』とね。そしてあなたは反対側のポジションを取ることになる」。つまり、彼らが売る株式の幾ばくかを買うということだ。しかし、コーエン側、つまり買い側はトレードでゴールドマンに向かうことが、たいていの場合、ろくでもない結果に終わるということを知っていた。それは、ラスベガスのカジノで賭けを行うようなもので、胴元は常に自分たちに有利なオッズを設定するのだ。コーエンは他人を儲けさせるつもりなどなかった。彼は、なぜゴールドマンは常にほかのだれよりも良い情報を持っているのか知りたかった。ゴールドマンやモルガンの社員たちに利用されるのではなく、彼らと戦いたかったのだ。だから、ゴールドマンから電話があると、自分は彼らの望みどおりのことはしないとはっきり伝えるのだ。コーエンが望んだのは、最高の取引であり、最良の価格であり、彼らが抱えている情報であった。

一九八〇年代半ばまでに、コーエンはトレードで多額のコミッションを落とすようになり、ゴールドマンやほかの大会社も、彼に合わせて仕事をするしか術がなくなっていた。彼はついに、ある種の尊敬を獲得し始めたのだ。

ウォール街での名声が高まるにしたがい、コーエンはアイザーのもとを離れ、自分自身でやったほうがより多くのお金を稼ぐことができるだろうと考えるようになる。自分はアイザーよりも大きなことをなすべき運命にあると考えていたのだ。一九八五年、コーエンはグランタルと交渉し、自分のトレーディンググループを持たせてもらい、アイザーからは完全に離れて、部下のトレーダーを採用したり、解雇したり、また直接給与を交渉したりする権限を獲得する。コーエンはグランタルの稼ぎ頭という立場にあったので、上げた利益の六〇％と、業績が良ければ年末に二～四％の「割り増し」を受け取れる、という前例のない条件を獲得した。これは、自分自身のファンドを持ちたいという彼の夢に一歩近づいたことになる。そして、彼は稼いだお金のすべてを自分のために確保しておいた。

ハワード・シルバーマンは、投資資金として八〇〇～一〇〇〇万ドルの資金を彼に提供し、建物の二三階のより大きなオフィスに彼を移した。コーエンはそこにバスケットボールのゴールを飾り、独立の象徴としたのだ。コーエンの親友で、ウォートン出身の「ジェイ・バード」

ことジェイ・ゴールドマンがチームに加わり、トレーディングデスクで彼の隣に座った。コーエンの弟のドナルドは会計士だったので、コーエンの取引記録を確認し、また業務の管理面の手助けをしてもらうべく雇い入れられた。コーエンのゴルフの先生が事務作業をする。彼のトレードチケットを記入するのはアシスタントだ。彼はトレードチケットを自分で書きたがらないので、ブローカーは毎日取引の確認をしなければならないのだが、何度かクビになりかけたことがあるほどだ。トレードでお金が稼げるのに、どうしてそのようなことで手を煩わせなければならないのだ。

今や責任者となった彼は、気分や不平をあからさまに言葉に出すようになった。部屋はほとんど北極のような温度に保たれた。そのほうが彼は思考が冴えると言い、だれも調整することができなかった。彼の妹のウエンディはトレーダーとして採用されたが、デスクの下にポータブルの暖房を置いて、隅で震えて座っていた。ある日、コーエンはオフィスに入ると、気が散るという理由でオフィスのカーペットを全部はがしてしまった。彼のグループは奇妙な人格の持ち主の集まりだったが、そのほとんどはウォートンの仲間か、グレートネックの関係者であった。

ガラスの壁の反対側では、その後数年間、アイザーのオプションのグループが活動していたが、やがて閉鎖された。彼のリスクのない手法は、市場が洗練されるにつれ、時代遅れとなっていたのだ。アイザーはトレーディングビジネスの変わりようが気に入らず、フロリダへ引っ越してしまった。コーエンと、彼にウォール街での最初の職を与えた良き指導者は、その後、二度と口を利くことはなかった。

一九八〇年代半ばになると、アメリカの株式市場は合併・買収一色になっていた。カーネーションやユニオン・カーバイド、ダイヤモンド・シャムロックのような大会社の株価がウォール街に流れる買収の噂で、毎日のように激しく乱高下していた。当時、株式を取引していた者はだれでもそうしたように、コーエンも噂を追いかけ回していた。彼はデスクから離れられなかった。彼の部下だったトレーダーの一人によれば、パトリシアが陣痛で金切り声を上げている最中、コーエンは病院の電話でシュランベエルジェの取引を発注していたので、息子のロバートが生まれる瞬間に立ち会えなかったというのだ。

「われわれの仕事は遊ぶこと」と元トレーダーは言う。「さぁ買うんだ。ディールマニアだね。すべての噂は本当なのさ」

コーエンは市場に関するおしゃべりを好み、スクリーンを見ながら、仲間たちと株式の意見交換を行うのだ。彼はまた、マイアミにあるオフィスからコーエンの口座を管理していた弟のドナルドとも株式のアイデアを共有していた。

一九八五年一二月のある朝、コーエンはドナルドに電話をかけ、NBCテレビネットワークの親会社であるRCAの株式を買うよう薦めた。「リストラクチャリングが進んでいるらしい。

これらのテレビ株はかなり魅力的だ。ＮＢＣがスピンオフすれば、二〇ポイントは上昇する」と彼は言った。

週末をかけてＲＣＡの株式チャートを研究し、フォーブスのバックナンバー何冊かに目を通したあと、ドナルドはフィデリティにある個人の取引口座で三月限のコールオプションを二〇枚買った。これによって、彼は三カ月後にＲＣＡ株式を五〇ドルで買う権利を取得したわけで、株価が上昇することに積極的に賭けたことになる。コーエンは、すでに自分の口座で同様の投資を行っていた。パトリシアは後に、ウォートン時代のクラスメートたちが近い将来行われる企業の買収提案についてコーエンに教えていたと語っている。

ＲＣＡ株の値動きは、アンデス山脈の稜線のようで、投資家が買収の噂に反応して株式を買い続けたことで、ジグザグしながらも大幅に上昇していた。ドナルドと会話した六日後、ゼネラル・エレクトリックが同社株式を一株六六・五〇ドルで買収すると発表したことで、株価はさらに上昇した。コーエンはこの取引で、二〇〇〇万ドルの利益を手にする。

三カ月後、ＳＥＣ（米証券取引委員会）の封筒が、グランタルの弁護士の事務所に届いた。それには召喚状が同封されていた。ＳＥＣは、ＲＣＡの買収前にインサイダー取引があったかどうかの調査を開始していたのだ。当局にしてみれば、株式の動きを見れば、市場のトレーダーのなかには事前に買収を知っていた者がいたことは明らかである。ＳＥＣはコーエンに出頭し、証言をするよう求めたのだ。

実際に、当局はワーナー・コミュニケーションズ、ゼネラル・フーズ、ユニオン・カーバイドなど、最近買収のターゲットとなった多くの銘柄についても調査していた。本来、情報を機密とするべきインサイダーが漏らした重要な非公開情報に基づいて取引を行うことは、証券取引法の違反にあたる。SECは、コーエンに連なる人々が、情報が公開されて、株価が上昇する直前に、RCAとともにこれら三銘柄の株式を買い漁ったことに気づいていたのだ。当局は、インサイダー取引の存在を疑っていたのである。

ドナルドも召喚状を受け取った。落ち着くために、彼は兄のコーエンに電話をかけ、事態の説明を求めた。

「心配ないよ。あの時点でRCAを買った人間はみんな聞かれてるんだよ」とコーエンは彼を安心させようとした。

しかし、内心、コーエンはパニックになっていた。数日前、彼と部下のトレーダーたちは、ドレクセルでM&A部門を主導していたデニス・レビンが、買収やその他取引の情報を提供した弁護士やバンカーたちに報酬を与え、巨大なインサイダー取引網を構築・指揮したかどで逮捕されたことを、恐怖のうちに目撃したのだ。レビンの逮捕は、マイケル・ミルケンのジャンクボンド帝国崩壊の始まりであり、その後数カ月の間、いまだかつてないほどの規模での起訴が行われ、新聞の一面を独占していた。SECは、レビンが一二六〇万ドルの不正利益を獲得したとして、彼の全資産を凍結し、弁護士報酬を支払えないようにしたのだ。

一九八六年六月五日午後六時ごろ、レビンが脱税・証券詐欺ならびに偽証で有罪となり、ウォール街で罪を犯したほかの人々に関する情報を提供することで司法省に協力することに合意したまさにその日、コーエンは一番良いスーツを着て、ブロードウエーとウォールストリートが交差するフェデラルプラザ二六番地に到着した。彼は、RCAに関する捜査で証言を行う予定なのだ。グランタルは、SECの元法廷弁護士を務め、高級ワインとモーツァルトを愛するオットー・オーベルマイヤーをコーエンの代理人に手配した。オーベルマイヤーは、現役の被告側弁護士としてはもっとも有能かつ人脈も豊富で、その評判を証明しようとしていた。

SECのスタッフである弁護士一人と、法執行部で取引データの評価を行った金融アナリストが会議室でコーエンを待っていた。ぎこちない挨拶を済ませると、スタッフの弁護士が正式な手続きを開始する。「これはSECによる捜査であり、『RCAコーポレーション株式の売買に関するものである』。本件につき証言を得て、連邦証券取引法の規定に違反があったかどうかを決定することになる」とスタッフの弁護士が言った。

スタッフの弁護士は、コーエンに右手を挙げることを求めた。コーエンは言うとおりにし、そして宣誓を行った。スタッフの弁護士はコーエンに向き直り、自分と同僚の紹介をし、そして尋ねた。「召喚状はご覧になりましたか」

「彼が見ました」と、コーエンはオーベルマイヤーの方を向きながら言った。

スタッフの弁護士は、一度オーベルマイヤーを見て、またコーエンに向き直った。「あなたは召喚状をご覧になりましたか」

「見てないと思いますよ。彼には見せてないです」とオーベルマイヤーはコーエンの代わりに答えた。

委員会は、コーエンに二通の召喚状を送り、一つは取引記録と、もう一つは捜査の一環としてほかの資料の提供を求めていた。スタッフの弁護士はそのことに言及し、改めてコーエンを見る。「資料は作成されていません。本日、作成するおつもりはありますか」

「ありません」と、オーベルマイヤーが再びコーエンに代わって答えた。SECの弁護士に伝えこそしなかったが、彼らは協力するつもりはなかったのだ。そのかわりにオーベルマイヤーは、憲法で認められた依頼人の権利に基づき、「資料作成は拒否する」と伝えたのだ。

「憲法上のどの権利でしょうか」とスタッフの弁護士は尋ねる。

「何人も、自己に不利な証人になることを強制されない、とする条文です」とオーベルマイヤーが答える。

「修正第五条による権利ということですね」とスタッフの弁護士は言った。

イラ立ったSECの弁護士は、資料に関する質問はコーエン自身が答えるよう求めた。宣誓証言においては、常にこの問題が争点となる。質問に答えるのを拒否するにあたり、調書のなかで、証人に「黙秘権」を主張させることがSECの目的となる。つまり、後に、犯罪の推論として用いることができるのだ。つまり、自分が無実であり、またそう思うのであれば、なぜこの機を通じてSECに対してそのすべてを語らないのか、ということだ。もちろん、ホワイトカラーの被告側弁護士もそのことを重々承知しているので、たとえまったく同様の理由から黙秘権を行使する場合でも、依頼人が「黙秘権を行使する」と発言することをどうにか避けさせようとするのだ。これは一般的な法的駆け引きである。

「彼は、自分自身で、修正第五条のもと資料を作成しない権利を主張しなければなりません」とSECのスタッフ弁護士は改めて言った。

「彼にその必要はないと思います。私が、彼の弁護士として応対しております」とオーベルマイヤーは答え、コーエンには一言も発させないつもりなのだ。

スタッフの弁護士と金融アナリストは互いに顔を見合わせた。オーベルマイヤーには、彼らがあきらめたように思えた。すでに彼らの負けなのだ。

「あなたの生年月日ならびに出生地はどちらですか」とスタッフの弁護士はコーエンを見ながら尋ねる。

コーエンはオーベルマイヤーを見やる。彼らはリハーサルを済ませていたのだ。「代理人の助言に基づき、私は、不利な証人となることを強制されるような質問についてお答えすることを謹んで控えさせていただきます」とコーエンは言った。

「一九八五年一二月、あなたはRCAに関する非公開情報を得たうえで、グランタル・アンド・カンパニーの口座で有価証券を取得しましたか」

「私の回答は同じです」とコーエンは言う。

彼の押し引きは続く。スタッフの弁護士はさらに質問を続ける。コーエンは、一九八五年一二月に自身の口座でRCA株式を取得したか。RCAがゼネラル・エレクトリックとの合併に関係していることを、その情報が公開される前にだれかから教えられたか。コーエンは一九八五年一二月に、ほかのだれかにRCA株を取得するよう薦めたか。コーエンはその都度、同じ回答を繰り返した。つまり、黙秘権を行使すると言わずして、黙秘権を行使したのだ。

次に、スタッフの弁護士は「あなたは、J・ゴールドマン・アンド・カンパニーという会社をご存知ですか」と質問した。彼は、コーエンの親友で、前年にグランタルを退職して自分のトレード会社を立ち上げた「ジェイ・バード」ことジェイ・ゴールドマンに言及したのだ。コーエンは知っていることを認めようとしなかった。「回答は同じです」とコーエンは言った。

二〇分後、証言は終わった。ロビーに降りるエレベーターのなかで、オーベルマイヤーは多少の痛みは感じたが、捜査から依頼人を守るためにでき得るかぎりのことはやったと確信していた。

しかし、コーエンはこの経験にひどく動揺していた。法の執行機関を前に質問に答えることを拒否するということは、たとえ無実であっても、当人を後ろめたい思いにさせるものだ。RCAに関する捜査はその後も続いた。コーエンは自らの生活を失うリスクを冒していると感じていた。彼は終日、いつも以上にイライラとし、夜はほとんど自宅で過ごし、パトリシアにS

ＥＣに関する不満をぶちまけていた。ある週末、彼はベッドから立ち上がることができなかった。彼は、自分は不当にも捜査された。それは間違っていると不平を言った。パトリシアはパトリシアで不安であった。しかし、彼女は、何も悪いことはしていないという夫の言葉を信じていた。

そして、ある日、彼らのアパートに電話会社から手紙が届いた。それは、コーエン夫妻の通話記録が米司法省によって召喚されたことを知らせるものであった。つまり、ＳＥＣの民事捜査に加えて、犯罪捜査が行われる可能性があることを示すものである。パトリシアは手紙を読むと悲鳴を上げた。コーエンが彼女に話していたすべてに反して、刑事事件となる可能性があり、最悪の場合、彼は罰金を支払わなければならないのだ。犯罪捜査の結果、投獄されることもあり得る。コーエンは彼女を安心させるために、取引に直接かかわっていたウォートンのクラスメートからではなく、仲介者から間接的に情報を得たのであり、それに基づいて取引しても違法とはならないと説明した。しかし、疑念は家族全体に影響を与えていた。パトリシアと子供たちは、毎晩コーエンが鍵を開ける音を聞くと縮こまっていた。

政府によるＲＣＡに関する捜査は、その後も困惑の種となった。「私は単なる株のトレーダーであり、たまたまそれらの株式を取引していただけのことだ」。コーエンはゴルフコースで友人に語っている。「それが、私の家族や子供たち、そして私の人生に多くの問題をもたらしている」と。

一九八七年一〇月一九日月曜日、コーエンはいつもより早い、午前八時にオフィスに到着した。彼は気味の悪さを感じていた。ＳＥＣの捜査によって妨害されながらも、コーエンのグループは、何百もの合併話で市場が史上最高値を更新し続けるなか、お金を稼ぎ続けていた。しかし、数週間前、亀裂が現れ始めた。その一因となるのは、ワシントンの政治家たちが、敵対的買収の資金となる貸し付けにかかる金利の支払いでみられた税法上の穴を埋めることについて議論をしていることだ。もし合併ブームが突如収束したら、株価は急落する。投資家たちは神経質になっていたのだ。

さらに、長期化しているイラン・イラク戦争をはじめとして、気になる地政学上の緊張もあった。先週の木曜日、一〇月一五日、イランはクウェートの近郊にあったアメリカの石油タンカーをミサイルで破壊したのだが、アメリカがそれにどう対応するかという議論が巻き起こっていた。ダウは一〇〇ポイント以上、値を下げた。月曜日の朝までに、世界中の市場が崩れだしていた。それは、中東における不安と、石油価格の下落、Ｍ＆Ａブームの終焉に、不景気の兆し、それにシステム取引による株式の売りとが重なった結果のようであった。コーエンは、デスクに座るときにはそのすべてを承知しており、海外やアジアの市場がどれほどひどいことになっているかを目の当たりにした。香港の指数は下落し、ヨーロッパのあらゆる数値を示すチャートは真っ赤である。彼は、ポートフォリオで多くの売りポジションを持っていたので、損失の幾ばくかは相殺されるはずである。彼は、スクリーンをにらみながら、どの程度のお金を失うことになるか計算しようとした。

ニューヨークの市場が開くと、彼は即座に持ち株を処分し始めた。問題は、だれもが同じことをしようとし、また市場に買い手がいなくなってしまったので、株価が一気に下落してしまったことだ。トレーダーたちは、NYSEのフロアを互いにぶつかりながら駆け回っていた。取引時間も一時間を残すばかりとなると、オーバーナイトで株式を保有することを懸念した投資家たちがパニックに陥り、売りはさらに加速された。後にブラックマンデーとして知られるようになる一日を通じて、ダウ・ジョーンズ工業株平均は五〇八ポイント、二三％も下落し、一日での下落幅は史上最大となった。一〇年に及んだ無制限とも言える借り入れは、突如、痛ましい終わりを遂げたのである。

グランタルは、ほかの多くの会社と同様に、事実上、機能停止した。コーエンのグループは資本の半分ほどを失った。七人いるトレーダー全員は、損失でほとんど死にそうになっていた。しかし、損失が増大するなか、コーエンは冷酷なまでの力を発揮し、落ち着き、合理的な投資判断を下していた。混沌のなかに彼はチャンスを見ていたのである。その日のトレードが終わったあと、かつての従業員によると、ショックで顔を覆い、モニターを眺めていたトレーダーたちに向かって、コーエンはこう言ったという。「これからは、私以外のだれも取引をしない。

私が唯一のトレーダーであり、お前たちは私の事務員だ」。彼が何を言っているのかだれも理解できなかったが、まだだれも反論しなかった。

困難なときであった。富は失われ、人々の生活は破壊された。ドレクセルによるインサイダー取引のスキャンダルに巻き込まれたキダー・ピーボディなど、他社のブローカー二人はオフィスの窓から身を投げた。ジャンクボンドのバブルは弾け出し、何十億ドルもの資金を借り入れた企業は返済ができなくなった。S&L（貯蓄貸付組合）の危機は悪化し、全国で何千もの銀行が破綻した。ウォール街は危機に陥ったのである。

しかし、コーエンは落ち着いていた。暴落の翌月、NYSEのフロアにいるスペシャリストたちが毎朝、自分が担当する株式の取引を始めるのに躍起となるなかで、コーエンの「事務員たち」は場が開ける前に彼らに電話をかけ、意中の株式がいくらで寄りそうか確認するのだ。暴落のショックが続いているので、その日の初めに何が起こるのかだれにも分からず、また市場が荒れることをだれもが恐れるときにこそ、最大の取引チャンスがある。すべてがゼロになる日など来ようはずがないのだ。コーエンは、「ジレットは二ポイント上で寄り付く」といったような「見立て」をフロアのスペシャリストから得るのだ。そして、市場が開くやいなや、彼はできるかぎり多くの株式を空売りするのだ。つまり、保有していない株式を売り、株価が再び下落したときに買い戻すのである。彼は何週間もそれを繰り返し行い、デュポンやGE、IBMなどダウ指数を構成するほとんどすべての株式を空売りし、株価が下がったときに確実に利益を獲得するのである。市場が回復しようともがくなか、愛国的な行為ではなかったが、感情に流されないコーエンの能力に彼の同僚たちは驚嘆したのである。

グランタルとコーエンのトレーディンググループは完全に生き残った。しかし、コーエンの結婚生活はそうではなかった。

コーエンとパトリシアはすでに何カ月も激しい喧嘩をしており、カップルセラピーの世話になっていた。事態はさらに悪化し、一九八八年六月二二日、コーエンはイーストエンドアベニューにあった、四五〇〇平方メートルあるマンションを飛び出した。それは、一年半に及ぶ辛い離婚交渉の幕開けであった。彼らは和解しようとしていたが、コーエンの弁護士は交渉上の立場を強めるためにマンションに戻るよう勧め、彼もそれに従った。マンションは二八部屋もある巨大なもので、コーエンは離婚が成立するまで、長い時間がかかるのであるから、そこに住むことができると主張したのだ。この行動によって、二人の対立は新たな段階へと突入することになる。

弁護士たちは、何百時間も費やして、コーエンの資産を洗い出し、彼が毎年どれだけのお金を稼いでいるかを正確に把握しようとした。彼は、この情報を妻とはけっして共有しなかった。彼らは、互いに提案をぶつけあった。最終的にコーエンは世界中にあるすべての資産の一覧を作成したが、それは一六九〇万ドルに上った。その半分ほどにあたる八七五万ドルは、友人であるブレット・リュリーとの不動産取引に投じられていた。しかし、コーエンはこの取引は失敗で、八七五万ドルのすべてが消滅し、その価値はゼロであると主張した。そして、残りの八〇〇万ドルほどが等分に分割されることになる。コーエンは、二八〇万ドルの価値があるとするマンションと、現金で一〇〇万ドルを提供するとパトリシアに提案した。また、ジェシカとロバートの養育費として毎月四〇〇〇ドルほどを支払い、またキャンプや私立学校の学費も負担することに合意した。パトリシアはマンションを売り払い、もっと小さな場所に引っ越すことを計画しており、配偶者扶養料は放棄した。

コーエンはその年四〇〇万ドル以上を稼いでいたが、元妻に一ドルたりとも与えたくはなかったのである。彼は、バーグドルフから届いた八万ドルの請求書を例に彼女の浪費癖を非難した。最終的な離別契約に署名した翌日、彼は不機嫌な様子で出社し、トレーダーたちにこう言った。その場にいた者によると、「私は妻に食い物にされた。君たちの給与を減らして、そのすべてを取り戻すつもりだ」と言ったのだ。

従業員たちは自分が耳にしたことが信じられなかった。コーエンは、グループの利益の六〇%を手にしていたのである。グループの利益額のうち、トレーダーたちがもたらした利益の三〇%を彼らに支払い、その半分は自分のために取っておいたのだ。事務員としての給料だけで働かなければならないトレーダーもたくさんいた。コーエンはトレーダーたちの取り分を五%も減少させようとしたのだ。

「それはできませんよ」とトレーダーの一人が言った。

「黙れ、私がボスだ」とコーエンは言う。

ほどなくして、ブラックマンデーの陰影は消え去った。株式市場は、新たな上昇相場に突入する。ＳＥＣによるＲＣＡのインサイダー取引の捜査は沙汰止みとなり、だれもとがめられることはなかった。刑事犯罪についても同様である。そのすべてを通じて、金融犯罪の容疑者たちが後に理解することになる教訓がもたらされた。黙秘権を行使することで、証券犯罪の捜査を抑えつけることができる、と。

第2章 コーエンが欲したもの、手にしたもの

「こうしたいと思う。グランタルのブローカーディーラーのくびきから脱出したい。連中はわれわれの利益を吸い上げている。連中はわれわれの邪魔をしているんだ」と、一九九二年、コーエンはトレーダーたちに発表した。グランタルは登録ブローカーであり、コーエンのトレーディングチームがそこに属しているかぎりは、厳しい規制を受け、活動が制限されていた。例を挙げれば、今や新たな収益源として重要性を増しつつあるＩＰＯ（新規公開株）に投資ができないのである。コーエンはニヤッと笑い、こう言った。「われわれはこれをやる。自分たちの道を歩むのだ」

このときまでに、グランタルは信頼に足らない会社として評判となっており、何度も当局の捜査を受けていた。ウォール街の無節操さと、あからさまな違法行為に彩られた時代のなかで、グランタルのハワード・シルバーマンＣＥＯ（最高経営責任者）はコーエンに完全な自由を与え、そしてコーエンは大きくなっていったのである。一四年あまりの歳月のなかで、コーエンはジ

ユニアトレーダーから、ウォール街のスターへと成長したのだ。三六歳になろうとする離婚したての彼には、変化を起こす準備が整っていた。自らの道を歩み始めるときだったのである。コーエンは、二三〇〇万ドルの資本と九人の従業員を引き連れてＳＡＣを創業した。コーエンは自分のお金を一〇〇〇万ドル投じ、残りの資本はトレーダーや友人や投資家が引き受けた。トレーダーの多くが二〇代後半から三〇代前半で、幼い子供を抱えていた。安定した職を離れ、コーエンの新会社に賭けることに反対した妻たちもいた。新会社には、いざというときに助けてくれる大手銀行もないため、彼らは自らの蓄えをリスクにさらすことになるのだ。

業務を始めた最初の数週間、新しい従業員たちが神経質になっているのがコーエンにも分かった。彼らはいまや自分たちの資金でトレードをしており、臆病になっていたのである。すべての売買注文を出し渋り、もし市場が予想に反して動いたらどれだけの資金を失うことになるか、何度も何度も計算していた。コーエンは、彼らを叱り、けなしたくなる衝動を抑え、自信を持たせようと努めた。「どうした、今までと何も変わっちゃいないさ」とトレーダーに言ったのだ。

彼は、喜んでリスクをとる人間をそばに置きたがった。彼は、情熱的で、負けず嫌いの男たち、特に大学でスポーツをやっていたような者たちを好んで採用した。彼は、部屋中をミニ・コーエン、つまり自分と同じように恐れを知らない者たちでいっぱいにすることを夢見たのである。「今までの人生でもっともリスクが大きかったのは何か」とコーエンはトレーダー候補に尋ねたのだ。「私は、どんな場でも自信を持って、リスクをとれる人間を求める」

株式市場でお金を稼ぐには、賢くリスクをとる必要があるとコーエンは考えていた。たとえ、優れた投資アイデアを持っていても、恐れをなして、そこにたくさんの資金を投じることができなければ、大きな利益を獲得することはできないのだ。コーエンは、自ら取り組むトレードのうち、大きな利益をもたらすのは五パーセント程度にすぎないと考えていた。そのような勝ち相場に少額しか投じることができないとしたら、獲得できる利益も著しく少ないものとなる。しかし、彼にとっては当然のことも、ほかの人々にしてみれば大変な困難が伴っていたのだ。このトレードの最中に爬虫類のように振る舞う能力は、ほとんど遺伝子の異常とも言えるもので、恐れや自信の無さに左右されがちの、人間本来の特性に反するものである。彼は、新たに採用しようとしている社員のインタビューを行うときに、できるかぎりこの能力を見いだそうとしていたのだ。

コーエンの投資手法は、その他多くのヘッジファンドが用いていたものとは異なっていた。彼は、日々、市場の至るところから膨大な量の情報を収集し、それが市場の売買となって現れるのをじっと観察し、そして何百、何千もの株式を買い上げ、そして価格が上昇するやいなや、売り払うのだ。株が下落するときは空売りで同じようにするのだ。彼は、はた目にはデイトレーダーだったのである。これはうまく複製することなどほとんど不可能なスタイルであるが、仮にコーエンのトレード方法に先例があるとしたら、一九六七年にヘッジファンドのスタインハート・ファイン・ベルコウィッツを創業したマイケル・スタインハートが用いた投資戦略を挙げることができる。スタインハートが株式のトレードを始めたのは、年金が一般的になり、ごくありふれた一般人たちが毎年株式市場に新規の資金を投じるようになったころである。確定給付型の年金制度に加入するアメリカ人労働者の資金は一九五〇年から一九七〇年にかけて三倍にもなり、そのすべての資金は投資に回されることになる。そして、トレードは、色分けされたジャケットを着た事務員が行う単なる事務仕事から、ウォール街のスーパースターとなる最短の道へと変わっていったのである。当時、大きな取引量を持つ数少ない個人投資家の一人として、スタインハートは大きな玉を持つ巨大ブローカーたちに、第一に自分に電話をかけ、一般投資家が公開市場で得られる価格よりも良い価格を提示することを要求した。スタインハートは、銀行や証券会社と親密かつ、議論の的ともなった関係を通じて、ほかの投資家たちを大いに出し抜き、そして富を獲得していったのである。

長い間、ヘッジファンドはウォール街の主流からはかけ離れた存在で、世間から注目されることを避ける、風変わりな男たちばかりの集まりであった。一九八〇年代になると、ジョージ・ソロスやポール・チューダー・ジョーンズなどのセレブ投資家がヘッジファンド業界に登場したが、彼らが実際に行っていることはいまだ多くの人々にとっては不明であった。やがて、これらの賢い変人たちが静かに、何十億ドルもの富をかき集めていることが知られるようになると、メディアも注目するようになる。彼らは、タージマハルほどの規模を誇る邸宅を購入し、ロングアイランドにあるビーチハウスにヘリコプターで移動し、メトロポリタン美術館に飾るような美術品を収集する。彼らは羨望の的となったのだ。

しかし、コーエンは少々違っていた。彼は特段数学に強いわけでもなく、世界経済の研究をしたわけでもなく、また特別な投資哲学を有するわけでもなかった。彼は偉大なトレーダーにすぎなかったが、あまりに優れていて従来のウォール街のキャリアの枠を出てしまっていたのだ。自身のヘッジファンドを持つことで、彼は富と権力の新たな世界へと足を踏み入れたのである。

ＳＡＣが成長し、運用する資金も増大するにつれ、ウォール街の名門企業も気づき始めた。どうして、無視し得ようか。ＳＡＣは三年もしないうちに四倍にも成長し、およそ一億ドルを運用していた。コーエンやトレーダーたちは日々、大量の株式を売買していたので、ブローカーたちはＳＡＣと取引せずにいると、多額の取次手数料収入を失いかねないことを懸念し始めた。ブローカーたちが乗り越えなければならない問題は、彼らを雇用する大会社の多くがヘッジファンド全般、そしてコーエンを特に疑わしく思っていたことだ。ＳＡＣの年間リターンは一〇〇％とも言われていた。大会社のトレーダーたちは、コーエンはいかさまをしているに違いないと語り合っていた。そのため、Ｊ・Ｐ・モルガンはコーエンとの取引を拒んだほどである。

一方、コーエンはＳＡＣをさらに成長させようと考えており、そのために新たな投資家や営業マンを獲得して、SACをIPOさせるか、今まで思いつかなかったような投資アイデアをもたらしてくれることを求めていた。彼は、ステーキディナーやゴルフやラケットボールの試合などに出かけたが、コーエンは商売目的の社交が苦手で、会社の拡大を助けてくれるような人間関係を構築することができなかった。彼は、本心としてはクラブの一員などになりたくはなかったのだ。そのため、彼は自分の代わりをしてくれるプロを連れてくる必要があった。

彼は、その任にふさわしい一人の人物を知っていた。彼の名前は、ケニー・リサック。青い目に、広い肩幅の株式営業マンで、コーエンがグランタルでの最後の年に採用した男である。リサックは、ブローカーたちとゴルフをし、酒を飲むのを楽しんでいた。彼は、メリルリンチ、ゴールドマン、リーマンといったコーエンが自分を重要な顧客として取り扱わせようと苦労していたすべての会社との関係を構築していた。リサックはあらゆる点でコーエンとは正反対であった。彼らはすぐに意気投合する。

リサックは、トレードについてはコーエンよりもよほど伝統的な考え方をしていた。全米最大の証券会社であるシェアソン・リーマン・ブラザーズで働いていたリサックは、企業研究が株価にどのように影響を与え得るかを理解していた。メリルリンチがIBMを批判するアナリストリポートを発行すると、投資家たちは株式を売ろうとするであろうし、当然、株価は下落する。たとえリポートの内容が誤りであったとしても、名の売れたアナリストが株式を格上げまたは格下げしたというウソの事実だけで、株価に大きな影響をもたらすことになるのだ。このような基本的なメカニズムを無視することは、コーエンの資金を無駄にすることになる。

リサックは、ゴールドマン・サックスやファースト・ボストンのブローカーたちに会い、コーエンは真っ当な投資家であり、最高のリサーチアナリストと接触させるべきだと売り込んだ。その見返りに多額の取引手数料がもたらされる、とリサックはブローカーたちに語ったのだ。面会のない日にはリサックも自分で株式をトレードし、コーエンとポートフォリオを共同管理していた。彼らは最高の友人であり、平日は懸命に働き、週末はともにくつろぎ、ロングアイランドのグレン・ヘッド・カントリークラブでゴルフをしたり、アスペンでスキー休暇を取ったりした。

二人は、毎朝オフィスに着くと、新聞に目を通し、株価をチェックし、その日どうやってお金を稼ぐかを決定するのだ。企業に関するニュースや、市場で大きな売買注文があると、コーエンはそれがもたらすモメンタムに乗じる準備をし、株価が上昇を示すと買い、下落しそうになるやいなや売却する。この手のトレードはコーエンの得意とするところで、他社のトレーダーたちも彼がしていることをまねし始めた。

コーエンとリサックは、自分たちのトレードを何時間もかけて分析し、改善点を探し出そうとしていた。リサックは、自分たちの中心的哲学を簡潔にまとめている。いわく、早めに損切りし、利を伸ばすことによって、利益を獲得するオッズは改善する、と。お金を稼ぐための要点は、損失を賢明に管理することにあると彼らは考えていた。学術的に言えば、リスク管理ということだ。

彼らのトレードはたいていの場合うまくいったが、必ずしもそうでないときもある。彼らがコンビを組んだばかりのころのある日、市場が閉じたあとで、コーエンとリサックはアッパーイーストサイドにあるフローズンヨーグルトの店で会い、困難を極めたその日の午後の取引について話し合った。

「いったい何があったんだ」とコーエンは不機嫌そうに言った。

彼らは、ノーザン・テレコム株で大損をしたばかりなのだ。株価は三八ドルから三一ドルへと下落したが、負けを認めたくないコーエンとリサックはナンピンをした。最悪の事態は終わり、株価はリバウンドすると彼らは確信していたのだ。これは、投資家には付き物の過剰な自意識ゆえのバカげた行為とも言えるもので、株式を売って、損失を実現させることを恐れ、やがて何の理由もなくあきらめ、株式を売却すると、突然、株価が持ち直したりする。この取引で、彼らは二〇〇万ドル近い損失を出した。その損失ゆえにポジションを閉じなければならなかった、ということではないのだが、コーエンにとっては手痛いものであった。彼は、毎日、自分自身でトレードを行っていた。それも真剣に。だからこそ、判断ミスは許されないのだ。

「さて、どうしようか。タクシーの運転手にでもなるか」とコーエンは言った。

ノーザン・テレコムの取引のあと、コーエンは厳格な損切り基準を導入した。つまり、トレードで含み損が生まれたら、限度額を設け、そしてたとえ何が起ころうとも売却する。けっして感情に左右されてはならない。

マンハッタンのエリート層にとっての伝統的な避暑地であるハンプトンは、コーエンが育った地域から八八マイルの距離にある地で、ウエストハンプトンからモントークに至る大西洋岸に、板屋根の郊外住宅が並んでいた。ＳＡＣを設立するまでに、コーエンはこの地に住むことができるほどになっていた。彼とリサックは、夏の間トレード業務を行う場所をイーストハンプトンに移し始めていた。彼らは、プールと家政婦が付いた五ベッドルームの部屋を借り、イーストハンプトンの中心地にある喫茶店のグランドカフェの上階のオフィスを買い取った。そこは、金持ちのご婦人がペットのプードルと足を運ぶ場所である。そこが、七月から八月にかけての彼らの本拠地となったのである。

コーエンは、隔週末にはジェシカとロバートの面倒を見て、裕福な独身生活を送る父親たろうとした。別れた妻であるパトリシアは、自分がそばにいないとコーエンは子供たちの世話をしないと感じていた。一人暮らしのコーエンは仕事に出ている間、子供たちをほったらかしにしておくことがしばしばあったのだ。あるとき、五歳になったロバートは、イーストハンプトンのコーエンの家にあるプールに落ちてしまった。コーエンは着衣のまま飛び込み、引き上げてやらなければならなかった。

コーエンは一人でいるのは嫌だったが、女性に出会うまでのプロセスを楽しめずにもいた。

彼は交際相手相談所に登録し、プロフィールだけを頼りに二〇人に招待状を送った。返事を寄こした女性はたった一人である。彼女の名前は、アレクサンドラ・ガルシア。長い黒髪の女性だった。最初のデートで彼らは、マンハッタンにあるコーエンのアパートの近くにあった賑やかなイタリアンレストランに行き、そこで数時間語りあった。

二人は定期的に会うようになったが、ガルシアにはうわべばかりの付き合いには興味がないことがはっきりしていた。彼女は結婚をしたかったのである。一見したところ、彼女はウォール街の成功したトレーダーにはふさわしくないように見える。ガルシアはスパニッシュハーレムでプエルトリコ系の大家族に育ち、シングルマザーとして苦労を重ねてきた。彼女は大学には行っておらず、息子が一人いた。彼女とコーエンには共通点がほとんどなかったのだ。

コーエンは、離婚の苦い経験のあとでは再婚するにも確信が持てずにいた。

「どうしたらよいか分からない」。ある日、コーエンは夏の住まいの隣にあったピザ屋でリサックに漏らした。

ガルシアは婚約を迫るのだが、婚前契約に署名することは望まないのだ、とコーエンは説明する。コーエンもまた、異なる理由で態度を決しかねていた。その一つに、彼はまだパトリシアに引かれていたことがある。コーエンの友人たちによれば、前妻は、テレビ番組のM・A・S・Hに出てくるセクシーな従軍看護婦のマーガレット・「ホットヒップス」・ホーリハンに似ているという。彼はまた、増大する自らの富を保全する手立てを講じることなく、再婚することなど想像もできなかった。コーエンがどうすべきか苦悶するなか、パトリシアとガルシアは互いに対する憎悪の念を高めていった。彼女たちは、父親のもとを訪れる子供たちを送り迎えする際にはどうしても顔を合わさざるを得ない。二人の間の緊張は次第に高まり、やがては路上で口論するまでになっていた。

しかし、リサックは、友は孤独を感じており、ガルシアが彼を幸せにすることだろうと考えていた。「彼女に指輪を買ってやれよ」とコーエンにアドバイスした。「どのくらいするかな。四万ドルくらいかな、三万ドルくらいじゃダメかな」

コーエンとガルシアは、その後少なくとも四回は別れたが、そのたびごとにガルシアは怒り狂い、脅迫するのだ。今しかない、彼女はそう言い続けたのである。そしてついにコーエンはリサックのアドバイスを受け入れ、彼女にプロポーズをした。彼らが結婚したのが一九九二年六月六日で、プラザホテルで開かれた披露宴は贅を尽くし、ブラックタイの来客が三〇〇人に上り、そのなかでリサックが介添人を務めた。

ガルシアはすぐに夫に影響力を行使し始める。コーエンは内気な性格で、人々の注目を集めることをできるかぎり避けようとする人物であった。しかし、結婚の八カ月後、ガルシアは彼には考えもつかないことをするよう説得する。彼女は、昼間放映される有名なスペイン語のテレビ番組のザ・クリスティーナ・ショーに出演することにしたのだ。そこでは、夫の前妻との感情的なもつれを抱く夫婦にスポットが当てられる。「可愛そうなアレクサンドラは、スティーブと結婚してまだ八カ月です」とブロンドヘアのクリスティーナが言う。オプラ・ウィンフリーのラテン版だ。「彼女は、夫の前妻とのいさかいはけっして終わることがないと感じています。彼女が言うには、彼女も彼の前妻も互いを軽蔑しているので、おそらくは怒り狂っているであろう前妻をわれわれが招かないことを保証することを条件に出演に同意してくれました」。クリスティーナは前かがみになり、芝居がかったように間を置いて、「アレクサンドラ、教えてちょうだい。彼女はそんなにおかしいですか」と尋ねる。

彼女たちが継子の養育権を巡る争いについて話をするつもりだと考えながら出演していたコーエンは、この経験で大恥をかくことになる。それでも彼は、でき得るかぎりの自己弁護はした。クリスティーナが、コーエンがガルシアとデートをするようになって以降も最初の妻と会っていた事実を伝えると、聴衆は非難を示すように押し黙った。コーエンは顔色を失った。「出会った最初の年はそんなことが何度もあったが、私はまだアレクサンドラと婚約をしていなかったし、おそらく前妻との心の傷が癒えていなかったのだろう」と彼はまくし立てた。「私は離婚でひどく不快な思いをしたばかりで、まだ心の準備ができていなかった……私たちはしばらくの間ぐずぐずしていました。それに、ちょっとした経済的な問題もありまして……」

コーエンの友人たちは、この出来事、つまり不快な暴露話と、慎重で内気な友人がそもそもテレビのトークショーに出演することに同意したことに驚いていた。コーエンは、目立ちたがり屋とは対極の人物である。また、ＳＡＣの同僚たちはこの出来事を、ガルシアがコーエンを完全に支配した証しであると考えた。

コーエンは、イースト七九番通りの新しいマンションでクリスマスパーティーを開き、会社にとっては偉大な一年であった一九九三年を祝った。だれもがご機嫌で、自分たちが稼ぎ出した多額のお金に興奮していた。バーテンダーたちがお酒を注いで回る。コーエンはリサックの肩に手を置き、「ちょっと話せるかな」と言って、二人で空き部屋に移る。

これまでの三年間で、リサックはコーエンにとってもっとも頼りになるパートナーとなっていた。投資家やウォール街の銀行との窓口となり、トレーダーのヘッドであり、採用担当者であり、オペレーションを引き受け、そして問題を抱えた同僚はだれもが彼に相談をする。「君はSACにはなくてはならない人物だ。ジェネラルパートナーとなって会社の二〇％を持たせたいと思う」。リサックによれば、コーエンはこう言ったという。

リサックは興奮していた。彼はコーエンと仕事をするのが好きだったし、彼のそばでファンドを運用し、日々トレードを行うことを喜びとしていた。パートナーになれば立場も安定するし、それ以上に稼ぎが違う。何千万ドルというお金も難しくはないのだ。彼らはパーティーに戻ると、SACの従業員たちにリサックの昇進について話をする。反応は概して良好だ。リサックは広く好かれ、そして尊敬されていたのだ。彼のような人物が役員に加われば、それだけ安定し、また真っ当な印象を与えることができる。

「コーエンはマッドサイエンティストだが、リサックは社交的な人だね」とウォーレン・デンプシーは語る。彼は、一九九〇年代前半にSACに加わったトレーダーで、同社がヨーロッパのIPOへの投資でプレゼンスを確立するのに一役買った人物だ。「現場は彼らが切り盛りしていたけど、実際の権限はリサックにあった。少なくとも僕がいた間は、コーエンは何をするにもリサックと相談していたよ」

二年後、SACはニューヨーク近代美術館から一ブロック離れたマディソンアベニュー五二〇番地の新しいオフィスに移った。T字に並べたデスクの中央にコーエンが座り、大量のモニターを前にしたトレーダーたちが彼の両翼に並んでいる。階下には、壁をフレスコ画で飾った派手なイタリアンレストランのサンピエトロがあったが、SACのトレーダーたちがこの店の最高のお客さんとなった。

SACが一二カ月ごとに二倍となる成長を遂げる一方、コーエンは自らの幸福についてはもがき続けていた。彼は自分の会社を持つという人生の夢を達成したのだが、いまだ幸せとは言えず、精神科医のアリ・キエフに頼らなければ心的状況を管理することができなかった。

うつ病の治療に加え、キエフは成功とその達成の仕方を専門としていた。キエフは精神科医として働く一方で、バスケットボールやボートのオリンピック選手のコーチも務め、彼らのパフォーマンスを向上させ、失敗する恐れに打ち勝つべく指導していた。あらゆる取引で常に優位に立たなければならないコーエンには、一流の運動選手を育ててきた彼の経歴が魅力で、終日、SACのオフィスに詰め、社員の面倒を見てほしいと頼み込んだ。背が高く、口ひげも豊富で、腹の突き出たキエフは、静かにトレーダーのそばに来て、気分を尋ねるのを常とした。キエフがそこにいるのを知って、驚きのあまり席から立ち上がってしまうトレーダーもいたほどである。コーエンは、キエフに社員が損をする心配に打ち勝てるよう、やる気にさせるスピーチをしてほしいと頼んだ。

つまり、キエフは彼らが非情となれるよう指導するために存在していたのだ。

週に一度、市場が閉まったあと、部下のトレーダーたちは会議室に集められた。そして、キエフはリスクをより許容できるようになる方法に特化したグループセラピーを行うのだ。キエフは、彼らのトレードについて語り、なぜうまくいくものとそうでないものがあるかを理解させようとした。「本気で、できるかぎりたくさんのお金を稼ぎたいと思ってるのか。この男こそが、お前が本物の勝者となることを助けてくれるのだ」。キエフは社員にそう売り込まれていたと、懐疑的な目で見ていた社員の一人が当時を振り返る。キエフは、オリンピック選手の面倒を見ていた経験から、ほとんどの人々にとって障害となるのは恐れであると考えるようになっていた。つまり、同じ金額の資金を持った二人の投資家がいるとする。一人はお気に入りの株を二五万株買う覚悟ができていて、もう一人はそれができていないとする。なぜか。そのためらいは不安の表れであり、それは普通の治療では克服し得ないとキエフは考えていたのだ。

キエフは、トレーダーたちに目を閉じ、トレードをして利益を上げている映像を思い浮かべるよう指示する。「ちょっと身を委ねてみろ」「真実を言えば」は彼のお気に入りのセリフの一つである。「なぜ、もっとデカくやらないんだ。すべきことは何だ？」と彼は尋ねるのだ。そして「損をすることにとらわれていては勝てない。損をしないトレードというのは優れた戦略じゃない。お前たちは勝つためにトレードしなければならないのだ」と言うのである。

トレーダーの多くは、このグループセラピーの時間を嫌っていた。キエフはインチキだと考えている者もいた。

「キエフはとても攻撃的で、お金が大好きだった」とトレーダーの一人は言う。

コーエンの最初の妻であるパトリシアは、キエフの真意を疑っており、コーエンとの治療を株式の情報を得ることに利用していたのだと考えていた。キエフにしてみれば、コーエンという完璧な患者を見つけたのだ。つまり、彼は巨額の謝礼を支払えるだけの無限の富を持ち、また、ウォール街で最高のトレーダーの一人という評判を獲得しているのだから、ベストセラー作家になるというキエフの目標を実現するために利用できるのだ。ウォール街最強のトレーダーのコーチを務めていますと言えば、著書を売り、顧客を集めるには有効であろう。

キエフはまた、コーエンの別の目的のためにも働いていた。つまり、SACのトレーダーたちの考えていることを、内部スパイとして探るのだ。彼は、特定の従業員に的を絞ると、彼らの悩みを聞きだすのだ。何十年にもわたりセラピストとして実務を積んできた彼は、人々から私的な告白を引き出し、彼らを心地良くさせ、そして信頼を獲得する術を身につけていたのである。しかし、喜んで彼に打ち明ける者などＳＡＣにはほとんどいなかった。だれもが自分たちが語ったことは、そのまま上司に報告されてしまうと考えていたのである。

ヘッジファンドの経済性というのは、その法外なまでの報酬構造ゆえに、ヘッジファンド側にとって極めて都合の良いものとなっている。コーエンは、その点にできるかぎり付け込もうと早い段階で決めていた。もし投資家がベスト、つまり彼を求めるのであれば、彼らはそれに見合った代価を支払わなければならない。ＳＡＣの運用は順調だったので、彼は他のいかなるファンドよりも高い報酬を課すことができた。つまり、各年度末時点で、利益の五〇％を徴収するのである。ほとんどのヘッジファンドが、成功報酬は二〇％としている。しかし、コーエンの投資家たちが不平を言うことはなかった。むしろ、彼らは競ってコーエンに投資したのである。

その一方で、コーエンはほかの連中が不当にも彼の成功から利益を得ていると不満を漏らし続けていた。ブローカーに支払った手数料であろうが、パートナーへのボーナスであろうが、税金であろうが、他者に支払った微々たるお金も彼にとってはイラ立ちの元なのである。やがて彼は、ニューヨーク市の税金は高すぎるし、マンハッタンのオフィスも高すぎると考えるようになった。オフィスも拡張が必要だったので、ニューヨークを去ったほうが費用効率は良くなるであろう。そこで彼は従業員たちに、ＳＡＣをコネティカット州に移転させると発表した。

彼はすでに場所も選んでいた。スタンフォードにあるGEオフィスパークである。こちらのほうが、経済性はかなり良くなるのだ。

支払わなければならない税金だけでなく、何年間にもわたって取り組んできた雇用契約も甘すぎるように思えてきた。コーエンは突然、不釣り合いにも巨額と彼が一方的に考えたお金を稼ぎ始めた者たちを解雇し、彼らの報酬を支払うことを拒んだ。ついには、パートナーに怒りをぶつけるようになる。

一九九七年一〇月のある夜、コーエンはケニー・リサックに電話をかけ、驚くべきニュースを伝えた。妻のアレクサンドラがリサックに不倫をもちかけられたとして、リサックを非難していたというのだ。アレクサンドラが、コーエンにビジネスパートナーと結婚生活とどちらかを選べと迫ったのだと、批難されたことに腹をたてたリサックは語っている。リサックは否定し、自分は幸せな結婚生活を送っているとコーエンに言った。彼は一連の健康問題から復帰したばかりで、肉体的には弱っていた。一年前、彼は背中の手術の経過を診てもらうために病院に行った。それはバスケットボールをしているときに負った怪我が原因となったものである。入院中、脊椎が病原性大腸菌におかされ、死の淵をさまよった彼は一カ月間病院で寝たきりとなってしまう。彼は一〇〇ポンドも痩せてしまったのだ。

リサックの不在中、アレクサンドラはますますオフィスで幅をきかせるようになっていた。彼女はコーエンの部下たちにメモを出し、市場が閉まると彼を捕まえさせた。「明らかに彼女が女王で、コーエンが王様、ちょうどそんな感じだ」と元トレーダーは言う。「彼女とはかかわりたくなかったから、放っておいたよ」。彼女をトラブルメーカーだと言うトレーダーもいた。なかには、彼女の目につかないように逃げ回る社員もいたくらいだ。

彼女とリサックとの緊張関係はその度合いを強め、まるで二人のガールフレンドがコーエンの気を引こうと争っているかのようであった。しかし、今回は違った。

自分の妻に不倫を持ちかけたと、親友であり、ビジネスパートナーであるリサックを非難したあと、コーエンはすぐに出ていくようにと言ったのだとリサックは言う。彼はほとんど怒っている様子はなく、むしろ冷徹だった。リサックは、それは作り話だと主張し、自分をクビにするようなバカなまねはしないようコーエンを説得しようとしたが、コーエンはまったく応じなかった。途方に暮れたリサックは荷物をまとめ、オフィスから、そう彼のオフィスから立ち去ったのだ。彼は困惑していた。コーエンはリサックの退社を従業員たちに説明しなかったが、彼らも不安がっていた。やがて、みんなは何が起きたのかを知ることになる。

やがてリサックは、ウォール街の別の会社からも締め出されていることを知る。企業側にしてみれば、コーエンを引き続き顧客としておくことを望み、また双方とビジネスをすることはできなかったということだ。

「リサックがお払い箱になったときが、コーエンの本当に無慈悲な面が見えた最初の兆候だった」と元トレーダーは言う。

一九九八年、ある月曜日の朝、ゴールドマン・サックスの社員たちは自分たちの部署の週次会議のため、市場が開く前に集まっていた。参加者を前に話をしようとしているのは、ゴールドマンの株式営業マンで、同社のもっとも大切なトレードの相手を喜ばせておくことに責任を有する人物である。彼は、最大の顧客に関する緊急の情報を共有させようとしていた。

「ＳＡＣキャピタルは今や株式部門に最大の手数料を落としてくれている」と彼は宣言した。

株式部門は、ゴールドマンの顧客によるすべての株式のトレードに責任を有する部署で、一九九〇年代後半のハイテク株ブームのころは、株式部門がゴールドマンに多額の収益をもたらしていたのだ。ビル・クリントン大統領の任期も二期目の半ばを迎え、株式市場のブームも真っ盛りで、ニューヨークのタクシー運転手のほとんどが、バロンズ紙を手にデイトレーダーになっているような状態であった。新たなハイテク企業による巨額のＩＰＯが毎日のように行われ、新たに生まれた億万長者たちは、雑誌の表紙でもてはやされていた。高齢者たちは社会保障の小切手を株式市場に投じていた。クアルコムやラムバスのようなハイテク企業の株価は毎時間のように高値を更新しているとＣＮＢＣのキャスターがしきりに報道している。まるで、世界中が金持ちになっているかのようであった。

それ以前、だれがだれの電話に出て、だれが報いを得るかというウォール街のヒエラルキーははっきりしていた。ウェリントンやフィデリティやステートストリートといった何兆ドルもの年金口座を運用する投資信託会社が、業界にとってはもっとも重要な顧客であったのだ。彼らは、電光石火のトレードを行うのではない。長期投資こそが彼らの事業で、利益も漸進的なものである。彼らは株式の大きなポジションを構築し、何カ月、ときには何年間も保有し、それらの企業と利害をともにするのだ。ゴールドマンやモルガン・スタンレーやソロモン・スミス・バーニーなどの企業は営業マンを配置し、自社のアナリストが書いた株式の調査リポートを提供したり、ヤンキースの試合に連れ出したり、夕食に寿司を御馳走したりして、ファンドマネジャーたちと仕事をするのだ。それは極めて快適な仕事で、証券アナリストであったある人物に言わせれば、「五〇歳の白人男性が別の五〇歳の白人男性からリポートをもらうだけのこと」というものであった。

ＳＡＣの口座を担当しているゴールドマンの株式営業マンは、このすべてをひっくり返そうとしていた。ＳＡＣはヘッジファンドであると、ゴールドマンの困惑する社員たちに説明したが、なかには社名すら聞いたことのない者もいた。ＳＡＣは大量のＩＢＭ株を買って、一カ月間保有し、その間ゴルフをしながら、配当を受け取るのではない。彼らはトレードするのだ。しかも、ただトレードするのではない。彼らは日に何百銘柄もトレードし、一度に何百、何千株もトレードするのだ。企業の長期的な財政状態にも、ましてや開発中の新商品が五年後により多くの雇用を生むかどうかなどには興味もない。ＳＡＣが興味があるのはただ一つ。彼らに利益をもたらすことになる株価の短期的な動きだけ、である。

ゴールドマンがＳＡＣのために一株売買するごとに、六セントの手数料が発生する。その意味するところを理解するために、ＰｈＤ（博士号）は不要だ。フィデリティのほうが巨大な会社であるが、取引量だけを考えればＳＡＣのほうが圧倒的に大きな収益をもたらすのだ。

ゴールドマン・サックスに何百万ドルもの仕事を与える見返りとして、ＳＡＣはその重要性にふさわしい対応を求めている、とその営業マンは言うのだ。特別待遇、つまり、企業の株価に影響を与え得るゴールドマンのアナリストの行動に関して、ということだ。「業績見通しを少しでも変更する場合は、第一にＳＡＣに連絡しろ」と営業マンは言う。アナリストが投資家に自ら担当する銘柄の買いまたは売りの推奨をする、または企業の翌四半期の利益予想を修正するならば、ＳＡＣはだれよりも先にそれを知りたがっている。ゴールドマンのアナリストが電話に飛びつき、重要な投資家が企業のイベントを解釈するのを助けるべく「作戦会議」を行うのであれば、最初にＳＡＣと行っても良かろう。何も問題はないではないか。

コーエンの口座を担当しているライバル証券会社の株式営業マンは、そのダイナミズムをこう表現した。「取引をする条件として、彼は最良の価格を求めた。彼は多額の手数料を払うつもりでいたし、事実そうしていた。そして、だれよりも先に電話をもらい、彼がお金を稼ぐ一助となるちょっとした情報を入手することができたのだ」

その朝、ゴールドマン・サックスで、その営業マンの話を聞いた一人のアナリストは、その申し出の厚かましさに衝撃を受けた。厳密に言えば、だれも法に反するようなことを提案したわけではない。しかし、それはアナリストたちを不快にした。彼らの要望は、市場でSACに大きな優位性を与えることになるのだ。株式の新たな「売り」または「買い」推奨を早期に入手できれば、SACはほかの投資家たちがそのニュースにどのように反応するか予測することができ、ほかのだれよりも先に売買が可能となるので、そこから獲得できる利益が小さいものだとしても、積み上げていけば多額の利益となる。下劣と言ったら言葉がすぎるかもしれないが、不快な話以外の何物でもない。と同時に、アナリストや営業マンたちは、会社の顧客たちに仕えることが第一であることを理解していた。投資銀行というのは、軍隊と同様にヒエラルキーがはっきりした組織であり、もっとも袖章の多い者、つまりもっともお金を稼ぐ部門に敬意を払わなければならないのだ。

ゴールドマンの営業マンによる指示は、ウォール街における重大な変化を反映したものだった。しかし、ほかの頭の固い業者がそのことを理解するまでには長い時間を要した。ヘッジファンドを立ち上げることが、金融業界で力を発揮する新たな方法となったのだ。適切なタイミングでヘッジファンドを立ち上げれば、ゴールドマン・サックスやモルガン・スタンレーで働いた場合には二〇年以上かけてやっと数百万ドルのお金を蓄えることになる人物が、ほとんど一夜にして億万長者となれるのだ。ウォール街の風変わりなサブカルチャーであったヘッジファンドは、数年もしないうちに業界の中心的存在となったのである。彼らは、世界中のフィデリティやステートストリートなどよりも、はるかに要求水準が高く、また難しい（そしてたいていの場合、はるかに賢い）連中で、ゴールドマンやモルガンの社員たちが彼らを喜ばせ続けるには多大な労力を払わなければならなかった。しかし、やがてそれは報われるのである。何億ドルもの収益を生み出すヘッジファンドが最高の調査結果を最初に入手し、まただれよりも先に電話をもらうことを求めるならば、彼らはそれに応えなければならないのだ。さもなければ、ヘッジファンドは逃げてしまうのである。

一九九八年春の、ある晴れた日、コーエンとアレクサンドラは、コネティカット州グリニッジを何時間もかけてドライブし、不動産業者とともに、彼らの高まる地位にふさわしい新しい住まいを探していた。夫婦はすでに、一九九三年にコーエンが一七〇万ドルで購入した五五〇平方メートルもあるグリニッジのリフォームされた家に住んでおり、そこで感謝祭のディナーを振る舞ったりしていた。しかし、アレクサンドラはさらに大きな家を求めたのだ。当時、彼らと近しかったある人物によれば、彼女が不動産に強い関心を示したのは二人の婚前契約の内容に拠るところが大きいという。そこでは離婚のときにはアレクサンドラが和解条件の一つとして主となる住まいを手にすることができると規定されていたのだ。それは、少なくともコーエンがオフィスで冗談めかして話したことでもある。「これは事業の切り離しでね、彼女が僕のもとを去りたくなったら、それを持っていくのさ」とコーエンは同僚たちに話したという。

また、二人が守るべき家族も増えていた。アレクサンドラが元夫との間にもうけた息子がおり、彼女の年老いた両親もいた。コーエンが最初の結婚でもうけた子供たちは週末ごとに遊びにくる。そして、コーエンとアレクサンドラには、一組の幼い双子を含めた三人の娘がいた。格安服のチェーン店であるシムズを創業したサイ・シムズが所有していたクラウンレーン三〇番地の五・六ヘクタールに及ぶ大邸宅をアレクサンドラが初めて見たとき、彼女は息をのんだ。

グリニッジは彼らが生活するに格好の場所であった。一九二〇年以降、そこは使うに困るほどのお金を持つ者たちの地であり、全米でももっとも裕福な地域の一つに数えられてきた。そこはマンハッタンから離れた緑豊かな快適な地で、かつてはロックフェラーやJ・ピエモント・モルガンの富を受け継ぎし者たちの住まいがあり、彼らの邸宅は生け垣や石塀の向こう、長い砂利道の奥に静かに佇んでいた。オールドマネーはやがてニューマネーに取って代わられ、自身のバッキンガム宮殿を建てようとするヘッジファンド業界の大物たちが移り住んだのである。その先駆けとなり、またもっとも派手な邸宅を建てた一人にポール・チューダー・ジョーンズがいる。一九九四年、彼とオーストラリア出身の二人目の妻は、ロングアイランド湾を見下ろす大邸宅を一一〇万ドルで取得すると、それを解体し、二五台分の地下駐車場を持つ、さらに大きな邸宅を建てたのだ。湾から見ると、ベルヘブン・ヨットクラブと見まごう者も多い。

クラウンレーン三〇番地は、二年近くの間、売りに出ていたが、これに興味を持つもう一人の金融マンが出てきた。ロバート・「ボビー」・スタインバーグという、ウォール街の老舗インベストメント・バンク、ベア・スターンズのパートナーを務める人物である。スタインバーグのために働いていた不動産業者のジーン・ルッジェロによると、それと言って特徴のない建物であったが、広大な土地を含んだその規模の建物が売りに出ることは珍しかったという。スタインバーグは、ベア・スターンズのリスクアービトラージ部門のヘッドであった。彼と妻のスザンヌは大家族で、邸宅を購入することにした。その夜、売り手側のブローカーに連絡したルッジェロがスタインバーグに電話をかけてきた。

「信じられないかもしれませんが、あの家の購入を申し出ている人がもう一人おります」と彼女は言った。これは極めて珍しいことだった。そのような価格帯の邸宅が売りに出ることなどまれで、しかも一四〇万ドル以上の不動産の入札合戦など聞いたこともなかった。

スタインバーグは何かおかしなことが起きていると思った。何カ月もの間、放っておかれたにもかかわらず、もう一件の買い注文が彼とまったく同じタイミングで突然出てきたのだ。ともかく彼は提案額を増やしたが、もう一人も価格を上げてきた。その知らせを持ってルッジェロはスタインバーグのもとに戻ってきたが、彼はどうしても邸宅を購入したいと言う。彼は売り手側のブローカーに連絡して、それがいくらであっても競合の買値より二万五〇〇〇ドル多く支払うと伝えるようルッジェロに言った。ルッジェロはこれで問題は解決すると思っていた。しかし、彼女が新たな申し出を行うと、売り手側のエージェントは一笑に付した。どうやら、もう一人の買い手は価格など気にせず、その場で現金で支払うと言っているらしい。その人物はこう言ったのだ。「私は小切手帳を持ってスタンフォードで待っている。その場で小切手を切るつもりだ」と。

ルッジェロはその買い手の名前を教えるようエージェントに迫った。そして、彼女はスタインバーグに電話をかける。

「スティーブ・コーエンという人物だそうです」と彼女は言う。スタインバーグは彼の名前を聞いたことがなかった。

翌日、スタインバーグはコーエンの口座を担当しているベア・スターンズの営業マンのもとへ行った。「スティーブ・コーエンという男を知っているか」と尋ねる。

「もちろんです。彼は顧客のひとりです」と営業マンは答える。彼は質問の意図が分からなかったので、曖昧に答えた。

「彼について何か知っているか」とスタインバーグは尋ねる。

コーエンはヘッジファンドのマネジャーで、重要顧客であると営業マンは言う。彼はプラザホテルで行われたコーエンの結婚式にも参加しており、トレーダーとしての評判も知悉していた。スタインバーグが知っているヘッジファンドなど、ドレクセル・バーナム・ランベールのインサイダー取引のスキャンダルで操業停止となったアービトラジャーのアイバン・ボウスキーのファンドくらいだった。ウォール街の最大手投資銀行の役員であったスタインバーグは、デイトレーダーごときに自分の希望を邪魔されることに慣れていなかった。「彼の電話番号を教えろ」と彼は言った。

スタインバーグはコーエンに電話をかけ、自己紹介をした。「よく聞いてほしい。君があの家を買いたがっている人物であることは分かっている。私の妻があれにはご執心なんだ」と言った。

コーエンは、自分の妻もどうしてもあの家を欲しがっており、何としても買うつもりだと応じる。「あなたが買うことはありません。買うのは私です」とコーエンは言う。

スタインバーグがその理由を尋ねると、「なぜなら、私はあなたよりお金持ちだからです」とコーエンは言った。

「手を引きなさい。こうしようではないか。君が手を引けば、一〇〇万ドルをやろう」とスタインバーグはイライラを募らせながら言った。

「一〇〇万ドルぽっちでどうしろと言うんです」。コーエンはそう言って、間を持たせた。「では、こうしましょう。コインを投げましょうよ」と言い、クスクス笑った。

「何」とスタインバーグ。

「あなたなど軽く弾き飛ばしますよ」とコーエンが言う。

スタインバーグはこけにされたのだ。コインを投げて邸宅を買うかどうかを決めたなどを妻が知ったら激怒することを彼は知っていた。バカげている。「それは受け入れられない」と彼は答えた。

コーエンは電話を切り、不動産業者に電話をかけ、買値を一四八万ドルまで引き上げた。そして彼は現金で購入したのである。

やがて、掘削機が次から次へと車列をなして到着した。コーエンとアレクサンドラは改修工事で終始近隣を悩ませ続けた。クラウンレーン三〇番地はグリニッジの「奥地」にあり、街の北部の緑深い場所であり、何世代にもわたり富を受け継いできた一族が静かに暮らす地であった。つまり、目立たないことで、富の安全を守ってきたのである。コーエンや彼の妻のような新興の億万長者たちはそのような慣習には無知であり、知ったとしても無視したことであろう。彼らはすぐに土地を掘り返し、壮大な建て増しを行った。

室内のバスケットボールコートとプールを収容するために、新しい建屋が立てられ、そこには一・五層分のガラス屋根が付けられた。その裏庭には、製氷機付きの五五〇平方メートルにも及ぶスケートリンクが作られ、製氷機用の小屋もある。さらに、マッサージルームにジム、グリーン付きの小さなゴルフコースも建設した。外周には二・七メートルの高さの石塀を巡らし、先進のセキュリティ装置を設置する。極め付きは、この地域でも最大となる三三〇〇平方メートルもの建物である。整地のための土砂を運ぶダンプカーが二八三台も必要になったほどである。

「あれは家ではないと思います。あれじゃ見世物です。ニューヨーク植物園にでもできそうですよ」と近隣住民のスーザン・ハットは都市計画委員会に訴えた。

三九年間グリニッジの不動産を扱ってきたルッジェロは、毎年新たに参入する不動産仲介業者の教育を行うとき、コーエンの取引を例に挙げた。彼女は高級物件の買い手に見られる二つの異なる富裕層の例として、その話をする。「奇妙なことですが、あなたが三〇〇万、四〇〇万、または六〇〇万ドルの家を買える、極めて裕福な人物だとしても、あなたは会社員にすぎず、いまだ給料のことを心配しなければなりません」。彼女は第一のタイプとして話をする。

しかし、富裕層のもう一つの例として、文字どおりまったくお金のことを気にしない人たちがいる。彼らはただ小切手帳を取り出し、いくらでも支払うのだ。そのような人々こそが不動産業にとっては重要なのだ。もし彼らと競合していることに気づいたら、さっさと降りることが最良である、と彼女はほかの業者に話すのだ。

「一瞬で一〇〇〇万ドルでも、二〇〇〇万ドルでも稼げるなら、給与明細など気にしなくてよいのです。スティーブ・コーエンは給与明細を気にする必要などなかったのです。コーエンは欲しいものは何でも手に入れることができたのです」とルッジェロは語った。

第3章 殺人打線

一九九八年から一九九九年にかけて、ＳＡＣは年間の運用資産が一〇億ドルを超えるという重大な分岐点に到達する。それは資産を毎年二倍ほどに増やすなか、五年で達成したものである。しかし、ＳＡＣが成長するにつれ、その容赦ない投資手法の難点がコーエンにも無視し得ないほどになっていた。彼は何億ドルもの投資資金を有するため、ファンドが取るポジションも必然的にこれまでよりも大きなものとなっていた。しかし、引き続きデイトレードの形を取っていたコーエンの投資手法は、それほど大きくはなくとも意味あるポジションを構築し、あっという間に解消するわけで、少額の資金であればこそ有効なものであった。

新たなヘッジファンドが日々創設され、かつてコーエンが自分だけのものと思っていた分野に競合たちが参入してくるようになった。同じアイデアを追い求めるトレーダーが増えたので、リターンを求めるのも難しくなる。別の会社のトレーダーは、コーエンが特定の銘柄を買っていることに気づくと、そのまねをしようとするため、株価は上昇し、本来得られたはずの利益があっという間に霧散してしまうのだ。ファンドの規模が増大し、部下のトレーダーたちに新たに求められることは何かと考えていたコーエンは、SACのトレーディングフロアを見わたし、イラついていた。部屋はロングアイランドやニュージャージー訛りの男たちに占められ、まともなアナリスト会議を開こうにも、それには見合わない者ばかりなのだ。彼らは、マイクロチップメーカーやバイオテクノロジー会社などの銘柄を、それらの企業が実際に行った過去の事実に関するちょっとしたアイデアに基づいて日々売買している。しかし、彼らはウォール街の典型的な「投機家」と呼ぶことすらできないのだ。彼らはギャンブラーにすぎず、それも荒削りなものなのである。

コーエンは業界が変化していることを感じ、それに合わせて自分も変化しなければならないと感じていた。また、彼には自ら甘んじているエゴもある。彼は「トレーダー」ではなく、多くの敬意を得ることになる賢明な投資家として名を売りたいと思っていたのだ。彼の新たな目的はSACを多くの信頼を集める会社にし、そうすることで自分自身も伝説的な資産運用者になることであった。それを成し遂げるには、彼と彼の従業員たちはモメンタムに乗じてやみくもにトレードするのではなく、自分たちの投資をより洗練された方法で分析する術を学び、会社がどのようにして長期にわたり業績を残すのかを理解しなければならなかった。また、そうするためには、彼がこれまでバカにしていたような人種、つまり彼らが取得している銘柄について知識のある専門家を雇わなければならない。ゴールドマン・サックスやモルガン・スタンレーなどの企業による調査に頼るのではなく、彼らが企業やそのほかの情報源から直接エッジを獲得するのだ。ある日の午後、市場が閉まったあとにコーエンは「われわれは、今までのやり方を変えるつもりだ」と社員に宣言した。

彼は、幹部たちに、これからは「根本的な競争力」、つまり特定の産業の深い知識や人脈を有するトレーダーだけを採用すると伝えた。彼はＳＡＣにある自分のトレーディングデスクの周りを歩き、従業員たちを次々に指さしながら、ヘルスケア、消費財、エネルギー関連のトレーダーと選定していった。名指しされなかった者や、特定のことしかできない者たちは追放されることになった。ＳＡＣの反知性主義は終わりを迎えたのである。

この変化によって、新しい種類の人々に会社の門戸が開かれた。つまり、上品で、人脈も豊富なアイビーリーグ出のプロたちである。会社を作り変えるために、コーエンはこの手の人々を追い求めたのである。

彼は、デビッド・ガネックというハイテク株のトレーダーを採用した。彼は、ドナルドソン・ラフキン・ジャンレットという投資銀行でリスクアービトラージ部門を率いていた裕福な資産運用者の息子である。モルガン・スタンレーから引き抜いたもう一人のトレーダーはラリー・サパンスキーで、石油・ガス関連の投資家として勇名を馳せていた。コーエンはもっとも優秀であると考えた新しいトレーダーたちに自分のそばの席を与えたので、彼らがしていることを目にすることができた。フロアのその部分は「殺人打線」と呼ばれるようになる。それは、べーブ・ルースやルー・ゲーリックなどの選手が黄金時代を築いた一九二〇年代のニューヨーク・ヤンキースの打線に与えられた名である。

この新しいスタイルへの転換を果たしたSACの古い社員の一人にリチャード・グローディンという大学の元バスケットボール選手がおり、彼は一九九二年からコーエンのもとで働いていた。コーエンがどの分野を専門としたいかと彼に尋ねたとき、グローディンは即座にハイテク分野、特に半導体メーカーを選択した。グローディンにしてみれば、ハイテクは成長分野であり、新製品や取引機会は豊富にあるのだ。彼は、マイクロチップ業界をサプライチェーン、すなわち、コンピューター製品や携帯電話の部品を製造する企業の相互依存関係という視点から分析できると考えていた。つまり、サプライチェーンに属する一つの企業の業績が悪いことが分かれば、ほかのすべての企業について類推することができるのだ。しかし、この手の情報は容易には入手できない。企業のほとんどはアジアに拠点を持っており、アメリカの投資家がそこにアクセスするのは難しいのだ。

仕事以外では、グローディンは社交的で、ギャンブル好きなおっちょこちょいで、よく笑う人物として知られていた。しかし、場が開いている間に彼とやり取りをしなければならない者たちは、彼を恐れていた。彼は「今までに見たこともないほど強欲な人物」だと同僚の一人は言う。「彼は、五セントのためならおばあちゃんも売っ払うね」

グローディンのマイクロチップ投資戦略は効果的だった。彼は、通常三〇〇〇～四〇〇〇万ドルと比較的小さな資金を預かっていたが、彼が獲得するリターンは三〇％以上に上り、リスク調整後で見ると社内でも最高のものであった。それがまたコーエンには不満の種であった。入手した情報をグローディンが共有しようとしないだけでなく、彼がもっと大きくトレードすれば、もっと大きく稼ぐことができるだろうとコーエンは考えていたのだ。彼はまさに、アリ・キエフ博士が役に立つタイプの男であったが、それもグローディンがそれを受け入れれば、という話である。問題は、グローディンには、コーエンのように恐れることなく大きなリスクをとる資質が欠けていたことだ。グローディンは損をする可能性を嫌ったのである。

コーエンは、グローディンを自分の隣のデスクに座らせていたので、彼がやっていることはすべて目にすることができた。しかし、グローディンは発注内容を自分のトレーダーにささやいていたので、コーエンがそれを聞くことはできなかった。彼は、自分が五万株を買おうとすれば、コーエンが自分より先に一〇万株買おうとし、自分が買い付けるまでに価格を引き上げてしまうことを知っていたのだ。グローディンのトレーダーたちは、彼が言うことを理解しようと常にピリピリしており、もう一度言ってほしいと頼もうものなら、グローディンに怒鳴りつけられるのだ。「お前は耳が聞こえねぇのか、この大バカ野郎」

グローディンが仕事をするうえで、もっとも重要な協力者である、アナリストのリチャード・クー・バン・リーは欠かせなかった。

リーは、暗い目と低い鼻をした物静かで、だらしない男で、突き出た腹がベルトからはみ出ていた。仲間に株式市場で何百万ドルも稼がせているような経験豊富なプロとは思えない見てくれである。しかし、彼以上にアジアのハイテク産業界に優れた人脈を持つ者はいなかった。リーは常に動き回り、世界中を旅してはチップメーカーを訪問し、彼らの事業の重要な情報を集めてくるのだ。彼が集めた情報は貴重なものばかりだった。

結果として、リーはSACのオフィスでだれもが知る存在となる。コーエンをはじめとしてだれもが彼のリポートを欲したが、グローディンはだれとも共有しようとしなかった。彼は、デューク大学でエンジニアリングの学位を修得したあと、ジョン・ハンコック・セキュリティという証券会社でアナリストとして働いていたリーを引き抜き、SACで育てたのだ。グローディンが言うところのリーの「データポイント」を利用することで、グローディンは系統的にトレードを行い、即座に利益を確定させるのだ。ただ、その利益は少額であることが多かった。コーエンはもっと攻撃的な手法を好んだ。トレードがうまくいきそうなら、できるかぎり多くの資金を投じるべきだとコーエンは考えていたのだ。

リーの調査を巡っては常に衝突があり、コーエンとグローディンの罵り合いはその頻度を増していた。情報を共有するまえにグローディンがリーの情報に基づいてトレードしたことを知ると、コーエンは怒り狂い、社内のプログラマーに命じてシステムを構築させた。それは、SACの社員のすべてが出す注文を、それが執行される前に見られるようにしたもので、それによってコーエンは自分が望めば、それらの注文が執行されるのに前もって、自分のトレードを行うことができるのだ。この新たなソフトは「天の目」と呼ばれていた。

コーエンの監視に苦しむ日々を数カ月過ごしたあと、グローディンは彼から離れる計画を思いつく。SACはマンハッタンにシグマ・キャピタル・マネジメントというサテライトオフィスを持っており、マジソン街にある高層ビルの二フロアを利用していた。グローディンは、結婚をした今となってはもう通勤したくはない、という理由で自分のトレーディングチームを移動させてもらうよう頼んだのだ。コーエンは渋々ながら同意した。

ニューヨークに移ったことでグローディンはわずかばかりの自由を得たが、この新たな状況も長くは続かなかった。一年もたたない二〇一四年一月、コーエンはグローディンに短いメッセージを送った。「リッキー、ところでリーにはきちっとしたリポートを書かせたいと思う。さもなければ、運用資金は無し、だ」。そのときまで、リーは彼の市場調査の結果を電話や短いeメールなど非公式なかたちでグローディンに提供していた。今や、コーエンはより形式的な報告、つまりリポートを書くことを望んでおり、彼はそれを自分が読んだあとにほかの者たちに分け与えようというのだ。トレーダーたちがもっとも重要な情報を、ほかのだれよりも先にコーエンに提供することを確実にするために考えついた唯一の方法である。

グローディンはその考えを嫌った。「それじゃ、街中に知らせるようなものじゃないか」と彼は返信した。

「なら、辞めろ」。コーエンは、だれもが知る打ち間違いだらけの文章で返信する。「ルールはすべての者に平等だ。嫌なら、よそへ移るべきだ。どうしてよその連中がリーのアイデアを聞けるのに、僕はダメなんだ。おかしいだろ、正さなきゃね。僕の気持ちは変わらない。嫌ならどっか行け」

グローディンは交渉しようとし、何年間も一緒に働いてきて、どうしてコーエンは突然そんなに意固地になるのか尋ねた。「リーはリポートは書かないけど、持ってる情報が合理的なら、僕がそれをポジションに反映させるし、あなたもそれを見ることができるじゃないか」と彼は書いた。

「それじゃ不十分だね。連中が僕に情報を上げなきゃいけないと思っていないことがムカつくんだよ。だから、僕は推測しなくちゃならないだろ。それは完全におかしい」

「OK」と、グローディンは返信した。そして翌日、彼は辞表を提出した。

新しいトレーダーとアナリストを採用することが、SACにとって絶え間ない、ほとんど手に負えない挑戦となっていた。コーエンは人生のあらゆる場面をトレーダーのように取り組み、それは従業員に対しても同じだった。長い時間のなかで、コーエンは望むリターンをもたらせない人々を大量に解雇してきた。グローディンのように不満を感じて辞めていく者もいた。ト

レーダーたちにしてみると、ＳＡＣで職を得るということは、手榴弾のピンを引くようなものだ。つまり、自分が吹き飛ばされるかどうかは問題ではなく、それがいつかということが問題なのだ。ＳＡＣは多くの者にとってキャリアを積む場であったが、それ以上に多くの者がキャリアを台無しにした場なのだ。

ストレスの多い環境にもかかわらず、入社したいと手を挙げる者は事欠かなかった。だれもがヘッジファンド、特にＳＡＣで働きたいと考えたのだ。手にすることができるお金もほかでは比べ物にならないほど巨額で、ＳＡＣのような不安定な場所でも、残りの人生を快適に暮らせるだけの十分なお金をあっという間に蓄えることができるのだ。ＳＡＣの新たな社員を見つけることは、事業開発担当の取締役ソロモン・クミン率いる進取的・攻撃的なチームの責任であった。クミンは生来の営業マンである。彼は、ジョンズ・ホプキンス大学の元ラクロス選手で、細めのポロシャツを好み、ビル・クリントンにも匹敵するような強力なカリスマ性を持っていた。彼は会う者すべてに「バディ」と声をかけ、派手な暮らしをし、常にプライベートジェットに乗って、スポーツにはドカンと賭けるのだ。彼のあだ名は「ミダス王」である。

クミンの仕事は、ウォール街で最高のトレーダーを探すことである。彼がトレーダーたちに接触するまでに何年間も彼らのキャリアを観察することもあった。ヘッジファンドが次々に立ち上がるにつれ、有能な人物を巡る競争も厳しいものとなっていた。特に、シカゴのケン・グリフィンが立ち上げたシタデル・インベストメント・グループと、ニューヨークのイスラエル・

「イジー」・イングランダー率いるミレニアム・マネジメントの二社は、SACと同じトレーダーを採用しようとすることがしばしばあった。どちらのファンドもSACと同様のビジネスモデルを持ち、何百人ものトレーダーがある種のイベントから影響を受けそうな銘柄に短期的な投資を行うのだ。

SACが新しいトレーダーに求めることの一つに、上場企業で働く人々と有益な情報をもたらすであろう個人的な関係を有していること、がある。例えば、候補となっている者が、ハイテク企業の役員とハンプトンで夏の避暑を共にしているとしたら、それはファイルに好意的情報として記されるのだ。友人、社交クラブの仲間、義理の父親、妻なども、情報を得るということについては有意義なのだ。

二〇〇四年下旬、一人の野心あふれる若い従業員が一つのアイデアをコーエンに提案した。SACにまったく新しいチームを作って、徹底的な調査に基づいたトレードを行ってはどうかと。そのコンセプトはトレーダーたちに業界の専門性を高めることに集中させるというもので、成功を極めたバークシャー・ハサウェイを通じて、企業の大量の株式を取得し、何十年も保有する著名投資家ウォーレン・バフェットが行っていることを原型とするものである。トレーダーたちは、例えば企業が四半期ごとに決算を発表したときの株価のちょっとした動きに気をもむこともなく、結果として、SACはその手のトレードにおいてはコーエンや彼の直観に頼らずに済むようになる。それらの新たなトレーダーやアナリストたちは、自ら調査する企業の権威となるわけだ。一連の会議を通じて、マシュー・グロスマンという二〇代のマネジャーは、コーエンに自身のビジョンを説明した。彼はこれをSACの「トップガン」と名づけた。新しいチームの目的の一つとして、コーエン自身のポートフォリオを管理することを挙げ、それはSACの最良の人々によって取り組まれるべきものであるとグロスマンは説明した。そのために、新たにアナリストとトレーダーを採用し、彼らがSACにとってのネイビーシールズとなるわけだ。

コーエンは興味をそそられた。それは実に、コーエンがすでに取り組もうとしていたことの延長線上にあるものだった。そのコンセプトは彼の虚栄心をくすぐるもので、コーエンは暴利をむさぼる人物というよりも、洞察力に優れた人物であると思われるようになる。ウォール街を軽蔑する人々でさえ、銀行の頭取や財務大臣から電話で相談を受けるウォーレン・バフェットのことは概して称賛している。さらに、調査部門はビジネスとしても理にかなったものである。SACは今や何十億ドルも運用しているので、より慎重な、長期的アプローチをとることが賢明なのだ。コーエンは、裕福な出で、早熟なグロスマンを好んだ。彼は、マサチューセッツのエリート寄宿学校であるディアフィールド・アカデミーに通い、その後、コロンビア大学に入学すると、ジュリアン・ロバートソンが立ち上げたヘッジファンドの草分けであるタイガー・マネジメントに初めて学生インターンとして潜り込んだのだ。グロスマンは二〇〇二年からSACで働いていた。

グロスマンは、コーエンが興奮しすぎる前に、新しいグループを立ち上げることに力を尽くす条件として三つのことを彼に対して提示した。つまり、新しい部門がうまくいかなかった場合、グロスマンはファンドマネジャーとしてのポジションを与えられること。グロスマンは、新しい部門全体の業績に応じてその何％かを報酬として受け取ること。そして、グロスマンはSACにおいてコーエンと同様の水準の権限を与えられること、つまりSACのだれもがグロスマンの指示をコーエンからのそれと同様に扱わなければならない、ということだ。SACのだれもが驚くことに、コーエンはグロスマンにプロジェクトへの着手を命じたのだ。

グロスマンの同僚たちは、コーエンがこのぽっと出の若造の指図を実際に受け入れていることに衝撃を受けた。SACの従業員たちはそのようなことを今まで見たこともなかったのだ。コーエンはグロスマンに夢中になっていたようだが、SACで働くほとんどの者が彼を嫌っていた。オフィスでの彼のあだ名は、ザ・シンプソンズに登場するバート・シンプソンの頭の悪い親友にちなんだ「ミルハウス」であったが、このミルハウスは、コーエン同様にちょっとした間違いを犯したり、チャンスを逃したほかの社員たちをしつこくなじる完璧主義者であった。グロスマンは自分が嫌われていることを知っており、そのことで悩んでもいた。彼は、数少ない仲の良い同僚に、自分の「社交性の欠如」は中学でいじめられたことと、両親の離婚がトラウマとなっていることが原因だと話している。しかし、理由は何にせよ、彼が自分の部下たちの扱い方を変えることはできないようだった。グロスマンが満員の部屋に入ると、彼らはすぐに押し黙ってしまうのだ。彼は、三〇歳を迎えるまでには、年に一〇〇〇万ドル以上を稼ぐようになった。グリニッジに引っ越し、二六万九〇〇〇ドルの青いアストン・マーティンを購入した。これは、ジェームズ・ボンドの映画『ゴールド・フィンガー』に登場したイギリスのスポーツカーの最新モデルである。彼は、ＳＡＣが採用しようとしているトレーダーをドライブに連れ出し、入社するよう彼らを誘惑するのだ。

コーエンが彼に着手を命じたあと、グロスマンはだれにも居場所を告げることなく終日オフィスから姿を消した。そして、新しい投資部門のビジネスプランを手に再び現れたのだ。それは、「ＣＲイントリンシック」と呼ばれることになる。「ＣＲ」とは「複利」のことだ。

美術市場は、富を影響力と権力との魅力的なかたちへと変える手段を提供する。クリスティーズ・ニューヨークで現代美術のスペシャリストを務めるルイク・ゴーザーが言うとおり、「もはや億万長者になることはカッコいいことでも何でもない。そんな人は二〇〇〇人もいるのだ。だが、その人が一枚の絵画を購入すると、即座に注目されることになる……世界に知れ渡るのだ。アーティストたちと会い、ハイテク長者たちに会うことになる。国際的な名声を得る最短の道なのだ」。美術品が新たに美術館に寄贈されると、新聞の社会面で取り上げられるので、コーエンは自分の部下たちが高価な美術品をコレクションすることで名声を得ていることを目にしていた。

コーエンの部下であるデビッド・ガネックは大学生のころから美術品を収集しており、そのきっかけとなったのは、彼と彼の妻が小さなギャラリーや無名のアーティストのアトリエを訪問するようになったことだ。ガネックは、二〇〇〇年のハイテク市場の崩壊で富を築いた。彼は、ポートフォリオのほとんどで空売りのポジションを取り、新たな資金の多くをさまざまな美術品の収集に充てていたのだ。コーエンのチームでもっとも成功したトレーダーのひとりとなるころまでには、ガネックはジェフ・クーンズやシンディ・シャーマンといった世界的にも有名なアーティストの現代美術作品の買い付けに余暇のすべてを当てるようになっていた。彼が忙しいときには、秘書が代わりに電話でクリスティーズのオークションに参加し、代理で入札するのである。

「この作品には七五万ドル以上は使うな」と、ガネックはトレードに向かう前に彼女に伝えるのである。

コーエンは感心し、また羨ましくも思っていた。人々はガネックの美術の趣味を褒めそやしていた。コーエンも長年にわたりたくさんの絵画を購入してきたが、彼は自分を「コレクター」だとは考えていない。美術品を売買するのではなく、たくさんのお金を稼ぐことでしか、優秀なトレーダーがその名声を高めることはできないと思っていたのだ。

ニューヨークのアートディーラーやギャラリーは、独自の厳格な行動規範に基づいて活動しており、例え相手がどれほどのお金を持っていようと、だれとでも取引をするわけではない。

ふらっとギャラリーに立ち入り、小切手を切って、ペントハウスの壁を飾るためのモネを買えるわけではないのだ。美術品の門番たちは、自分たちの商品の排他性を考えれば、グリニッジの金持ちヘッジファンドマネジャーたちに彼らが望むものを好き勝手に買わせるわけにはいかないことを理解していた。ある意味では差別だが、純粋な市場経済でもある。つまり、需要を創出するためには、供給をコントロールしなければならないのだ。そうすることで、ウォール街のコレクターたちは、自分たちを最先端に押し出してくれるような美術品を紹介してくれる人物を雇う必要が出てくるのだ。

コーエンは、自分に長く仕えているトレーダーのひとりであるマイケル・スタインバーグの幼なじみのサンディ・ヘラーという人物にその役を負わせた。アートの世界の住人たちは、ヘラーを一種の日和見主義者と噂していたが、彼が最大級の買い手にアクセスできることも否定できない事実であった。彼は、コーエンのように、美術の世界の複雑さを理解していない金持ちばかりを相手にしていた。彼はコーエンを連れてギャラリーを訪れ、コレクションの仕方を提案し、時間をかけて彼を専門家にしていったのである。コーエンにとっては心躍るものであった。例えば、ダミアン・ハーストが制作した四三六〇ガロンのホルムアルデヒドに浮かぶ鮫に八〇〇万ドルを支払ったことなど、コーエンが美術作品に何百万ドルも投じると、それはニュースになった。しかし、それは単なる虚栄心ではなかった。コーエンは、自ら購入した作品の多くを心底愛するようになったのである。彼は、最高の作品だけを購入することを誇りとしていたのだ。

二〇〇六年秋に、ルレーブ（夢）というピカソの絵画が売りに出たことは、コーエンのコレクションをさらなる高みへと導くチャンスとなった。コーエンは一目見たときから、ルレーブを所有したいという欲求にかられた。ピカソの若き愛人マリー・テレサ・ウォルターがアームチェアで寝ている姿を描いた性的魅力あふれる肖像画で、ピカソが五〇歳のときに描いた珠玉のポルノグラフィである。一九九七年にとあるコレクターが四八四〇万ドルで取得したものを、二〇〇一年にカジノ王スティーブ・ウィンが購入したものである。そして、五年後、彼は売却することを決心する。コーエンはそれを聞くやいなや、美術アドバイザーをカリフォルニアに派遣して、作品の状態を調べさせた。

コーエンのアドバイザーは、絵画を丹念に調査し、状態は良好であるとするリポートをしためた。コーエンが一億三九〇〇万ドルを支払うことで、取引は成立である。そして、翌週末、ウィンはセレブばかりを集めたカクテルパーティーを開催した。

ウィンと彼の妻のエレインがニューヨークから招いたセレブ友だちの一団には、ノーラ・エフロン、ニコラス・ピレジー、バーバラ・ウォルターズや、デビッド・ボイーズとメアリー・ボイーズの弁護士夫婦もいた。ウィンは、コーエンと結んだばかりの記録的な取引を自慢せずにはいられなかった。「絵画に充てられた額としては史上最大のものだ」とウィンは彼らに話し、ロナルド・ローダーがグスタフ・クリムトのアデーレ・ブロッホ・バウアーの肖像Iに支払った一億三五〇〇万ドルという以前の記録を上回るものだと付け加えた。

ウィンは、グリニッジにあるコーエンの邸宅に永遠に秘蔵されるまでは、友人を招いて自分のオフィスでピカソを見せていたのだ。ピカソが飾られた壁には、マチスやルノアールもあった。ルレーブのエロチシズムや、マリー・テレサの頭部がペニスを象ったものであること、そしてこの作品は一九四〇年代から五〇年代にかけてマンハッタンのアパートで選りすぐりの美術品を収集したビクターとサリーのガンツ夫妻が所有していたことを解説しながら、ウィンはお客たちを楽しませていたのだ。ウィンによれば、彼がふと後ろを向いたときに、彼の肘がキャンバスに当たってしまったという。破れる「ひどい」音がした、とエフロンは述懐している。部屋は静まり返ってしまった。

「なんてこった。くそ、やっちまった」と、ウィンは恐れをなす客たちに言った。

ウィンはその状況をどうにかやり過ごそうとした。「みなさんでなくて良かったよ。これは絵画だ、僕の絵画だからね、修復すればいい。だれも傷ついていないし、死んだわけでもない。それにピカソはこれを五時間で書き上げたっていうからね」と友人たちに語りかけた。

翌日、彼はニューヨークにいる出入りのアートディーラーであるウィリアム・アクアベラに電話をかけた。彼はまるで、大切なだれかが殺されたと言われたかのような反応を示した。「ノー」と彼は叫んだのだ。ウィンの妻エレインが、傷ついた絵画を持ってニューヨークまでプライベートジェットを飛ばした。武装したトラックが空港で彼女たちを待ち受け、イースト七九番通りのタウンハウスにあるアクアベラのギャラリーへ搬送する。コーエンはそこで彼らと落ち合った。彼は、自分の目で傷を確かめたかったのだ。ウィンは作品は修復できるという期待を抱いていたが、しばらくの間、取引は見送ることで両者は合意した。

コーエンはひどく落胆していた。ルレーブはお預けである。

SACの新部門であるCRイントリンシックで働く人々を探すことが、ソロモン・クミンの大切な仕事となった。新しいトレーダーは、トラックレコードがあるだけでは不足である。彼らは聡明かつ業界に通じていなければならないが、そのような人物を見つけだすのは容易ではない。

クミンは有望そうなファンドマネジャーの噂を耳にした。彼は、ボストンにあるシリオス・キャピタル・マネジメントという小さなヘッジファンドで働くバイオテクノロジーの専門家である。バイオテクノロジー業界はにわかに景気づいており、何十もの企業が巨大な経済的可能性を持った新薬を創造すべく、しのぎを削っているのだ。彼らが行っていることすべてを把握するのは容易ではない。しかし、この若者は、単に製薬会社への投資家というよりも、外科医か医療研究者かのような、真摯かつ知性あふれる印象を与えるのだ。彼は、全米でも最高峰のビジネススクールであるスタンフォード大学でMBA（経営学修士）を修得したばかりだった。彼の名前を、マシュー・マートマという。

「SACでの仕事を前向きに検討してもらえないか」とクミンは彼に尋ねた。

マートマは自信がなかった。同業者と同じように、彼もSACについての噂は耳にしており、その激しい社風に適応できるのかどうか自信がなかったのだ。彼は物静かで、礼儀正しく、あからさまな衝突をうまくさばけるような人物ではない。しかし、この職のもう一つの側面は大変に魅力的だ。つまり、お金である。

クミンは詳細を説明した。マートマはおよそ四億ドルのポートフォリオを預かる。これは、SACでは中程度の規模である。また、彼は自らのポートフォリオで上げた利益のうち最低でも一七%と、マートマがもたらしたアイデアに基づいてコーエンが上げた利益の一部を手にすることが保証される。つまり、一年で一五%のリターンをもたらせば、彼は一〇〇〇万ドル以上を稼ぐことになるのだ。これほど寛大な条件を提示するヘッジファンドはほかにはない。さらに、彼はSACの新しい調査チームの一員として、同社でもっとも優秀な人物たちと仕事をするのだ。

その夜、家に帰ったマートマは仕事の条件について妻のローズマリーと話し合った。彼女は医者であり、彼に関するあらゆる判断は二人で下していた。彼らは、報酬と業界でももっとも知られたヘッジファンドの一つで働くというステータスを考えれば、取り組むべき価値のある仕事だと結論づけた。二〇〇六年六月二日、SACは正式な採用通知を発行する。そこには、二〇万ドルの基本給のほか、契約金として二〇〇万ドルと記載されていた。クミンは社内資料で、マートマはバイオテクノロジーの分野で優れた情報源を持っており、「その分野の」医者のネットワークも持っていると記している。マートマは採用通知に署名をし、送り返した。彼が無難に職をこなせば、もはや家族はだれも働かなくてよいのである。

インドからの移民の子としてアメリカで生を受けたマートマは、両親に畏敬の念を抱いていた。有名な学校で優れた成績を残すことがステータスに繋がると家族は思い込んでおり、またアメリカの新参者として、経済的安定を得るためにはほかのアメリカ人よりも懸命に働かなくてはならないと考えていた。彼らは、小学校低学年から獲得してきた多くの学校賞をはじめとする、たくさんの業績や資格が物を言うと考えていたのだ。SACは、彼をお金持ちにするだけでなく、彼の輝かしい経歴に花を添えることになるのだ。

その夏、マートマは家族とともにコネティカット州スタンフォードのアパートに引っ越し、新たな、厳しい職場環境にも慣れ始めていた。二人目の子供を身ごもったローズマリーは小児科医としての職務よりも、母であり、マートマのパートナーとして専念することに決めた。彼女は夫同様に頑張り屋で、夫の仕事をわがことのように真剣に考え、絶えずアドバイスをしていた。マートマは成功を目指した。グロスマンが求めていたSACの新たなイメージにぴったりな彼は想念の人であり、騒ぎ立てることもせず、まさに申し分のない人物であった。

ある意味では、マートマは子供のころの原動力を新たな職場で再び得たことなる。つまり、要求水準の高い父親たるコーエンとグロスマンを喜ばせることだ。彼には、クラスで最高の成績を残すという高校時代に身につけた習慣があった。彼は、午前四時には働き始め、ヨーロッパの株式市場に取り掛かり、アメリカの株式市場が閉まると帰宅して、子供たちをお風呂に入れ、寝かしつけるローズマリーを助けるのだ。その後、彼は眠る妻の隣で夜遅くまで調査リポートに目を通す。彼は焦っていたのだ。すぐにでも勝てるトレードを見いださなければならない、と。

ヘルスケアは、株式市場でもっとも刺激的で、予測が難しく、時にもっとも儲かる分野であり、規制の厳しい業界のなかで企業は人々の命を救う製品を世にだすべく躍起になっている。新薬の開発やその他の調査には何十万ドルもの費用がかかる。新規のあらゆる治験はギャンブルであり、その結果、企業の株価も変動が大きくなるのだ。これは、コーエンのお気に入りの分野の一つでもある。

ＳＡＣで働き始める前から、マートマはすでに二つの企業に注目していた。ともに、バピネオズマブ、略して「バピ」というアルツハイマーの新薬に取り組む、エラン・コーポレーションとワイスである。新薬開発には莫大な資金がかかるので、両社は何年間にも及ぶ調査と治験の費用を賄うために協力していた。デューク大学の学生だったころからマートマはアルツハイマーに興味を持っており、大学の医療センターにあったアルツハイマーの担当部局でボランティアをしており、この新薬には大きな可能性を感じていたのだ。簡潔に言えば、バピは、患者に深刻な脳腫脹を引き起こすことが証明され、治験を取り止めざるを得なくなった先行の薬品ＡＮ－１７９２を改良したものである。バピはよりシンプルな合成物で、動物実験でも効果を示していた。マートマは、パピは商業的に大きな成功をなし得ると考え、薬品の背景となる化学や、試験薬の流通状況などでき得るかぎりのことを学びたいと考えていた。

そのために、彼は自分が持つあらゆる情報源を活用し、SACでもいくつかの高価な調査機関を利用しようと考えた。彼が強い興味を抱いた一つに、「専門家ネットワーク」または「マッチメーキング」企業であるGLG（ガーゾン・レーマン・グループ）がある。同社が行うマッチメークというのは、マートマのようなウォール街の投資家と、何百ものさまざまな上場会社で働く人々、新しいトラックの部品調達に責任を有する人々や、業界や競合、自身の会社の実態を知悉するリテールチェーンのバイヤーをつなぐものである。投資家たちはGLGに手数料を支払うと、これらの企業の従業員を紹介され、従業員たちは投資家たちと対話することで、時に一時間に一〇〇〇ドル以上もの報酬を得るのである。企業の従業員たちは、法に触れるのを避けるため、公開されている情報だけを共有することになっている。少なくとも、そういう建前であった。

二〇〇〇年代になるころには、何年もの間、規制当局が厳しく監視したことで、ほとんどのトレーダーたちは合併買収に関する機密情報の取り扱いに用心深くなっていた。マイケル・ミルケンの事件があってからは、トレーダーたちは買収が発表される直前の企業の株式を買わないようになっていた。というのも、買収が発表される直前に株価が大きく動くと、SEC（米証券取引委員会）から注目されることになるからである。それでも、投資家たちは自ら優位性を得られるような情報を欲しており、それを得るために多大な労力を払っていた。ヘッジファンドのアナリストたちはショッピングモールの駐車場を監視したり、工場の集荷場に出入りするトラックを観察して、企業が行っていることについて独自の洞察を得ようとしたりしていた。ＳＥＣに提出された資料や収益情報など、すでに公衆の目にさらされている情報は、本質的にトレードには役に立たないと考えられていたのだ。

ミルケンの事件から何年かすると、短期的投資家たちは、業績が公表されると株価が大きく動くハイテク株やサイエンス分野の企業の四半期の業績発表に着目するようになった。企業の業績発表を正しく予測してトレードを行うことができれば、投資戦略としては大きな儲けをもたらすことになるのだが、それが成功するのは、業績が発表される前に正しい情報を得ることができる場合だけである。

そして、ヘッジファンドのトレーダーたちは、業績情報を獲得することに集中するようになる。彼らは、何が起こるのかを教えてもらうべく企業の重役たちにせっつくのである。第３四半期の業績は期待外れなものか。来年の成長計画に関して何か大きな発表はあるか。トレーダーたちは、ＣＦＯ（最高財務責任者）の「ボディランゲージ」から、インベスターリレーションを担当する社員が話した曖昧な情報まで、彼らとのやり取りから得たあらゆる情報を株式の売買に利用したのである。二〇〇〇年、このような不正行為は市場に悪影響を及ぼすと考えたＳＥＣは、「レギュレーションＦＤ」とも呼ばれる公平情報開示規則を採択した。これは、公開企業が自分たちの企業に関する重要な情報を一部の者にだけ開示することを禁ずるものである。規制が採択されたあと、企業はすべての情報をすべての者たちに対して、公示するなり、プレスリリースを発するなりして、同時に開示しなければならなくなった。これによって、情報を獲得することはより容易となったが、ほかのだれもがその情報を知っているのだから、その価値はなくなってしまうのだ。トレーダーたちは、市場で優位性を獲得する別の方法を見いださなければならなくなった。

ＧＬＧのような企業は企業運営の心臓部へのアクセスを提供することで、優位性を獲得する支援をすることを目的に設立された。ヘッジファンドのトレーダーたちは、専門家のネットワークを持つ企業を、情報のギャップを埋める手段とみなすようになったのだ。「ヘッジファンドが情報料を支払うのに、『二五分だけお時間よろしいですか』などとお伺いを立てること自体、バカげたことだと思っていた」。ＧＬＧの創設者の一人であるマーク・ガーゾンは会社を設立して間もないころに語っている。「両者をつなぐ方法があるに違いないと考えていたのだ」

もちろん、ＧＬＧは企業の従業員たちには、コンサルタントとして契約するにあたり、非公開の重要な情報をウォール街の顧客たちにもらしてはならないと伝えていた。しかし、従業員たちはたいていの場合、その境界線がどこにあるのか、あいまいな理解をしているにすぎないのだ。一方で、ヘッジファンドの投資家たちは、自分たちが追い求めているもの、そしてそれを得るためにできることを正確に理解していたのだ。ＳＡＣのトレーダーたちはこのサービスを愛し、年間の契約料として一二〇万ドルも支払っていた。そうすることで、彼らは、ヘルスケアやテレコミュニケーションやエネルギーなどさまざまな業界のあらゆる企業で働く従業員たちや、自分たちでは見つけることも、会話をすることもできなかった人々と話をすることができたのである。ＳＡＣはＧＬＧの最優良顧客の一社であった。

二〇〇六年八月三〇日、マートマは話をしたい医療分野の専門家として二三人の名簿をＧＬＧに送付した。彼らはみな、バピネオズマブの臨床試験に関係した者たちである。「これらの医者で御社のデータベースに乗っている人はいますか。アルツハイマー病とＡＡＢ－００１について彼らに相談したいのです。だれもいなければ、募集することはできますか」としたためたのである。

ＧＬＧのネットワークにいた一人の外科医が彼に返事をよこした。

「私はこの治験の安全性調査委員会の委員長をしております。私は公開されている以上のことを知っておりますが、秘密保持契約を締結しておりますので、公開されている情報しかお伝えできません。申し上げるまでもありませんが」と、この医者はマートマの求めに応じて返事を書いたのだ。

七〇代の立派な神経科医であるこの医者は、ミシガン大学医学部の寄付基金教授であり、アルツハイマー研究の第一人者である。彼の名前をシドニー・ギルマンという。

パート

2

第4章 リックカフェでギャンブルをするようなものだ

ロウアーマンハッタンの裁判所や市庁舎にも近いフェデラルプラザ二六番地は、警備のバリケードに囲まれた飾り気のない長方形の高層ビルである。マイケル・ボーは深呼吸をし、回転ドアを通り抜け、手荷物検査でカバンを下ろすと、守衛にFBI（米連邦捜査局）のニューヨーク支局を訪問した旨を告げる。そして、金属探知機を通過すると、エレベーターに案内された。

商業上の訴訟を専門とする弁護士事務所のカソビッツ・ベンソン・トレス・アンド・フリードマンのパートナーであるボーは、金融詐欺事件の専門家として知られていた。彼は、赤らんだ肌に、綺麗な青い目をした肩幅の広いアイルランド人で、若いころはやんちゃであったろうが、やがてローファーにカシミアのセーターを好むようになった人物のような雰囲気である。それは、二〇〇六年一一月のことだった。ボーは、SACキャピタルといくつかのヘッジファンドを、株価を操作したかどで訴えた企業の代理人として、二つの不快な訴訟の渦中にいた。事態は醜さを増し、双方が互いのあらを探して非難し合っていた。ボーは、二年もの間、SACとその創業者の調査をしていたのだ。

ボーが取り組んでいる訴訟の一つは、カナダの製薬会社であるバイオベイルが起こしたものである。バイオベイルの株価は、同社がある種の不正会計を行っているという噂が市場に流れたことで、乱高下していたのだ。空売りを行うヘッジファンドの一団が株価を下落させるべく共謀し、株式のアナリストにバイオベイルを含んだいくつかの企業の否定的なリポートを書かせていると確信している、と同社のＣＥＯ（最高経営責任者）は述べた。

空売りを行う者たちは、他人の不幸を喜ぶ荒し屋のようだと、市場での評判は芳しくない。彼らは株価が下落することで利益を得るのであり、ほとんどの投資家にとっては本質的に敵なのだ。株価が上昇を続ければ無限の損失を被ることになる空売りはリスクが大きいため、概してヘッジファンドなどのもっとも洗練された投資家だけが取り組むものである。ほとんどの企業幹部たちは空売りをする者たちを、自分たちが語りたい成功物語の敵だとみなしている。そのため、空売りを行う者たちは、何年間にもわたって隠されていた不正会計などの企業の問題を探し求める唯一のプレーヤーとして、市場でも重要な役割を果たしている。エンロンの問題を最初に指摘したのも空売りを行った者たちであった。

しかし、それは悪用する機会にあふれる分野でもある。

二年前の二〇〇四年、ボーが初めてバイオベイルのＣＥＯであるユージン・メルニクと相対したとき、同社が株価を下落させようとする空売りを行う一団の標的になっているというメルニクの主張を、ボーは信じられなかった。しかし、彼は相談料を受け取っており、メルニクの話に耳を傾けた。メルニクは、SACキャピタルがバイオベイルに関する否定的な情報を市場に流布していると考えており、SACがどのようにそれを行っているかボーに調査してほしいというのだ。SACという名を聞いても、弁護士にとっては響かない。彼はヘッジファンド業界が急成長していることは知っていたが、SACの評判やその経営に関する知識はゼロに等しかった。彼は、民間の投資ファンドが億万長者のCEOにテロを仕掛け得るという考えに驚いた。

簡単な予備調査の結果、SACとスティーブ・コーエンについて書かれた二〇〇三年発行のビジネスウィーク誌を入手した。記事の題名は「ウォール街史上最強のトレーダー」とある。記事では、コーエンについて四〇億ドルのファンドを運営する攻撃的なデイトレーダーであり、ほかのだれよりも先に情報を入手すべく、一年に一億五〇〇〇万ドル以上の手数料を支払う人物であると紹介している。ウォール街のほとんどすべての騒動にSACがどれほどかかわっているかを示す証拠として、記事では、バイオテクノロジー企業インクローン・システムズの会長であるサム・ワクサルが抗がん剤の認可申請が退けられたことを知った翌日に、だれも理解できなかった株価の動きに気づいたらしいSACのトレーダーから電話を受けたと紹介している（SACからの電話は、マーサ・スチュワートがワクサルと連絡を取ろうとしていた数分前にかかってきたのだ。この件で彼女は、だれもが知ることになるインサイダー取引と偽証の罪に問われることになるのだが、だれもSACには電話を返さなかった）。記事によると、コーエンは取引手数料という点で、ウォール街の大口顧客としては一〇傑に数えられ、ハワード・ヒューズなみの秘密主義者であるとする者の言葉も引用されている。

「このコーエンという男は一体、何者なのだ」と、ボーはいぶかしんだ。

興味をそそられたボーと弁護士事務所の調査員たちは、メルニクの陰謀論を詳しく調べ始めた。ボーがウォール街の住人たちにヘッジファンド業界でもっとも重要な人物はだれかと問うと、常にSACの名前が挙がった。SACのビジネスモデルを言い表すと、彼らはだれよりも先に知るためにお金を払う、となる。

ボーは、コーエンを監視対象とし、通勤する彼を尾行し、だれとランチを取るかを観察した。彼の調査員は、コーエンが常にボディガードに囲まれていることに気づく。

バイオベイルは二〇〇六年二月二三日、SACを訴え、コーエンと数人の従業員を名指しして、バイオベイルの株価を操作したと非難したのだ。被告には、GLG（ガーゾン・レーマン・グループ）も含まれていた。訴訟では、SACのトレーダーたちは協働してバイオベイルの株価をおよそ五〇カナダドルから一八カナダドルまで下落させたと告訴される。その申し立ての根拠として、コーエンは極めて大きな力を持ち、SACも市場において大きな影響力を保持しているので、日々取引をしている大手銀行に対し、すべての者に同時に公表されるべき情報を事前に伝えるよう要求することができたのだという見解が示された。「SACの市場に対する大きな影響力を最大限利用するために、スティーブ・コーエンの指示のもと、SACではトレーダー、経営陣、従業員および手数料を受け取っている業者に対して行きすぎた圧力がかけられていた」と告訴状にはしたためられていた。

SACとほかの被告たちは告発内容をきっぱりと否定し、バイオベイルの株価の下落は同社の事業が抱える現実的な問題の結果であり、その主張は不合理なものであるとした。その後、裁判は勢いを増し、SEC（米証券取引委員会）が独自の捜査を開始することとなる。その後、裁判は世間の知るところとなり、カソビッツ・ベンソンにしてみれば、ボー一人が取り組んでいたよりも有意義なものとなった。バイオベイルの訴訟を起こした一カ月後、CBSテレビの60ミニッツが「下落に賭ける」と題した訴訟に関する一コマを放映し、バイオベイルの事案を綿密に分析した。この番組も、SACの事業に対して懐疑的な見方を示していた。

番組が放映されたとき、株式市場は毎日のように高値を更新し、不動産市場もこれまでにないほどに過熱していた。古い世代が享受した年金が徐々に廃止されるにつれ、アメリカの労働者たちは、やがては自分たちの退職後の資金を生み出すことを期待して、それまでに蓄えてきた資金を株式市場に投じていた。国中が強迫観念に取りつかれたように、ダウ・ジョーンズ総合株価指数の上昇を眺めていたのだ。

60ミニッツは、多くの投資家たちの間に豊かさの実感が広がってはいるが、何か恐ろしいものがあることを指摘していた。それは、不動産市場で発達する危険なバブルではない。ヘッジファンドが行う空売りという脅威である。番組では、ほとんどのアメリカ人は知りもしない巨大な金融網の頂点に立つ、有力なヘッジファンドのマネジャーとしてコーエンを描き出していた。コーエンは人目に触れることを嫌がるので、CBSは彼の写真を入手することができなかったが、カソビッツ・ベンソンの調査員たちが秘密裏に撮影したラスベガスで開催された格闘技の試合を観戦したあと、自分の車に戻るコーエンのぼやけた映像を流した。番組では、ユージン・メルニクの長時間にわたるインタビューも紹介されていた。「押し寄せる高波、悪評の波、誤った情報の波を目の当たりにし、ゴリラに踏みつぶされようとしているという噂を耳にすれば、多くの人々が丘の上に逃げようとするでしょう。われわれは幸運にも生き残りましたがね」と彼は述べた。

60ミニッツのリポートが放映された夜、CBSテレビのスタジオから数マイル離れた場所で、一人の女性がテレビの前にくぎ付けになり、次々にタバコを灰にしていた。スティーブ・コーエンと彼のヘッジファンドに関する報道を見て、パトリシア・コーエンは呼吸が荒くなっていた。彼女は、かつての夫がそのように描き出されていることが信じられなかったのだ。

一九九〇年に彼女とコーエンとの離婚が成立したあとでさえ、一〇〇万ドルの現金とマンハッタンのアパートと子供の養育費を彼女に与えるという和解条件に、彼女は満足しておらず、生きていくうえでは不十分だと考えていた。夫がトレードで稼ぎだす何百万ドルものお金を考えたら、不公平だというわけだ。離婚合意に署名した直後、不動産市場が崩壊し、パトリシアが予定していた価格でアパートを売却できなくなったことで、問題とならざるを得なかったのだ。彼女は資金不足に陥り、週に一〇万ドルを追加するようコーエンに頼んだ。それは戦争であったが、その戦線をバカバカしいと思う者もいたであろう。パトリシアの弁護士は裁判所に提出した嘆願書のなかで、彼女と当時一〇歳と六歳になる子供たちは、『「コーエンの』妻が事実上無一文であるため、通りに放り出されそうだ」と記したのだ。コーエンは、渋々ながら養育費を月に五二〇〇ドル、その後一万四〇〇〇ドルまで増加させたが、末子のロバートがブラウン大学に通うようになってからは再び減額した。コーエンは、前妻は「自分と子供たちとの関係を際限なく害することを望んでおり」、彼と彼の二度目の妻に対する「復讐」を行っていると非難した。パトリシアが再びお金に困ったと言ってきたときには、コーエンは働くよう彼女に答えている。

60ミニッツの放映が終わると、パトリシアは疑問にかられた。私の元夫は本当に不誠実な人間だろうか。離婚を争っている間、お金を隠したり、ウソをついたりしていたことがあるのだろうか。結婚している間、彼女は元夫の仕事についてはほとんど意識を払ってこなかった。彼が保険の書類や小切手帳にサインを求めたとき、彼女は同世代のほとんどの妻たちがそうするように、何の疑問もなくサインをしていたのだ。一五年後の今となって、彼女はコーエンの富とそれの稼ぎ方とがぼんやりと分かってきたように思えた。

彼女はコンピューターに向かい、コーエンの名を検索エンジンに入力する。彼女がこれまで見たこともないような記事が出てきた。二〇〇三年に発行されたフォーチュン誌の「ウォール街の卑しい一面」と題する長い記事である。それは、二人が結婚したときにコーエンが勤めていた証券会社のグランタルに関するものである。記事では、同社は控えめに言っても下品な会社だと記されていた。それによれば、一九八〇年代から九〇年代にかけて、グランタルのブローカーたちはインサイダー取引や証券詐欺の罪で告発されている。また、同社はセクシャルハラスメントの訴訟で和解金として七五万ドルを支払っている。従業員の一部は、一〇年以上にわたり、すでに亡くなった顧客の休眠口座から一四〇〇万ドルを着服していたかどで告発されている。それも、氷山の一角にすぎないというのだ。しかし、これによって、パトリシアは、元夫が自身のヘッジファンド帝国を築き上げる道を歩み始めたとき、どのような環境に置かれていたのかが理解できた。彼女は一九八六年ごろに、コーエンがインサイダー情報に基づいてRCA株を取引していたかどうかをSECが調査していたときに、彼が大変動揺していたことを思い出した。彼は、毎晩のように彼女の肩で泣いていたのである。

翌日、パトリシアは受話器を手に、カソビッツ・ベンソンの番号をダイヤルした。

電話が鳴ったとき、マイケル・ボーは机の上に脚を乗せていた。彼の事務所は突風が通りすぎたあとのようで、椅子には野球のジャージがかかり、部屋の片隅には彼の息子が取ったチェスのトロフィーが乱雑に並べられ、コーヒーカップや紙くず、カップフォルダーはあちこちに積み上がっている。机の上は、少しの隙間もなかった。

「パトリシアと申します。かつてスティーブ・コーエンと婚姻関係にありました。あなたが興味を持たれるような情報を持っていますよ」と女性が言った。

ボーは脚を下ろし、立ち上がった。

自分はアドバイスを必要としているのだ、と彼女はボーに語った。彼女は、離婚調停は不公平なものであったと感じているが、どうしたら良いのか分からないのだ。彼女にはお金がなく、セントラルパークウエストにあるコーエンが所有する三ベッドルームのアパートで暮らしているが、やがては通りに放り出されることになりかねない。毎月の維持管理費の支払いを行っているのはコーエンの妻であるアレクサンドラだ。彼女もまた、コーエンに関してボーが知るべき情報、彼女が何年間も秘密にし続けた情報を持っていると考えていた。パトリシアは、自分が話をできる相手はみんな、コーエンを恐れているので、これまで自信を持って進み出ることができなかったのだ。しかし、ボーは彼を恐れてはいないようである。

彼女はボーのオフィスで面会し、元夫との関係やグランタル時代の彼について話をした。コーエンは彼女との私的な会話のなかで、一九八〇年代のゼネラル・エレクトリックによるRCA買収に関する情報をあらかじめ得ていたことをもらした、と彼女は言う。SECが自分の捜査をしていることを知り、収監されることを恐れたコーエンはパニックに陥ったのだ。彼女によれば、この捜査が不起訴に終わったあと、コーエンはトレードに対してひどく注意深くなり、偏執的でさえあったという。彼は気分屋で、感情をコントロールできなかった。彼は、彼女の目で見ても分かるほどの役に立たないと思われる従業員を解雇し続けた。子供たちも、彼のことは怖がっていたと彼女は言う。

ボーにはどうしたらよいのか分からなかった。婚姻法は彼の専門ではないのだ。パトリシアが少なくとも極端な偏見を持っていることは明らかだ。しかし、ボーもまた話を聞いて反感を覚えていた。彼は、人々を罵り、軽んじることに力を尽くすトレーディングフロアでのコーエンの評判を思い出したのだ。そして、感情的・経済的な困難を抱えた傷ついた女性が目の前にいる。その年も一〇億ドル近いお金を稼ぎだすコーエンが前妻との問題を解決するためにちょっとした金額のお金すら払うことを躊躇することが、ボーには信じられなかった。むしろ、コーエンは彼女のドライクリーニング代を調べ、そのあらゆる支出を巡って彼女と戦う弁護士団を抱えていたのだ。

ボーはまず、パトリシアをカソビッツ・ベンソンの離婚担当の弁護士に紹介した。すると、パトリシアはＦＢＩに駆け込むべきかどうかと、ボーに問うたのだ。

「それはすべきではない」とボーは答えた。彼女にそう答えた理由の一つに利己心があることは彼も分かっていた。彼は、彼女のことを自分の訴訟にできるかぎり利用したいと考えていたのだ。「有益なように思われるのも理解できますが、連邦政府に話をした結果、どうなるかをご理解いただかなければなりません。それは電動のこぎりの下にご自身の首を差し出すようなものです」と彼は言ったのだ。

数カ月が経過したが、パトリシアからは連絡がなかった。そして、ある午後、パトリシアは電話をかけてきて、ボーを驚かせた。「ちょうど、ＦＢＩの担当者と話を終えたところです」と彼女は言ったのだ。

ボーは、そ知らぬふりをしようと努めたが、その実、興味津々だった。「あぁ、そうですか。ところで、どなたと」と尋ねた。

「彼の名前は、Ｂ・Ｊ・カン」

60ミニッツが放映された数週間後、ボーはもうひとつ不思議な電話を受けた。フェアファックス・フィナンシャル・ホールディングスというカナダの保険会社の幹部である。この幹部は、バイオベイルの裁判を注意深く観察していたのだ。というのも、バイオベイルが起こした告発の内容は、すでによく知られていたことだったのだ。フェアファックスの幹部が言うには、彼らもまたヘッジファンドの一団に空売りの標的とされ、同社に関する否定的なリポートが発行されたり、フェアファックスの経営陣が愚弄されたりしていたのだ。その違いと言えば、バイオベイルの裁判はすでに起こった出来事を主に対象としているのに対し、フェアファックスの場合は事態が進行中なのである。インターネット上のチャットは、フェアファックスがどのように崩壊していくかという話題で日々もちきりなのだ。ある日、ボーは掲示板にとある噂が流れたあとでフェアファックスの株価が下落したのを目撃した。その噂とは、同社のCEOが国外逃亡し、王立カナダ騎馬警察が同社のオフィスに強制捜査に入ったというものである。

フェアファックスは、しばしメディアで「カナダのウォーレン・バフェット」と紹介される億万長者のカナダ人であるプレム・ワトサが創業した会社である。ワトサは、メンフィスを拠点とするモルガン・ケーガンという独立系の投資調査会社がいつくかのヘッジファンドと協力し、フェアファックスに関するデマを流していると主張していた。その一つがSACキャピタルであることが判明する。調査の結果、ボーは、モルガン・ケーガンのアナリストがフェアファックスに関するリポートの原稿を公表前にSACやほかのファンドに送ったと思われるeメールを発見したのだ。それが、ヘッジファンドが自ら作成を手伝った企業のリポートを利用してインサイダー取引をしていることの証拠となる、とボーは期待した。

フェアファックスをエンロンになぞらえる匿名のウェブサイトが立ち上げられ、フェアファックスの従業員には真夜中にいたずら電話がかかってきたという。「フェアファックスはインチキ会社だ。自分を守ったほうがいいんじゃないか」と電話の声が言うのである。空売りをしているトレーダーたちはFBIやSECに対し、企業が不正会計を行っている可能性を捜査するよう働きかけるのだ。マンハッタンの連邦地検も捜査を開始した。フェアファックスの組織構造は非常に複雑で、会計問題を隠すためにそうしていると言われかねないほどであった。さまざまなヘッジファンドのトレーダーが同社の株式を空売りし、一五〇ドルから一一〇ドル以下まで下落するたびに、利益を得てきたのである。

二〇〇六年七月二六日、ボーはＳＡＣならびにほかのヘッジファンドを、フェアファックスに関する虚偽の噂を市場にひろめたかどでニュージャージー州立裁判所に提訴した。フェアファックスは、ヘッジファンドはＲＩＣＯ法、つまりラケッティアに関与し腐敗した組織に関する法律に違反したとされたが、もともとこの刑事法はマフィアを標的に作られたもので、構成員の行動に対して犯罪組織の指導者に責任を負わせるものである。フェアファックスは、損害賠償として五〇〇万ドルを要求したが、ＳＡＣならびにほかのヘッジファンドは罪を否認した（ＳＡＣならびにほかのヘッジファンドは訴訟の却下を勝ち取った。裁判所は、ＳＡＣにはそのような行動を取る経済的動機がないとしたのである。フェアファックスは二〇一三年に上訴している）。

フェアファックスが訴訟を起こした数時間後、ボーはマンハッタンの連邦地検から電話を受けた。電話の主は、証券部門の検察官のヘレン・カントウェルである。

「こちらにお越しいただけますか。お話ししなければならないことがあります」と言う彼女はイライラしているようだった。フェアファックスを含めた犯罪捜査の最中にあった彼女は、ＦＢＩの特別捜査官Ｂ・Ｊ・カンと協力していた。政府は、ヘッジファンドの不正ではなく、フェアファックスに詐欺の疑いがあるとして捜査していたのだ。まさに、ボーの訴えとは真逆である。フェアファックスの告発内容は政府にとっては驚きであり、自分たちが完全に間違えていることを示唆するものであった。カントウェルやほかの連邦地検の者たちは動転したようだ。彼らは、翌日来訪するようボーに求めた。

翌朝、ボーは、マンハッタンの中心部のセントアンドリュースプラザ一番地にある会議室に足を踏み入れた。テーブルの端にカンが座り、反対側にはSECの調査員がいる。カントウェルはその真ん中に座っていた。彼女が椅子を指さし、ボーはそこに座る。だれもが不満そうな顔つきである。

「何をお知りになりたいのでしょうか」と彼は尋ねた。

カントウェルは、連邦地検は詐欺の容疑でフェアファファックスを捜査していると答えた。フェアファファックスとボーは、同社に対する犯罪捜査が終了するまで、フェアファファックスによる告訴を待つべきだった、と彼女は言うのである。訴訟を起こされると、彼らにとっても大問題なのだ。政府は、フェアファファックスによる詐欺の容疑を捜査しなければならないのか、それともフェアファファックス株を空売りしたヘッジファンドの不正行為を捜査しなければならないのか。カントウェルは、フェアファファックスによる一六〇ページに及ぶ訴状のすべてを説明するようボーに求めたのだ。

ボーはその後、三時間をかけて、告発内容とその証拠について語り、SACならびにフェアファファックスが自らを標的にしたと考えているヘッジファンドや偽の噂といたずら電話、そして空売りとインサイダー取引の疑義について彼らに説明した。彼が話をしている間、カンはメモを取っていた。

会議室の雰囲気は冷え切ったものだったが、カントウェルはフェアファックスによるヘッジファンドに対する告発内容を調査するつもりだと言った。彼女はボーにお礼を言い、面会は終了である。

マイケル・ボーは争いを避けるような育ちではない。むしろ、それを追い求めてきた。アイリッシュバーや小間物店がひしめく、マンハッタンから北に一時間の距離にある町パールリバーで育った彼は、その地で人生のすべてを学んだのである。休み時間には、ニューヨーク市警や消防隊員の子供たち八〇〇人が街のカソリック系小学校から、アスファルト敷きの校庭へと飛び出し、子供たちが互いにいじめたり、残酷なゲームに興じる姿を教師たちは見て見ぬふりをするのだ。

放課後、子供たちは群れを成して通りに飛び出し、ケンカをしたり、互いを泣かせたりしている。ボーはこのような地で、その重要なスキルを身につけた。つまり、自分に難癖をつけてくる人物に立ち向かう方法や、状況に応じて自分を大きく見せたり、小さく見せたりする方法、そして逆境に打ち勝つ方法を身につけたのである。ボーの父親は、火災で大やけどをして引退するまで、マンハッタン北部インウッドの三六隊のはしご車隊員であった。アイルランド系アメリカ人であった小柄な母は、幼い息子が近所で殴られて泣きながら帰ってくると、台所のカウンターの上に座らせ、「マイケル、自分を守ることを学ばなけりゃ、ダメよ」と言ったものである。彼は、マンハッタンの連邦地検で働く連邦検事の多くとは異なり、アイビーリーグの学位は持っていなかった。ボーは、フォーダム大学とニューヨーク法科大学院の優等生であり、争いごとなどに動じる人物ではない。

ヘッジファンドの疑惑を追及すべくB・J・カンから再び電話を受けたのは、初めて出会ったときから四カ月が経過したときだった。ボーは、SACキャピタル・アドバイザーズについては第一人者となっていたのだ。

「SACやほかのヘッジファンドについてあなたが知っていること、そしてそこで行われているというインサイダー取引に対して、互いに協力できないかと思っています」とカンは言う。彼は、多くのヘッジファンドが実行しているとボーが考えている「インサイダー取引ビジネス」なるものについて知りたがった。「数時間いただいて、FBIの捜査官たちに質問させてもらえないでしょうか」

「もちろんです」とボーは答える。むしろ、彼の望むところである。

FBIの証券詐欺を担当する部門ではカンはいまだ新参者だった。それまで彼は、ニューヨーク郊外のショッピングセンターにあるような小規模な証券会社に関する事案ばかりを担当していた。そこでは、営業マンたちが、見知らぬ者が電話で意味のある株式情報を伝えてくることなどないということを知りもしない無知な人々に無価値なクズ株を売りつけていた。損害額など微々たるもので、ＦＢＩが叩き潰しても、次から次へと頭をもたげてくるのだ。カンの上司であるパット・キャロルは、自分たちが追いかけるべき重大な不正を含んだ、より大きな事案があるはずだと考えていた。彼は最近、カンをオフィスに呼び出し、そのことを伝えていたのである。

「ピラミッド構造になっている不正操作が望ましい。まずはヘッジファンドに注目する必要がある。あの業界は不透明で、われわれもこれまで注目してこなかったしな」と、キャロルは激励を込めてカンに言った。

カンはうなずいたが、まだ判然としないものを抱えていた。

「金の流れを追えば、その先にヘッジファンドがあるだろうよ」とキャロルは説明する。彼は、すべてのヘッジファンドが法を犯しているとは言わなかったが、それらのファンドが何をしているか、彼らがどのようにしてお金を稼いでいるのかをＦＢＩが知りもしないことを懸念したのだ。毎日のように新しいファンドが立ち上げられ、何十億ドルもの投資家の資金が流れ込んでいる。「われわれは広い視野を持って取り掛からなければならない」とキャロルは言った。

カンは、幼き日、メリーランドの郊外で泥棒ごっこをして遊んだころから法の執行機関で働きたいと考えていた。彼は、幼いころから成功するまではほかのだれよりも懸命に勉強しなければならないと両親にしつけられてきたので、この良い子か悪い子という強迫観念が染みついているのだ。もし隣の机の男が午前七時に出社するなら、カンは六時に出社し、ほかのだれかが六時から仕事を始めるなら、カンは五時半に出社するといった具合だ。FBIアカデミーを卒業するとき、彼はニューヨークへの配属を望んだ。それは、もっとも重大な事件が発生する場所だからである。

キャロルの話を聞いたカンが最初に取り組んだことは、ヘッジファンド業界についての研究であった。彼は、著名なヘッジファンドのマネジャーや彼らが稼ぎ出すという巨万の富のことは知っていた。しかし、業界で最高の業績を残すファンドの一つ、ラジ・ラジャラトナムのガレオンについてはあいまいな理解しかなかった。彼が学ぶべきことはまだまだあったのだ。

金融界の情報提供者や証人たちと面会するとき、カンが必ずする質問がある。それは、ヘッジファンドのトレーダーとしてもっとも成功しているのはだれか。彼らはどのようにしてお金を稼いでいるのか。彼らは潔白だと思うか。すると、繰り返し一つの名前が挙がる。SACキャピタルである。

カンがウォール街に持つ情報源によれば、SACはもっとも収益力に優れ、攻撃的なファンドであるという。競合他社は、SACがどのようにして毎年三〇%、四〇%、そして五〇%ものリターンを上げ、しかも損を出しもしないのか理解できずにいた。できすぎた話なのだ。カンはもっと知りたいと思った。

彼とボーは、午後のほとんどを会議室で二人きりで過ごし、ボーはヘッジファンド業界がどのように機能しているか、自らの考えを説明した。

ボーが見たところ、ウォール街ではここ五～六年の間に大きな変化が起こったが、監督官庁の人間たちはそのことを理解していない。資本市場というシステムは資本を流通させ、より大きな工場を建設したり、新製品を開発したり、より多くの労働者を雇用するために資本を必要としている企業へと向かわせるためのものである。このシステムが経済成長のエンジンとなるわけだ。銀行は貸し付けを行い、投資銀行は株式や債券のトレードやＩＰＯ（新規公開株）、合併や買収を主導することで、このエンジンを稼働させる。二〇〇〇年ごろまでは、ゴールドマン・サックスやモルガン・スタンレーといったいくつかの大会社や、年金口座を運用する投資信託会社がこの市場で重きをなしていた。そして、それらすべては、施行されてから七〇年にもなる法律や規制のもとで活動していたのだ。もちろん、違反や犯罪行為が行われたこともあったが、そのほとんどが明確な、だれもが分かるような方法で行われていた。大銀行はたいていの場合、何が合法で何が違法かを理解しており、行内にはコンプライアンス部を持ち、法に抵触することがないよう活動していた。ＳＥＣも、彼らを監視するにあたり、どこを見ておけばよいかを知っていたのだ。

しかしここ一〇年ほどで、何十億ドルもの資金が、規制の厳しい大銀行から、積極的な投資を行い、巨大なリターンをもたらすヘッジファンドへと流入した。ヘッジファンドに対する規制は緩く、その多くが秘密のベールに隠れて活動しているのだ。「大銀行に対して起こされた起訴の本質を見れば、彼らの行動に悪い点はなかったとは言うつもりはないが、それでも、へッジファンドに対する規制に比べればかなり厳しいものが多い」と、ボーはカンに語った。

実際的な問題として、それらのファンドで働く人々の多くが一般的とは言えないバックグラウンドを持っている。彼らの特徴を挙げれば、ファンドマネジャーの友人であるというだけで、たとえ彼らが望んでもゴールドマン・サックスでは職を得られないような人物たちだ。これらヘッジファンド全体を監督する規制はなく、社内にコンプライアンス部もない。どのような手段を取ろうとも、トレードでお金を稼ぐ者を採用する、というのが彼らの行動原理である。SECもヘッジファンドについてはほとんど情報を持っていない。とすると、どのようなことが起こるだろうかとカンは考えた。

バイオベイルやフェアファックスの代理人として業界を調査してきたなかで、ヘッジファンドは新たな、毒々しい形での不正行為を行い始めていると、ボーは確信していた。ハイファイナンスの世界が不動産やその他の負債を担保にした有価証券などまったく新しい金融商品や投資商品を開発している一方で、トレーダーたちは新しいいかさまを編み出しているのだ。金融犯罪に革新をもたらすということで言えば、ヘッジファンドはシリコンバレーと同じなのである。

予期しない結果の典型例とも言えるが、政府の介入が事態を悪化させている。二〇〇〇年、ニューヨーク州司法長官のエリオット・スピッツァーは、ウォール街の投資銀行の調査部門に対する捜査を行い、三年後になって株式の格付けを不正操作したかどで告発した。この格付けは、市場の投資家の多くがさまざまな企業の財政状態を評価するときに指標としたものである。

スピッツァーは、銀行はアナリストリポートを営業活動の道具として利用し、投資銀行部門の事業の糧としたと非難したのだ。当時、ＩＰＯの引き受けや合併買収の助言を行うことが、それら大銀行に大きな収益をもたらしていたのである。特定企業のリポートで肯定的な内容を記すことを確約することで、顧問料を増大させようとしたのだ。

メリルリンチでハイテク分野のスターアナリストであったヘンリー・ブロジェットがその典型で、彼は一九九八年にアマゾン株は四〇〇ドルの価値があるとしていた。彼がペッツ・コムやイートイズ・コムなどの企業を公に称賛する一方で、メリルリンチはそれらの企業に熱心に営業をかけるのである。しかし、同僚に送った個人的なメールのなかで、彼はそれらの企業は上がりすぎであると確信していると述べ、エキサイト・アット・ホームを「ガラクタ」と、その他のドットコム企業を「ドッグ」と呼んでいた。

検察当局がこれらの利益相反を暴露し、二〇〇二年末にメリルリンチ、ゴールドマン・サックス、リーマン・ブラザーズ、Ｊ・Ｐ・モルガン、その他ウォール街の大手六社と和解したとき、何十億ドルもの罰金ならびに賠償金を支払うとともに、銀行にはより厳格化された一連の新規制を順守することを確約させた。投資銀行部門と調査部門は完全に分離され、アナリストは投資銀行部門にどれだけのビジネスをもたらしたかで給与を得ることはできないものとされた。ほとんど一夜にして、モルガン・スタンレーやゴールドマン・サックスのハイテク分野のアナリストという職が金融界でだれもがうらやむポジションの一つから、見せかけばかりの図書館司書のような仕事になり果てたのだ。

そのころから、大量のトレードを行うヘッジファンドが大銀行にとっては重要な存在となってきた。彼らが落とす手数料が銀行にとっては大きな収益源となっていたのだ。ヘッジファンドは、彼らが支払う何億ドルもの手数料の見返りにサービスを求め、大会社は彼らを喜ばせるためなら何でも行うようになったのだ。もっとも好戦的なヘッジファンドは、アナリストが株式を格上げしたり、格下げしたりするときにはほかのだれよりも先に知らせるよう求めた。優秀なトレーダーや、それほど優秀でないトレーダーも、その情報があればすぐに利益を上げることができたのだ。

一方で、株式調査は独立したものであるべし、と求めるスピッツァーなどからの要求に応じ、ブティックレベルの調査会社が立ち上げられ、投資家が特定企業の株式を買うべきか、売るべきか、偏見のない意見を提供することをうたうようになった。一見したところ、それは素晴らしいアイデアのように思われる。しかし、これら小規模な調査会社には、しっかりしたコンプライアンス部など存在せず、守るべき信用も大きくないのだ。その職にはふさわしくないアナリストを採用する会社もあった。有力なヘッジファンドが大手を振り、小さな調査会社のリポートを購入することを条件に、どの企業を取り上げるか、さらにはどのような内容を書くかを持ちかけることがないようにすることなどできないであろう。ヘッジファンドはすでにその株を空売りしている企業に関する否定的なリポートを書かせ、そのリポートのせいで株価が下落したときに利益を獲得する。こうして容易に市場を操作できると、ボーは確信していた。

最後に、ボーは、ＧＬＧのような専門家のネットワーク企業、マッチメークをする企業のおかげで投資家が上場企業の重役と接点を持つことが可能となっている現実をカンに語った。薬品研究に取り組む何百もの医師や、ハイテク企業の中間管理職が、裏ではこれらの専門家ネットワークの会社でアルバイトをして、ヘッジファンドのトレーダーたちの「相談に乗る」ことでお金を得ているのだ。コンサルタントたちは、機密情報を漏らさないことになっているが、実際にそれを防ぐ手立てなどない。ヘッジファンドは、これらコンサルタントに何百万ドルもの手数料を支払っているのだ。だれもが入手できる情報にそれほどの資金を払うわけがなかろう。ボーは、これが容易に乱用が可能な組み合わせであるとの印象を持った。

二人の対話は四時間にわたった。カンにとっては、新しい言語を学んでいるかのようであった。彼は法律用箋にメモを走り書きし、ボーの話をさえぎっては質問をするのだ。「ちょっと待って」「戻って」、そして「今のところをもう一度お願いします」といった具合である。

彼は、あまりに不道徳に思われる業界のあり方に驚きを覚えた。

「多額のお金を賭け、だれもそれを見とがめていないのであれば、不正行為など容易だということをわれわれは理解している」とボーは言った。ウォール街で目にする悪事など枚挙にいとまがないと彼は主張したのだ。違法すれすれのものもあれば、違法のものもある。そしてさらにその上を行く者もいるのだ。最悪な部類の悪事はヘッジファンドで行われている、とボーは確信していた。

「私が言うことを信じる必要はありません。ご自身でご覧になって、人々と話をしてみてください。リックカフェ（カサブランカ）でのギャンブルみたいなものです。道端に落ちてる石を拾って、その下を見ればお分かりになるでしょう。特に、ＳＡＣに関してはね」と彼は言った。

第5章 最先端の機密情報

ウォール街でだれもがうらやむSACのような会社で働くことには多くの利点があるものだが、SACの従業員たちは、自分たちは延々と続くストレスと疑念の効果を探る実験に供されているように感じていた。コンピューターの端末と座席表は断続的に入れ替えられ、社内での序列もそれに従って変わる。つまり、だれも身の安全を感じていないのだ。ファンドマネジャーには、キャリアに終止符を打つような損失を出すかもしれないという思いが常につきまとう。定期的にオフィスを訪れる者は、何の説明もなく部門それ自体やデスクが丸ごとなくなっていることに驚くこととなる。しかし、あらゆる変化はチャンスを生み出すものであり、マイケル・スタインバーグはそれを利用しようとしていた。

スタインバーグは、コーエンの虎の子であるハイテク株のトレーダーであるリチャード・グローディンに仕える事務員として、一九九六年にSACで働き始めた。長身で肩幅も広く、大学のラクロス選手であった彼はどこか品が良かった。オフィスでのスタインバーグは、トレーディングデスクに身をかがめ、グローディンのトレードチケットを書き込み、トレードで問題が起これば ブローカーとの電話に飛びつき、たとえそれがどんなに些細なものでも、上司が望んだことであれば何でも取り組んだ。スタインバーグの両親は、彼が大学で哲学を専攻したとき、実生活には役に立たないと心配したものだが、彼は経済的安定をもたらすような成功を収めると心に決めていた。彼はSAC内で徐々に出世し、二〇〇四年にはグローディンと一緒にポートフォリオを運用するようになっていた。リチャード・クー・バン・リーの調査を巡りコーエンと衝突したグローディンが退社すると、スタインバーグは一人でポートフォリオを担当することになる。

彼はすぐに、ともに働く優れた人物を探し出そうとし始める。ファンドマネジャーとして、スタインバーグはアナリストやトレーダーのチームを自ら召集し、割り当てられた資金の運用を手伝ってもらわなければならない。二〇〇六年九月、三六歳になるジョン・ホルバートというアナリストが彼のグループに加わり、デルやアップル、インテル、マイクロソフト、IBMといったコンピューター関連銘柄の調査を担当することとなる。採用までの手続きは六カ月に及び、その間、一〇人の人物と少なくとも数十回もの面接が行われた。ホルバートは職を得ることになれば、数年間働き、残りの人生はスキーをして暮らすことができると知っていたので、終始冷静に振る舞った。

ホルバートは酔っぱらっているように見えることがしばしばだが、実は勤勉だった。スタインバーグにトレードのアイデアを進言することが彼の仕事であったが、単なるトレードのアイデアではないのだ。決算発表などの特定のイベントによって株価が上下するような投資機会を探し出すことがSACの手法であることを、彼はすぐに学んだのだ。それがどのようなイベントで、そこから利益を獲得するためにどのように買いや売りポジションを構築するかを見いだすことが鍵である。彼は、サンフランシスコのシリコンバレー近くにアパートを持っており、ニューヨークと西海岸とを行ったり来たりし、世界中の投資会議やハイテク企業を訪問し、自分が担当する企業についてあらゆることを学び取ろうとした。

ホルバートがSACに勤務するようになってから数カ月後の二〇〇七年初頭、経済全体に厄介な事態が起こっていた。全米の不動産価値が下落を始め、住宅ローンの滞納が急増したことで、住宅価格は下落しないという前提で多額のモーゲージ債を購入していた銀行やその他投資家たちが危機に瀕することになったのである。しかし、投資家のほとんどは差し迫る危機の兆候も無視することにした。危機の兆候を認めていたのは、急速に積み上げた自らの富によって自分が確実に立派になったわけではないと考えられる人々だけであった。五月、サブプライムのモーゲージ債に重点的に投資していたベア・スターンズが保有する二つのヘッジファンドの資産価額が急落を始めた。それぞれ二〇〇億ドル以上の資産を保有していたが、その数週間のうちに市場のだれもが彼らが保有するモーゲージ債に興味も示さなくなったのだ。ベア・スターンズの経営陣はファンドを支援しようとしたが、債券の価値は下落を続けている。七月一八日、ベア・スターンズは、これらヘッジファンドは本質的に無価値であるため、閉鎖し、何十億ドルもの損失を計上することにしたと発表した。

このファンド崩壊が何を意味するのか、何千もの投資家が解明しようと躍起となった。ちょっとした失敗にすぎないのか、それとも来る経済危機の前兆なのか。ホルバートも前者であることを祈った。彼は、すべては何も変わらないかのように仕事を続け、スタインバーグにアイデアを提案していた。八月初旬、ホルバートが調査していたデータ管理会社のネットワーク・アプライアンスが翌四半期の業績は予想を大幅に下回ることになると発表すると、株価は五ドル値を下げた。ホルバートはこの会社が気に入っており、最悪の事態は避けることができたと考えていたので、株を買うようスタインバーグに勧めた。スタインバーグも、ホルバートの助言に従って、ネットアップ株を買った。その後、株価は少し持ち直したが、ネットアップが月末に決算を発表すると、再び下落。二〇〇万ドルの損だった。スタインバーグは激怒した。

数日後、みんながオフィスを出たあとで、スタインバーグはホルバートをデスクに呼んだ。「これらの銘柄は自分でデイトレードをして金を稼ぐから、お前の助けはいらない」と、スタインバーグはゆっくりと彼に言い聞かせた。「お前にしてもらいたいのは、外に出て、われわれが金を稼ぐために利用できる最先端の機密情報を集めてくることだ」。スタインバーグは間をもたせる。「コンタクト先、企業、銀行家、コンサルタントと話をしろ。お前の友人のネットワークを利用して情報を集めるんだ」。彼はホルバートをにらみつけた。分かったなと言わんばかりである。

ホルバートには、自分の上司が望むことが明確に理解できた。つまり、インサイダー情報を集めて来い。それも確実にお金を稼げる情報を、である。

セントラルパークやメトロポリタン美術館から二ブロックの場所にあるパークアベニュー九二五番地は、マンハッタンでもっとも高価な地域の角地にある。戦前からある石灰岩作りの共同住宅で、クラウンモールディングが売り物の住宅部分には、実際に薪をくべる暖炉があり、ロミオとジュリエット風のバルコニーからは通りを見下ろすことができる。二〇〇七年六月のある日、ＦＢＩ（米連邦捜査局）特別捜査官のデビッド・マコルは、建物のきらびやかなアールデコ調のロビーを通り、エレベーターに飛び乗ると、九階まで上がっていった。９Ａ室に近づくと、ドアをノックした。マコルは、返事の主がウォール街の大物を打ち倒す助けとなることを期待していたのだ。

その前年から、係争中のラジ・ラジャラトナムの訴訟とは別のインサイダー取引網の捜査を行っていた。チェルシー・キャピタルというヘッジファンドのアナリストが、スイスの銀行ＵＢＳの投資検討委員会で働く友人からインサイダー情報を入手していたとされていたのだ。その友人は、ＵＢＳのアナリストが行う株式や債券のレーティングの変更を、銀行がそれを公表する前にヘッジファンドのアナリストに伝え、そのアナリストは情報に基づいて取引を行っていた、とマコルは考えていたのだ。ＦＢＩでは、アナリストが寝返り、ウォール街で法を犯している人間の名前を知るかぎり教えることに同意したら、彼を逮捕することにしていたのだ。彼が漏らした人物の一人に、チェルシーの同僚で、かつてはガレオンでトレーダーを務めていたデビッド・スレインがいた。

スレインがドアに出てくると、マコルは自分のバッジを見せる。「インサイダー取引について話がある」と彼は言った。マコルは、ＦＢＩは彼に関する証拠を押さえていると伝え、長期の実刑もあり得ると脅したのだ。「協力しないと、娘さんとは二度と会えなくなるぞ」。結婚し、一人の子供を持つスレインに言い放った。マコルが言い終わるまでに、スレインはひどく動揺していた。幾人かの弁護士と相談したあと、彼は協力することに合意する。

その協力としてマコルと何十回もの面会が行われ、彼はスレインに対して、今までともに働いたすべての人物ならびにこれまで目撃した不正行為について何時間も質問を行った。起訴を免れるためには、スレインは何も隠し立てをしていないことをマコルに証明しなければならなかった。だれも見逃すことはできない。たとえ彼にもっとも近しい人物であっても、である。

スレインの周りにいた人物たちは、企業の弁護士やほかのトレーダーから入手したインサイダー情報に基づいてトレードを行っていたようだ。ＦＢＩはそれら全員を追及するつもりでいた。スレインは会話を録音することに合意し、マコルの指示にしたがって、ウォール街の友人や情報源に電話をかけた。しかし、彼の努力にもかかわらず、それらは事例証拠にすぎず、刑事事件には不十分なものであった。捜査を広げるためには、FBI捜査官や協力する検察官たちは、裁判で否認されない包括的な証拠を必要としていたのだ。では、どのようにしてそれを入手するのか。上司であるデビッド・シャベスと、スレインの事件を主導する検察官リード・ブロッキーとの面会の間、マコルはこの質問に頭を悩ませ続けていた。

「これは次の段階に持っていかねばならんね」とブロッキーは言う。

ブロッキーは、自分の上司であり、マンハッタンの連邦地検で証券部門を率いているレイモンド・ロアーに相談した。彼は、捜査が進展しないことを訴えたのである。

「盗聴を仕掛けてはいかがでしょうか。電話を『いじる』奴を見つけて、汚れ仕事をやらせる。許可を得るには新しい情報を示す必要があります」とロアーは尋ねた。

裁判官から盗聴の許可を得るためには、捜査官たちが勘や憶測でものを言うわけにはいかない。彼らは、特定の電話のなかで犯罪行為が語られている、つまりそれが「汚れている」ことを示さなければならないのである。これまで、インサイダー取引の事件で盗聴が利用されたことはなかったが、インサイダー取引網はあらゆる点で組織犯罪に類似している。犯罪組織と同様に、FBIが注目しているヘッジファンドの多くが秘密主義であり、組織は階層に分かれ、低いレベルの従業員たちが怪しげな活動をする一方で、トップに君臨するボスたちは知らぬ存ぜぬを決め込み、利益のほとんどを吸い上げていくのだ。FBIはマフィアの捜査に用いるのと同じ道具が必要になると考えていた。マコルは、スレインが親友の一人であり、ガレオンのトレーダーであるズビ・ゴッファーとの電話を録音する手助けをした。彼らはそこで不正な情報について語っていたのである。これを証拠として、政府はゴッファーの電話を盗聴する許可を獲得する。すぐに、FBIの通信室は活気づくことになる。

二〇〇七年、株式市場のパフォーマンスは散々なものであったにもかかわらず、SACはその年も利益を出している。マイケル・スタインバーグのチームだけでも、ネットアップの損失を差し引いたあとでさえ、二七〇〇万ドルを超える儲けを出している。スタインバーグの報酬、つまり彼が確保できる利益額は、その三一%である。アナリストやトレーダーたちに、その働きに応じてボーナスを支払うのは彼の責任である。SACではお金こそがその人物の価値を明確に示すものであり、スタインバーグは、チームの別のアナリストが一五〇〇万ドルを受け取るなか、ホルバートには四一万六〇八四ドルという控えめなボーナスを与えることで、強烈なメッセージを送った。ホルバートは解雇される危機にあったと言えた。彼は新年の鐘に、良い結果を残すと誓ったのだ。

彼は、SACの上司が欲しがるたぐいの情報を獲得するのに役立つ立場にいる者を見いだすべく、自分が知るすべての人物に思いを巡らせてみた。両親、友人の両親、隣人、医者、スキー仲間といったあらゆる人間関係が役に立つ可能性があり、彼が接触してきただれもが、本人たちは気づかなくても企業の有益な情報を獲得することができるかもしれないのである。別のヘッジファンドで働くアナリストが自分の利害のために探している、といった分かりやすい場合もあるかもしれない。ホルバートの友人の一人であるジェシー・トートラに至っては、情報を共有したがっているようだった。

トートラはホルバートとは正反対の人物で、上品で、自信に満ち、人脈も豊富で、少なくともはた目にはそう思われた。彼は、一般的なルートでヘッジファンドの世界にたどり着いた。エンジニアリングの学位を修得すると、インテルで三年間働いたあと、プルデンシャル・セキュリティでハイテク分野のアナリストとなったのだ。そこで、インテル時代の同僚たちを半導体業界の情報源として利用し、プルデンシャルの顧客であったガレオンやＳＡＣを含む投資信託やヘッジファンドのアナリストたちにその情報を提供していたのだ。プルデンシャルが株式調査部門を閉鎖したため、トートラは失職してしまう。東海岸に居を移した彼は、ダイヤモンドバック・キャピタルというヘッジファンドでのアナリスト職に応募する。ハイテク企業との人間関係が幸いし、彼は職を得ることができたのだ。

トートラは、ヘッジファンドでお金を稼ぐためにはインサイダー情報が必要であることを本能的に分かっていた。しかし、優れた情報は容易には手に入らない。それは、何カ月もかけて、大会社の内情を知る従業員たちとの信頼と人間関係とを構築していかなければならないものなのだ。トートラは、すでにそのような関係をいくつか持っていたが、彼はそれ以上のものを求め続けた。彼は、自分と友人たちとは、情報を共有することでそのインテリジェンスを最大限に活用することができると考えていた。つまり、インサイダー情報の「ファイトクラブ」のようなものである。彼はその考えをホルバートに伝え、ホルバートもすぐに同意した。さらにトートラは何人かの信頼に足る知人を招き入れた。そこには、プルデンシャル時代の同僚で、レベル・グローバル・インベスターズというヘッジファンドでアナリストをしているサム・アドンダキス、トートラのプルデンシャル時代の顧客であったもう一人のSACのアナリストのロン・デニスなどがいた。デニスは提案に応じたが、一つ条件を付けた。トートラはけっして情報をデニスにeメールで送ってはならず、電話で会話するだけにしたい、と。

eメールを使うことをデニスが警告したことで、トートラはしばし立ち止まり、自分がしていることに疑問を抱くべきであったが、彼はそうしなかった。むしろ、彼は歩を進め、すべてを紙に落とし込んだのである。「ルール1、eメールリストについて」、トートラは互いを紹介するために、ホルバート、アドンダキス、その他三人に手紙を書いた。「eメールのリストはありません（ファイトクラブ参考資料）。楽しくやろう。これからパフォーマンスは一〇〇％は上がる。上司も喜ぶだろうよ」

二〇〇八年初頭、経済は本格的にリセッション入りし、全米の不動産価格は崩落していた。

下落がもっとも激しかったのは、投機家が殺到していたラスベガスやマイアミなどの市場であったが、その他の地域もおしなべて下落していた。二〇〇〇年以降初めて、アメリカの主要一〇都市の住宅価格が一九八七年以来最悪となる下落を示したのである。住宅ローンを抱えるあらゆる銀行が危機に陥った。一月一一日、バンク・オブ・アメリカがカントリーワイド・フィナンシャルを買収すると発表し、この巨大住宅金融専門会社を倒産から救った。これは、支払いが不能となると金融制度全体を脅かすことになりかねない金融機関の救済劇の始まりであった。

金融危機が頂点に達するころ、ＳＡＣも繁栄の極みに達する。従業員は一二〇〇人近くなり、運用資産も一七〇億ドルほどで、その半分はコーエンと従業員たちの自己資金であった。一九九二年の創業以来、ＳＡＣは幾たびかの改革を行っている。当初はコーエンの大学の仲間が集うデイトレードの会社にすぎなかったが、その後、アイビーリーグ出身者たちがより専門的な経営を行うようになり、やがてはさまざまな産業に特化したアナリストたちを大量に抱える調査ならびに情報収集機関となっていった。最後に行った経営拡大はもっとも野心的であった。コーエンは市場のあらゆる場所に会社を押し出し、アジアやヨーロッパにもオフィスを構え、非公開企業の株式を取得するためにプライベートエクイティ部門を立ち上げ、債券のトレードも開始した。これはコーエンがほとんど知らない分野であったが、今や彼のファンドの四分の一を占めるまでになっている。ＳＡＣのリターンは、過去一八年間余りを平均すると三〇％にもなり、市場の平均リターンを何倍も上回る、信じられないほど高い水準となっている。コーエンは世界でもっとも裕福な人物の一人となり、その資産は一〇〇億ドルとも言われていた。

彼や部下のトレーダーたちは、その幸運を隠そうともしなかった。SACの成功の証しとしては、スタンフォードにある同社の駐車場を見れば事足りる。ファンドマネジャーの一人はガルウイングのメルセデスを、もう一人はマセラッティを乗り回し、さらには、つい最近インターンとして入社したばかりの社員が茶色いベントレーコンチネンタルを運転しているという具合だ。同社の会長であるトム・コンヒーニーはドゥカッティのバイクに乗って通勤し、駐車場にシガレット社製のボートをキャリアに載せて停めていることもある。SACのトレーダーたちは、週末ゴルフに出かけるときはヘリコプターを利用すると言われていたくらいだ。

ある日、退社しようとしていたコンサルタントが駐車場内でギヤを入れ間違え、SACのトレーダーたちが所有する一五万ドルのメルセデスとBMW7シリーズとフェラーリに突っ込んでしまった。コンサルタントは愕然として謝るばかりであったが、クビになるかそれ以上ひどい目に遭うことは確実だと思っていた。しかし、BMWの所有者である女性が悲鳴を上げただけで、高価なおもちゃを傷つけられた男たちは平然としていた。傷ついたフェラーリを所有していたトレーダーは肩をすくめて、こう言ったのだ。「別のフェラーリに乗るよ」と。ウォール街の拝金主義からしても、SACのぜいたくぶりは際立っていた。

二〇〇六年から二〇〇八年にかけて、SACはその規模を倍化させ、同社のトップトレーダーやアナリストたちはサラブレッドのごとく手厚くもてなされた。三人の女性マッサージ師が雇われ、疲れを癒やしてくれる。彼らのお気に入りはクリスタルである。彼女はタイ式マッサージの専門家で、トレーダーたちの背中の上を歩いたり、腸脛靭帯をかかとでマッサージしてくれるのだ。また、このとき一〇億ドルとまで評価されたコーエンの個人的な美術コレクションにある名作が壁にかけられていた。彼のオフィスには、コンセプチュアルアーティストのマーク・クインが制作したセルフという名の奇抜な作品が飾られていたが、これは冷笑を誘うものであった。それはアーティスト自身の頭部を象ったもので、四・五リットルもの自身の血液を型に流し、凍らせたものである。コーエンは、彫像を適切な温度に保つために特注の冷却装置を導入したのだ。彼はこの作品を二〇〇五年にチャールズ・サーチから二八〇万ドルで買ったのだが、その数カ月前にサーチのコレクションからもう一つのド派手な展示品を八〇〇万ドルで購入していたのだ。それは、ダミアン・ハーストの手になるもので、鮫をホルムアルデヒド漬けにした生者の心における死の物理的な不可能（The Physical Impossibility of Death in the Mind of Someone Living）という名の作品である。人々はこの鮫を冷やかした。究極の捕食者であるコーエン自身の皮肉なオード（頌歌）である、と。

コーエンは二四時間をお金を稼ぐことだけに費やしてきたが、ＳＡＣの成功はその労働倫理にあると彼は考えていた。コーエンは朝早く起き、自宅で市場の様子を観察すると、ボディガード付きのグレーのマイバッハで午前八時までには出社するのだ。彼が到着すると、温かい一杯のオートミールがラップされてデスクに置かれている。トレーディングフロアの中央にある彼の席はコックピットのようで、彼の前には一二のモニターが並んでいる。コーエンの時間は極めて貴重なので、散髪から会議に至るまであらゆる活動は、午前九時半から午後四時までの間、彼がスクリーンから離れずに済むようにスケジュールされるのだ。「ほとんどすべては彼のデスクで済ませていたね。すべてだよ、すべて」とコーエンのすぐそばに数年間座っていた一人のトレーダーは言う。

コーエンはあらゆる情報に目を通すことにこだわったので、リサーチトレーダーを雇い入れ、自分のメッセージを周知させるとともに、重要な情報には確実に触れられるようにしたのだ。ラスベガスにいる両親のもとを訪れたり、自らが評議員となっているブラウン大学を訪問したり、アレクサンドラと毎年恒例の夏休みに出かけるときは、彼に先立ってコンサルタントの先発隊が移動するのだ。彼はどこに泊まるにも追加で一部屋を借り、そこを部隊集結地として利用し、スタッフたちがあたかも自分のオフィスにいるかのようなトレーディングデスクを構築するのである。

土曜の昼ごろになると、コーエンは黄色いノートパッドを手に自宅のオフィスに設置したデスクに座る。そして、彼のファンドマネジャーたちが次々に呼び入れられ、翌週行うべき最良の投資アイデアについて説明させるのだ。これは、サンデーアイデアミーティングと呼ばれていたが、SACの従業員たちにとっては常に不安の種であった。やり取りはたいてい五分ほどで終わるのだが、コーエンのリサーチトレーダーが電話で参加し、メモを取っている。ファンドマネジャーたちは、儲かるアイデアを提案することが求められ、そのときに「確信レート」を示さなければならないのだ。これは、投資がうまくいく確度を彼らなりに伝える方法である。

コーエンに直属して、彼の口座で行われるトレードを執行するトレーダーたちは「執行トレーダー」と呼ばれたが、彼らは実際の執行官同様に、言われたことをするだけで、口を挟むことなどない。彼らは日々、ボスの代わりに市場でほかの人々を焼き尽くすという無慈悲な仕事を行っていたので、ウォール街では彼らをコーエンの「子分」と呼んでいた。その一方で、彼らは情報を獲得するために市場の人々と良好な関係を維持しなければならず、そうすることで日々のトレード業務を行っているのだ。厄介な仕事である。

子分のウイークデーの典型的な朝はおそらくこのような具合であろう。オートミールを平らげ、市場が開くころとなると、コーエンは「スティーブカム」のスイッチを切る。これは、彼の行動や会話の内容をトレーディングフロアにいる全員に知らせるための音声・映像装置である。そして、電話をかけ、数分後に切る。彼は「プライベート」モードなので、スタッフは何を言いだすか想像するだけである。その後、彼は執行トレーダーに向き直り、発注を伝える。「ネクステルを五〇万株売り」

トレーダーは貸株を担当する社員に連絡する。この部門はＳＡＣが空売りをできるよう他社から株式を借り入れることに責任を有している。「ネクステルを五〇万株借りてくれ」

そして、トレーダーはベア・スターンズのブローカーに電話をかけ、空売りの注文を出す。「ネクステルを五〇万株、売りだ」

ベア・スターンズのブローカーは、その注文がコーエンから出たものであることは分かっているが、自衛のため、発注に応じる前にできるかぎりその真意を探ろうとする。「何を考えてるんだ」と、ベア・スターンズの社員が問う。

「どこから出たか分かるだろ」。コーエンのトレーダーはそう答える。翻訳すれば、「スティーブが売ってる、それだけ分かれば十分だろ」ということだ。

そして、ベア・スターンズのブローカーは決断を下すことになる。ウォール街最高のトレーダーであるスティーブ・コーエンが何らかの理由で空売りしていることを知りながら、コーエンから五〇万株を買い取るのか。それとも、コーエンに向かうという悲惨な結果に終わるであろう取引を断り、会社にとっても最大の顧客の一人を遠ざけるリスクを負うのか。

十中八九、ベア・スターンズは売りに応じる。そしてコーエンのトレーダーはボスに報告するのだ。「ネクステル、五〇万株売りました」

「最良の価格でだろうな」とコーエンが尋ねる。もちろんです、とトレーダーは答える。彼は最良の価格で執行したのだ。グレートと、コーエンは言うと、さらに五〇万株の空売りを指示する。

さて、ここでコーエンのトレーダーはジレンマに陥ることになる。「もう一度、ベア・スターンズに電話をすべきか。いや、それはしない。彼らは、何をしようとしているのか問いただすだろうよ。だから、モルガン・スタンレーに電話をするんだ」。この戦略をよく知るライバルファンドのトレーダーは言う。

そして、コーエンのトレーダーはモルガン・スタンレーに電話をかけ、こう言うのだ。「ネクステルを五〇万株売りたい。スプレッドはタイトでな」。つまり、最良の価格で買え、ということだ。モルガン・スタンレーは二一・七五ドルでの買いを申し出る。すると、トレーダーはこう答えるのだ。ダメだ、二二ドルだ。モルガン・スタンレーもベア・スターンズと同じ計算をし、株を買う。そして、それを一般市場で売却しようとするのだが、そのことがさらに株価を引き下げることになる。

すると、SACから買った五〇万株のうち、どうにか二〇万株を売却したばかりのベア・スターンズは何が起こっているのか探りを入れることになる。SACのトレーダーは何も答えない。つまり彼は何も知らず、単なる執行トレーダーとして自らの仕事をこなしているだけだ。執行するだけ、である。そして、SACのトレーダーはほかのブローカーに連絡して、コーエンがこれ以上は不要だと言うまで、ネクステル株の空売りを仕掛け続けるのである。

市場が閉じると、ネクステルは赤字決算になる旨の発表をし、翌四半期の業績が振るわないことをウォール街に対して警告する。株価は三ドル下落することになる。そして、コーエンは三〇〇万ドルを稼ぎ出し、一方でベア・スターンズは九〇万ドル、モルガンは一五〇万ドルの損である。コーエンのトレーダーはお返しにこれからも手数料を落とすことを約束する。

「今日は損させたが、あとで穴埋めはするつもりだ」。これが毎日続くのだ。来る年も来る年も、この同じシナリオが異なる銘柄の異なる状況で繰り返し機能することを、コーエンの従業員たちは驚きをもって眺めていた。スティーブ・コーエンとの取引でうまくいった者などいないのだ。

金融危機が勢いを増すにつれ、世界でもっとも裕福な人々のなかにも、自分たちの富が安泰なのかと心配し始める者が出てきた。いつもはパニックなどには影響されないコーエンも、トレーダーやファンドマネジャーたちに市場でリスクをとりすぎないよう警告するようになった。ウォール街は、住宅市場のバブルや怪しげなモーゲージ関連商品、またそれから派生したデリバティブ取引などで、何十億ドルもの損失を出していた。住宅価格は上がり続けるという信念のもと、何百万ものアメリカ人が無鉄砲に借り入れを起こし、金融業界がそれをけしかけ続けたのだ。二〇〇〇年から二〇〇七年にかけて、ウォール街が組成したサブプライムモーゲージ関連の有価証券は一兆八〇〇〇億ドル相当にもなるのだ。

二〇〇九年を迎えるころには、三つの大きな力がSACにのしかかってきた。一つ目は経済環境である。これまで以上に不透明さを増し、トレーダーたちは確実にお金を稼げる方法を躍起となって探していた。二つ目は、コーエンの個人的野望がこれまで以上に強いものとなったが、それが本質的に変わってきたことである。彼がカウボーイ投資家でいられる時代は終わったのだ。彼は、小さくて、洗練されていないライバル会社にはまねできないような調査と人脈に基づく大きな投資アイデアを求めたのだ。そして最後が政府である。ウォール街の規制当局は、金融界に規律を持たせるためには、ＳＡＣのようなファンドをもっと厳格に監視しなければならないということに気づき始めたのである。

ＳＡＣのＣＲイントリンシック部門でヘルスケアを担当する新ファンドマネジャーであるマシュー・マートマは、騒々しい環境に身を投じたことになる。マートマは、自らの価値を証明したかった。二〇〇八年六月二五日、部下のトレーダーであるティモシー・ジャノービッツに、製薬会社であるエランとワイスの株式を集めるよう指示を出した。その六月、株式市場は大恐慌以来最悪の状況で、トレーダーのだれもがいかなる株も保有したがらなかった。しかし、マートマの腹は決まっていた。

「終日かけて、エランを七五万から一〇〇万株買いたい」。マートマは、市場が開く一時間前にジャノービッツに伝えた。これが始まりであった。

第6章 利益相反

記憶の喪失や言動の変化をもたらす進行性の脳疾患であるアルツハイマー病に苦しむ人々は、全米でおよそ五〇〇万人と言われている。患者の家族にとっては、愛する者のボケが進行したり、小切手の決済ができなくなったり、車の運転ができなくなったり、さらには歯も磨けなくなったり、自分の子供の顔すら判別できないほどに精神が崩壊してしまう姿を目の当たりにするのはあまりに心苦しいものである。この病気は、科学者たちにも治療が極めて困難なものとされていた。その進行を食い止める術もなかったが、科学者たちは新薬であるバピネオズマブに期待をかけていた。アイルランドを本拠としながらもＮＹＳＥ（ニューヨーク証券取引所）に上場していたエランと、フィラデルフィアで創業された中堅製薬会社のワイスは、ＡＡＢ－００１と呼ばれたバピの開発に共同で取り組み、新たな薬品を市場に導入するための膨大な費用を分担していた。治験や許認可という険しい道のりを超え、薬品の安全性と効果とを証明することができれば、両社は何十億ドルもの利益を得ることになるのだ。

監督官庁による許認可のプロセスを通じて、バピの長い道のりを観察してきたマシュー・マートマのようなウォール街の投資家たちにとっては、病気の軽減など二の次の問題である。コーエンのファンドマネジャーたちは、自分たちが継続的に観察し、トレードの実行を推奨している投資アイデアについて、毎週書面でアップデートすることが求められていた。SACのコンプライアンス部は、これらの報告書用に steveidea@sac.com という特別のeメールアドレスを設定し、その内容に目を通すことができるようにしていた。マートマはその報告書のなかでバピを強く推していたのである。

報告書はあらかじめ決められたフォーマットにしたがって記される。最上部には銘柄が記され、その下には、ファンドマネジャーの予測株価である「ターゲットプライス」と、トレードを行うべきタイミングとが続く。そのなかでもっとも重要なのは「確信レート」で、ファンドマネジャーが自らの提案に対する確信度に応じて一～一〇の数字を振るのである。二〇〇八年六月二九日にコーエンに送ったメモでは、マートマはエランのターゲットプライスを四〇～五〇ドルとしていた。その時点では二六ドル付近で取引されていたので、これまでに行った調査の結果として彼が予測する上昇は極めて大きなものであった。株価を引き上げることが期待される「触媒」として、七月末に業界会議であるＩＣＡＤ（国際アルツハイマー病協会国際会議）で、アルツハイマーの治験薬の第二フェーズの結果が報告される予定であるとマートマは記した。そして、「確信度は九」としたのだ。ワイスについても同様のメモを作成し、レートを「九」

とした。

確信レートの一〇というのは「絶対確実」ということであり、通常の調査方法では絶対に不可能なものと思われる。株のパフォーマンスは言うまでもなく、将来の出来事を一〇〇％確実に言い当てることなどできないのだ。このレートは、トレーダーたちがどのようにしてその情報を入手したかに言及することなく、自分たちの情報の価値をコーエンに伝える手段なのだ。そしてコーエンは、その情報を頼りに自身の口座で買うかどうか決めるのである。このレーティング制度はコンプライアンス部の発案で、彼らは常にコーエンの身を守り、コーエンが重大な非公開情報に触れたことがあからさまにならない方法を見いだそうとしていたのだ。いわば、企業でもっとも価値ある資産を囲む堀のようなものである。

ティム・ジャンドビッツはSACのヘルスケア部門におけるメーンのトレーダーとして、マートマが推奨するエランとワイスの株式を取得する責任を有していた。ジャンドビッツはこの仕事に最適な人物で、複雑な計算もあっという間にしてのける頭脳を持っていた。彼はたいてい午前七時には出社し、ウォール街の企業から届いた大量のリポートに目を通し、マートマに関係するものだけを回すことを日課としていた。彼とマートマは、市場が開く直前の午前九時一五分ごろに打ち合わせをし、その日のトレードの戦略を確認する。市場を注意深く観察し、最適なタイミングをとらえることで、マートマがエランとワイスの二つの製薬会社でポジションを積み上げていくことを助け、一方、マートマはコーエンに同じことをするよう進言するのだ。「スティーブに報告してくる」と、マートマはジャンドビッツに買い注文を出したあとにこう言うのだ。彼は、自分たちの上司が承認していることを明らかにしようとしたのである。

ジャンドビッツは、ファンドマネジャーが、自分たちが推奨している銘柄に一〇〇%の確信を持っていることを示す、一〇のレートをつけるかどうか、いぶかっていた。ついでに言えば、彼はこれまでに九というレートを見たことがなかった。しかし、それを心配することは彼の仕事ではない。

マートマは、バピについて知り得ることを二年以上の歳月をかけて学んでいた。何百人もの医師や医学研究者と対話し、バピの成功に楽観的になっていた。そして、それが達成されたときに大金を稼げることを期待したのである。

バピに強い確信を抱いたのは、彼が築き上げた特殊な情報網によるところが大きい。アルツハイマーの薬について専門的な知識を得たければ、シドニー・ギルマン博士に相談するのが最適である。彼は、ミシガン大学医学部に在籍し、妻とともにミシガン州アナーバーで生活している。ギルマンは、アルツハイマー病とその治療の第一人者と目される人物であった。その治療を生涯の使命としていたのである。

多くの業績の陰には、彼の困難に満ちた人生が隠れている。ギルマンは、イーストロサンゼルスの貧しい家庭で、ロシア人移民の子として育った。生きるために他人の家の雑用をしていた彼の父親は、彼が一〇歳のときに家族のもとを去り、母親は一人で三人の息子を育てなければならなくなってしまった。それでも模範生となったギルマンはＵＣＬＡの医学部に進学し、その後、ハーバード大学とコロンビア大学とで医学を教えるまでになる。彼と最初の妻リンダは、一九七七年に二人の息子とともにアナーバーに移り住み、そこからミシガン大学の神経学科に通った。長男のジェフがゲイであることを告白したときには、ギルマンは容易に受け入れることができず、やがて二人は疎遠になってしまう。ジェフは子供のころからうつ病に苦しんでおり、家を出て、学校も退学したあと、一九八三年に自殺してしまう。それは、六七歳で自らの命を絶ったギルマンの母親の痛ましいエコーであった。

息子を失ったあと、シドニーとリンダの夫婦関係も悪化し、やがて離婚してしまう。一九八四年、ギルマンは神経分析医のキャロル・バーバーと再婚する。二人の間に子供は生まれなかったが、ギルマンと息子のトッドとの関係は良好ではなかった。トッドが兄同様に自分がゲイであることを父親に告げると、二人は口を利かなくなってしまった。その後、ギルマンは私生活を犠牲にして、すべての時間を研究に費やすことになる。「取りつかれたように一人仕事をしていた」と、ミシガン大学の彼の弟子の一人で、後にマサチューセッツ総合病院の神経学部長になるアン・ヤングは述べている。ギルマンは、週に七日、研究室にいた。

教育や研究以外のギルマンの仕事はほとんど名誉職で無償であった。彼は、国の諮問委員会にも参加し、認知症や脳と中枢神経系に影響を及ぼす病気に関する学術論文を何百としたためた。三〇〇万ドルの予算のついた調査を主導し、執筆ないし監修した本は九冊に上り、その分野ではだれもが知る存在となっていった。

彼はヘッジファンドのことなど知りもしなかったが、GLG（ガーゾン・レーマン・グループ）のマネジャーがコンサルタントにならないかと二〇〇一年に接触してきたとき、彼は好奇心をそそられたのだ。彼は時間も取れるし、それにお金も悪くない、と思ったのだ。気がつくと、普段は出会うこともないような人々と、年に何百回と会話をしていた。こずるいトレーダーや、パーキンソン病から多系統萎縮症、アルツハイマー病に至るまで医療のさまざまな点に興味を持つアナリストといった具合である。彼らは礼儀正しく、博識で、知識の深さを褒めそやす彼らの質問はギルマンのエゴを刺激した。彼らは、夕食会のお客なら勘弁してくれと言いそうなプロテイン反応や薬品の用量調節など細かい点を詳しく説明してほしいと頼み込むのだ。

GLGは、自らを「ナレッジブローカー」と呼んでいたが、それもある種の皮肉と言える。実際に、同社は喜んでお金を支払う洗練された投資家たちに優れた情報を提供するビークルなのだ。しかし、ギルマンは自らがこの不名誉な、市場の小さな不正行為に一役買っているとは思っていなかった。むしろ、逆である。「日ごろ相手にしている学生たちとはまったく異なる視点を持った人々と対話する良い機会であった」とギルマンは語っている。「報酬も良く、気分転換になるし、何より楽しかった」と。大学で年に三一万ドルを受け取り、ミッドウエストでつつましく暮らしていた彼にはお金は必要なかったが、毎月銀行口座の残高が増大していくのを見るのは悪くなかった。ヘッジファンドのトレーダーと三〇分間電話で話すと、ＧＬＧは彼に一〇〇〇ドル支払ってくれる。一流の企業弁護士の報酬のおよそ二倍である。個人的な面会では、一回当たり二〇〇〇ドルだ。

やがてギルマンは、自らが愛する仕事について話をするだけで、年に何十万ドルも稼ぐようになる。それでも彼の生活スタイルは劇的には変わらなかった。元生徒の一人によると、「彼は高価なおもちゃに喜ぶような派手な人物ではない」という。それでも彼はちょっとした贅沢をするようになり、飛行機はファーストクラスに乗り、リムジンも利用するようになった。

ヘッジファンドとの仕事に割く時間がますます増えていったが、すべては科学界の同僚たちの目を逃れて行っていたのだ。ギルマンは徐々に秘密の生活を送るようになる。

彼は、利益相反の可能性を恐れて、製薬関連の銘柄にはけっして投資しないようにしていた。しかし、彼は、報酬のほとんどない諮問委員や論文の監修といったこれまで行っていた仕事よりも、コンサルティングの仕事を優先するようになっていることに気づいた。これは、彼ばかりではない。彼の友人や同僚たちの多くも同様であった。実際に、医学界はウォール街に侵され、医師たちが次々に資金運用者の有料情報源としてハイファイナンスの網の目にからめとられていったのである。二〇〇五年、ジャーナル・オブ・ザ・アメリカン・メディカル・アソシエーションは、全米の医師のおよそ一〇％がウォール街の投資家たちから資金を得ており、一九九六年からすると七五〇％の増大になるとの調査結果を公表した。おそらく非公式の数字はもっと大きなものであろう。記事によれば、医師たちが急激に吸い取られている様子は、「専門家同士の関係としては、歴史上、例のないもの」であった。

新薬の開発プロセスは、長い時間と費用とがかかるものである。そこで、製薬会社は新薬の開発を避け、すでに流通している薬品を売り込んだり、別の用途に用いたりしたがるのだ。彼らが、そのような費用のかかる道に乗り出す決断を下した場合、新薬がFDA（米食医薬品局）の許可を獲得し、消費者に販売されるようになる前の最終段階として、人体に対する治験を行うことになる。治験はまずフェーズⅠとして、少数の人体に投与される。薬品が安全で、少数のボランティアたちに効果があることが示されると、フェーズⅡに入り、そこでは二〇〇人程度の患者に薬品を投与することになる。この時点で、薬品が安全かつ効果があることが示されると、フェーズⅢである。ここでは、安全かつ効果があったという過去の観察結果について、二つの独立した調査が行われることになる。二〇〇四年、ギルマンは、エランからバピの安全性調査委員会の委員長に選出された。これは、調査の進捗を確認するための独立した医師たちの一団で、患者が深刻な副作用を被っていないことを確認するためのものである。

バピの治験に関係した者たちは、計画のすべての点に関する秘密保持契約に署名することを求められた。「あなたおよびあなたの部下たちは、最終的な分析や調査の結果が公表されるまでは、臨床試験ならびにＡＡＢ-００１に関するいかなることも第三者に開示してはならない」と、会社が参加者たちに与えた指示の一つにこう記されていた。「アナリスト、ヘッジファンドの従業員、投資家、新聞記者、またはほかの製薬会社の代表者が、治験に関する情報や、臨床試験の結果に対するあなたの意見を求めて接触してくるかもしれない」ともある。「非公開情報に基づいて、エランまたはワイスの株式を取引することは、連邦の証券取引法によって、民事または刑事罰の対象となる可能性があります」

当初、ギルマンはこの規則に従うべく最善を尽くした。彼は、自身の信用問題にかかわることを知っていたのである。

治験が始まるやいなや、バピの安全性調査委員会は、深刻な副作用に関するリポートを受け取ることになる。脳浮腫と呼ばれるもので、脳の後部が腫れ、通常の脳スキャンでも確認できるようになる。ギルマンは心配になった。ＡＮ－１７９２と呼ばれるアルツハイマー病の先行薬の治験でも脳の腫れを確認していた。そのときは、患者たちに深刻な脳炎の症状が診られ、薬品が有害である可能性が示されたため、二〇〇二年、製薬会社は治験を取り止めざるを得なくなったのだ。今回は、状況が異なるように思われた。研究者たちは、アルツハイマー病の原因は、脳に「タンパク質の沈着」または「ベータアミロイド」と呼ばれる斑が蓄積することで、神経細胞間の情報伝達を阻害することにあると考えていた。バピはその斑を標的とするよう設

計されていたのだ。ギルマンは、患者の脳の腫れはバピが実際に効果をもたらしている証拠であり、患者の血管に入り込み、斑を消し去っているのだとの期待を抱いた。

その後数カ月にわたり、ギルマンとマートマは、バピについて電話で頻繁に話し合った。時には数時間に及ぶこともあった。医学会で落ち合ってコーヒーをともにすることもあったが、そのときマートマはたいていローズマリーと子供たちも連れてくるのだ。ローズマリーは引き続き彼の仕事に深く関与していた。「マシューは一人であの仕事をしていたのではない。三六五日、がむしゃらに働いたのだ」と彼女は後に語っている。二人は、彼の調査結果や投資アイデアについて長いこと議論し、それぞれにどれだけの資金を投じるべきか討論を戦わせたのだ。家事と育児は彼女が全面的に責任を持ったので、彼は集中して仕事に向かうことができた。バピの話題は、家庭でのジョークに使われるほどだったのだ。彼女とマートマは、会話のなかに新しい感嘆詞をちりばめたのである。「バプソルートリー（Bapsolutely）」と。

ギルマンは、何十人ものヘッジファンドのトレーダーと会話をしたが、コンサルティングの顧客としてはマートマが一番であった。マートマは彼を信頼し、妻との関係や子を持つ苦労などを詳しく語り合ったのである。ギルマンは当初、友人になろうとするマートマの行動を不適切だとして退けていたが、本人も分からぬ間に本気で彼の幸福を考えるようになったのだ。ギルマンは、彼に成功してほしかったし、その成功に投資しているようにも感じていた。実際に、ギルマンはマートマに最初の息子ジェフの姿を見ていたのである。そして、マートマはギルマンを父親のように扱った。関係があまりに密になったことで、ギルマンは、マートマが厳しく禁止されている話題にまで入り込み始めていることに気づかなかった。マートマは、徐々により直接的な質問をするようになる。彼は、ギルマンがバピを摂取した患者たちに見た副作用に特に注目しているようで、それが分かれば薬に問題があるかどうかも分かるのである。「どんな副作用があると思いますか」とマートマは質問を続けるのだ。彼は徹底的な調査によって、血管原性浮腫または脳浮腫の可能性があることを知っていたので、ギルマンにそのことを問い詰めたのだ。そのような副作用があると、薬品の認可がダメになる可能性があった。

ある日、マートマがしつこく質問するので、ギルマンも不快になった。彼は、理論的な言葉で答え、回答を曖昧にし、実際に起こっていることには触れないようにした。「例えばですがね、尋常性狼瘡、リウマチ性関節炎のような多くの抗体がある病気では、痛みを感じたり、頭痛がしたり、背中が痛んだり、関節が痛んだりしますよね」

「ええ、興味深いですね」とマートマは答える。彼はしばらく口を閉ざし、話題を再びバピの治験に戻そうとする。「それで、実際に何があったんですか」

マートマが共有することを禁じられている情報を求めていることをギルマンも分かっていた。

「それは教えられないよ」と彼は言う。

マートマもあきらめない。バピで何があったのかを執拗に尋ねる。

「多重の抗体があると、主に関節に不特定の影響が見られるもので、腰が痛んだり、頭痛がしたり、関節が痛んだりと、さまざまな種類のリウマチ性の結果が出るものだ」とギルマンは説明する。

「それが起きたんですか」とマートマは尋ねる。

「あぁ、そうだ」。ギルマン博士はついにしゃべってしまった。彼は吐き気をもよおした。安全性調査委員会は、患者に血管原性浮腫が診られたことを示す複数のリポートを受けている。それは極秘であったが、マートマはどうやらそれを知っていたようで、その確認を求め、そしてギルマンがそれに答えたのだ。臨床医たちは、副作用が害の可能性を示すのか、それともバピの効果を示すものなのか、それともそのどちらもなのかと議論を続けていた。ギルマンはそれを知っていたが、彼は一線を超えて、マートマに教えてしまった。彼は、ノーと言えなかったのだ。

彼は、定期的にマートマとバピ研究の秘密情報を共有するようになる。彼は、どうして脳浮腫が薬が効いていることの証左たり得るのか、投薬が患者に与える影響にはどれほどの違いが生まれるものなのか、アルツハイマー病に関係する特定の遺伝子を持つ者がどのような反応を示すのか。マートマはそのすべてを聞き取り、さらに先を促した。彼は、副作用を示した患者の数に特に興味を示した。詳しければ詳しいほど良いのである。ギルマンは、自分が与えた情報をもとにマートマが何をしようとしているのか、考えないようにした。

騒々しい議論はＳＡＣのトレーディングフロアではよくあることだ。コーエンは、異なった意見を持つアナリストやファンドマネジャーたちを対峙させ、彼らが自身の意見をどのように擁護するかを喜んで眺めていた。そのような環境でさえ、エランとワイスのトレードは物議を醸していた。マートマは比較的立場が低かったが、彼は両社の株式で大きなポジションを構築するようコーエンを説得していた。社内のトレーダーのほとんどはその理由に困惑していた。人々は疑問を呈するようになる。

ジェイソン・カープ率いる、もう一つのヘルスケア担当のトレーディングチームでも、バピの治験について検討を始め、彼らは異なる結論に達していた。彼らは、新薬は失敗すると考えていたのである。カープは仕事の一部として、社内のほかのアナリストたちに、さまざまな銘柄の価値を見積もるためのモデルの構築の仕方を教えていた。彼は三〇代前半にすぎなかったが、同僚からも人気があり、自らを指導者だと考えていた。彼は助言を与えることが大好きだったのだ。またその一方で、彼は社内政治を生き抜く術も知っていた。

カープと、アナリストである二人の部下のデビッド・ムンノとベンジャミン・スレートは三年連続で大きな収益を上げており、社内でも最高のヘルスケアチームと目されていた。彼らはみなマートマを嫌っていた。三人とも、ワイス株がＳＡＣの口座に組み込まれたのを知って驚き、あちこち聞いて回った。

「どうして、ワイスに何十億ドルもの投資をするんですか」とカープはコーエンに尋ねる。

「そりゃ、ウェインのポジションだろ」とコーエンは答える。これで、話は終わりだ。SACのトレーディングフロアで畏敬の対象となった名前だ。ウェイン・ホールマンはSACの元ファンドマネジャーで、エール大学とニューヨーク大学の医学部を卒業し、SACに勤めるまでは、メリルリンチで製薬業界のアナリストとして働いていた。コーエンは多額の報酬をもって彼を説得するまで、何度となく彼を採用しようと試みたが、ひとたびSACに参加すると、彼はほかのだれよりも多くのお金を稼ぐようになった。マートマは、ホールマンを「ヘルスケアの神」と呼んでいた。

二〇〇六年にホールマンがSACを去って、リッジバック・キャピタル・マネジメントという自身のヘッジファンドを立ち上げるとき、コーエンは八億ドルを投じたが、その条件はほかの元トレーダーたちによる新しいベンチャー企業に通常提示するものよりもはるかに緩いものであった。コーエンは、ホールマンからの情報なくしてヘルスケア銘柄に投資をすることには暗い見通ししか持てなかったので、引き続き助言をしてくれるようホールマンに頼んだのだ。ホールマンはコンサルティング契約に署名し、もはやSACで働いていなくとも、ワイスについてコーエンと喜んで話をすることを成文化したのだ。その見返りに、SACはその投資から獲得するリターンの二〇～三〇％を「助言料」としてホールマンに支払うことに同意した。これまでコーエンがこの手の取引を持ちかけることはなかったが、ホールマンはそれに値する人物だったのだ。

ホールマンは、バピに賭けるのであれば、エランよりも規模も大きく、製品数も多いワイスに投資したほうがより合理的だと考えていた。なぜなら、もしバピが失敗に終わった場合、ワイスのほうが被る被害は小さいと思われるからである。一方で、エランはアルツハイマーの薬品開発にその将来がかかっている。同社が開発している薬品で唯一可能性がありそうなのは、タイサブリと呼ばれる多発性硬化症の治療薬だけである。しかし、タイサブリには問題があることがすでに分かっており、脳の感染症を起こした患者がいたのである。もしバピが失敗に終われば、エラン株は暴落するとホールマンは予測していた。それゆえ、むき出しの危険な投資となるのだ。ホールマンはヘルスケアの神であったけれども、エランに関して言えば、コーエンは彼を無視したようで、マートマこそが信頼できるとみんなに語っていた。マートマは、コーエンの口座にあるポジションに「タグ付け」されたわけで、エランへの投資に関しては責任を持ち、もし利益が獲得できればそれを分け与えられるということだ。彼は、ワイスについてもタグ付けされていた。

ムンノとスレートは、どうしてコーエンが二つの不安定な製薬会社にそれほど大きなリスクをとるのか理解できなかった。ＳＡＣはいつも攻撃的な投資を行っていたが、コーエンは自身のリスク管理能力を誇りとしていた。トレードで稼ぎ出すお金が損失の可能性を補い得るかどうかを注意深く評価することが、ヘッジファンドの生き死を決するのである。たった一つの試薬の結果がその年のファンドの収益すべてを吹き飛ばしかねないほど大きな賭けに出るのは堅実とは言えない。ムンノとスレートは何度もマートマに働き掛け、二つの銘柄とパピの治験についての彼の見通しを率直に語りあおうと持ちかけた。

「メモを共有しよう」とムンノが言う。

「いいですよ」。SACはエランには投資すべきではないと考えていたムンノを激高させるようなマートマの返事だった。

まず、ムンノとスレートは彼が行ったであろう調査の手順をさかのぼることで、マートマの自信がどこから来るのかを探ろうとした。ムンノは神経科学で博士号を持っているので、彼らの専門性をもってすれば、マートマが結論を導き出すにあたり行ったことはすべて再現することができるのだ。それに、彼らは時間の経過とともにマートマは間違っていると確信していた。唯一説明がつくとすれば、何かいかがわしいことが起きている、ということである。彼らは自分たちの懸念をカープに伝えた。

「彼がやっていることが理解できますか」と彼らは尋ねたのである。

カープも本気で心配し始めた。彼にしてみれば、ムンノとスレートは社内でもっとも優秀なヘルスケア部門のアナリストなのだ。自社のポジションが壊滅的なほどのリスクを抱えていると彼らが考えているならば、彼としては会社を守らなければならない。結局のところ、自分のボーナスにも響いてくるのだ。マートマについて話をしようとコーエンに接触したが、無駄だった。

「奴の好きなようにさせろ。話をするなよ。奴はお前の従業員じゃないんだ。深掘りするんじゃない」とコーエンは言ったのだ。

「彼らは何かを知っていると思いますか。それとも強い思いがあるのでしょうか」。ムンノは、マートマとホールマンに関して尋ねたのだ。

「確たるものをね。マットが一番深くかかわってるよ」とコーエンは答えた。

数日後、スレートが再度コーエンに同じことを尋ねた。「マットはこの分野で優れた人脈をたくさん持っているよ」とコーエンはあいまいに答え、彼を追い払った。コーエンは、彼らの消極性を「パレードでションベン漏らした」として、ムンノとスレートを非難した。

過度に攻撃的なヘッジファンドのマネジャーがたくさんいるなかで、株式投資で成功することは、ポーカーで勝つことよりも難しいものとなっていた。ほかのプレーヤーがどのカードを持っているかを知っておかなければならないだけでなく、彼らが自分のカードが何であると思っているかも知っておかなければならないのだ。企業が前向きなニュースを発表しているのに、トレーダーたちがすでにそれを予測していたために、株価が下落することもある。ほかの人々が予測していることを推測することが、企業の製品を理解すること同様に重要なこととなっていた。それを踏まえたうえで、ムンノは、薬品の治験に賭けているすべての投資家にとって前向きな結果だと思われるには、バピがどれだけ優れた結果を残さなければならないかを把握しようとし始める。

ムンノとスレートとカープは繰り返しコーエンに食い下がった。「マートマはどのような結果が出るか分かると思っているのですか、それとも彼は結果を知っているのですか」。コーエンは答えようとしなかった。

SACは世界で最強のヘッジファンドの一つであり、同社のもっとも優秀な従業員たちは、子供のように言い争いをしたり、だれかに隠れて悪だくみをするといった振る舞いは差し控えている。

マートマは体裁を保ち続けていたが、少しずつ不安を感じるようになっていた。彼は、ムンノが彼を裏切り、コーエンに疑念をまき散らすことで自分のキャリアを台無しにしようとしていると思い始めていた。彼は、ギルマンから得た情報を、治験に取り組んでいる別の医師に再確認するようにした。彼はこの医師を、別の専門家ネットワーク会社であるウォールストリート・アクセスで見つけたのである。その後、四月になると、マートマはもっとも貴重な人脈であるギルマンに、ムンノとスレートと話をして、彼らを少しおとなしくしてほしいと頼んだ。

SACのオフィスでは討論が続いていたが、コーエンが自らのポジションを変更することはなかった。ついにコーエンは、ムンノとスレートにこれを最後に引き下がれと言い放った。彼は、もうエランに関して彼らの話を聞きたくなかったのだ。

より若いトレーダーたちの指導者としての役割の一つとして、ジェイソン・カープは、すべてのアナリストに提供する情報を分類するシステムを構築し、安全なものと、違法である可能性があるものとを理解する仕組みを作った。

だれの目にも明らかで、調査リポートや公文書などでだれもが容易に入手できる情報として「ホワイトエッジ」がある。これは、率直に言えば、ほとんど価値のない情報であるが、だれも面倒なことに巻き込まれることはない。

次に、「グレーエッジ」があるが、これが難物である。熱心に仕事に励むアナリストであれば、常にこの手の情報に出くわすことになる。例えば、とある企業のインベスターリレーションの担当者が「えぇ、事態はわれわれが想定していたよりも低調ですね」といったことを口にするかもしれない。これは重大な非公開情報であろうか。その判断を確実にする唯一の方法は、二〇〇〇年からコーエンと仕事をしているSACの法律顧問であるピーター・ヌスバウムに確認することだ。ヌスバウムは目立たない人物だが、彼のオフィスの外壁には海から飛び出す鮫の絵が描かれている。とある従業員によれば、威圧する姿を示そうとしたものだという。

特定の情報がSACを面倒なことに巻き込みかねないとヌスバウムが判断したら、その銘柄は禁止リストに挙げられ、トレードできなくなる。したがって、トレーダーたちが彼に相談するのは、よほどの場合に限られることになる。ヌスバウムは、会社の内務大臣に等しい存在だ。

カープが第三の分類とした情報が「ブラックエッジ」で、明らかに違法な情報である。トレーダーがこの手の情報を入手した場合、当該銘柄は即座に、少なくとも理論的には取引停止となる。職務を遂行していく過程で、アナリストたちはどうしてもこの手の情報に触れることになる。例えば、企業の公表前の業績や、企業が大きな投資を行おうとしているという情報のことだが、トレーダーがやり取りしている情報の大半はグレーである。カープは、色による表現を用いれば、彼のもとで働く社員たちにも有用であろうと考えた。そうすれば、彼らは自分たちがしていることをより率直に話すことができる。「不正を行えば、刑務所にぶち込まれ、人生が台無しになるぞ。それだけの価値があるトレードなどありはしない」とカープは彼らに語ったのだ。

もちろん、現実には、彼らはみなゲームをしているのであり、困難に巻き込まれることなく、もっとも価値のある情報を入手しようと躍起になっている。エッジは海のようなもので、彼らはそのなかを泳いでいるのだ。そして、コーエンは、もっとも強い覚悟を持った泳ぎ手を雇っていることを誇りとしていた。

カープにしてみれば、マートマは情報の質と適法性を評価するというシンプルなルールを無視している。マートマもまただまされているのではないかとカープは考えるようになった。カープは、自信のあるふりをしたファンドマネジャーがコーエンに大きなポジションを構築させようとしたことをかつて目にしたことがある。それは、うまくいけば巨額のボーナスを手にすることができるギャンブルみたいなものだ。それとも、何か違法なことが進行しているのかもしれない。

ムンノもまた、コーエンが自分ではなくマートマの言うことを聞いている事実に不平を述べるべく、同僚にイライラとメールを打っているときに、同様の疑念を持った。「俺たちは最初からコケにされてるよ。どう考えてもバカバカしいね」と彼はスレートへのメールに書いた。マートマが人々に自らもつ「ブラックエッジ」を語っているのであれば、自分たちに勝ち目はない、とムンノは言っているのだ。

第7章 伝説となりしこと

金融危機が深刻さを増すその春を通じて、ＳＡＣのトレーダーたちが資金を失わないよう奮闘する一方で、政府によるインサイダー取引の捜査はついに勢いを増してきた。二〇〇八年初頭、政府による緊急の救済措置として、ベア・スターンズはＪ・Ｐ・モルガン・チェースに買収された。それ以来、投資家たちはこれまでにない環境に身を置いていることを知ることになる。何をしてもうまくいかないように思われた。トレーダーたちが価値ある情報を収集することができたとしても、トレードには何の役にも立たないことが分かる。企業が予想を上回る業績を発表しても、その株価は急落するのだ。市場は一方向に向かっていた。下落、である。

市況が悪化するなか、ラジ・ラジャラトナムの携帯電話を盗聴する申請がＢ・Ｊ・カンの署名入りの宣誓供述書とともに、秘密裏に連邦裁判所に提出された。政府による民間人の電話盗聴を許可するのは、裁判所にしても軽い話ではない。申請はまずワシントンＤＣの司法省で審理され、その後、犯罪が行われているとされる地域を担当する裁判所に回される。申請が認められるためには、ＦＢＩ（米連邦捜査局）は、自分たちが盗聴しようとしている特定の電話回線上で犯罪が行われている証拠を提出し、資料の検閲や協力者の発見など、その他の捜査方法がもはやない、または機能しそうにないことを示さなければならない。彼らは、「タイトルⅢ」と呼ばれる盗聴こそが、政府が犯罪活動に歯止めをかける唯一の方法であることを示さなければならないのだ。

二〇〇八年三月七日、ＳＥＣ（米証券取引委員会）とＦＢＩによる一二カ月に及ぶ捜査のあと、ジェラルド・リンチ裁判官は、ニューヨーク南部地検の検察官に三〇日間ラジャラトナムの盗聴を行うことを許可した。ＦＢＩがウォール街のプロたちの仕事を盗聴するのは、これが初めてといってよい。

一方、コーエンは経済についてますます悲観的になり、従業員たちに市場の暴落が近いことを警告していた。「石油相場が劇的に下落でもしないかぎり、市場が現在の水準を維持できるとは思えない。戻ったところを売るつもりだ」と全社宛てのメールに記したのだ。

不思議なことに、この悲観主義もＳＡＣが持つエランおよびワイスの巨額の、ヘッジされていないポジションには反映されず、ポジションがあまりに大きいので、社内のリスク管理基準に抵触するほどであった。それどころか、パピに関するマートマの見解へのコーエンの信頼度は、二〇〇八年六月四日にグリニッジにあるコーエンの邸宅で、エランのＣＥＯ（最高経営責任者）であり、メリルリンチの元インベストメントバンカーであったケリー・マーティンと私的な夕食をともにしたことで強化された。ほとんどの投資家は、何十億ドル規模の会社のCEOと夕食はもちろんのこと、私的な会話をする機会など得られようもないが、コーエンはほかの投資家とは違うのである。彼が望むなら、その会社を買収することもできたであろうし、ほとんどのCEOはコーエンが望むのであれば、喜んで個人の時間を割くのである。

マートマは、デビッド・ムンノとベン・スレートが売却するように引き続きコーエンを説得していたとしても、マーティンに会えば、自分の上司も投資に自信を持つであろうと期待したのだ。エランは過去に不正会計の問題を抱えていたが、直接会って話をすれば、安心して大量の株式を保有することができるであろう。コーエンもそれに同意したのだ。彼は人物を見極める力には自信があったし、マーティンにも少し興味があった。彼を見定めようとしたのだ。

マートマとコーエンは、治験の現状に関する手がかりを得るべく、前もって最良の戦略を練っていた。マートマは、入念に練られた質問のリストを作り上げた。さらに、マーティンの口をついて出ることばかりでなく、彼のボディランゲージにも細心の注意を払うつもりだ。言葉以外にも現状に関する手がかりがあるかもしれないのだ。「最近は、AAB－001を一段と強調されるようにお見受けしますが、AABのフェーズⅡの成功は、この分野で御社が先行ないし独占するためにはどれほど重要だとお考えですか」と、マートマはまずこう切り出そうと考えていたのだ。

食事の間、コーエンはマーティンが話をするのを眺めていた。マーティンは控えめというよりも、ほとんど伏し目がちで、集中力も活力もなく、世界の重大な医療問題の一つを解決しようとする企業を率いている人物とは思えない印象だった。コーエンの直観は、バピはうまくいっていない、と言っていた。

マーティンが辞したあと、コーエンはマートマに向かって言った。「アルツハイマー病を解決する男とは思えないな」

二週間後、前向きなニュースがあった。二〇〇八年六月七日、エランとワイスは治験のフェーズⅡにおいて「前向きな試験結果」を得たと発表した。これは現状を示唆するものにすぎなかったが、有望である。両社とも、フェーズⅢに移行することを公式に認めたのだ。マートマは有頂天になった。彼は、市場が開く前にコーエンにeメールを送っている。

「ヤッホー、よくやった」とコーエンは返事をよこした。

社内でもっとも声高にエランに反対していたムンノは不満であった。彼はいまだにエランはその価値以上のリスクを抱えていると考えていた。彼が再びコーエンに詰め寄ると、コーエンはほくそ笑んだ。

「さぁ、第二ラウンドだな。ちなみに、一ラウンドはマートマの勝ちだ」とコーエンは言う。

市場が開くと、両社の株価は数ドル跳ね上がった。コーエンとマートマは、それぞれ数十万株を買い足した。その月末までに、CRイントリンシックはエランに二億三三〇〇万ドル、ワイスに八〇〇〇万ドルのポジションを構築していた。コーエンも自分のポートフォリオで大きなポジションを構築し、二つの銘柄に四億ドルを投じていた。合計すれば、七億ドル以上になる。

ムンノとスレートの上司であるジェイソン・カープは、二人が長い時間を無駄にしてマートマと張りあっていることに腹を立てており、二人を叱りつけた。「彼は優秀で、お前たちがバカだと思われるぞ。今やお前たちが彼を懲らしめようと時間を無駄にしてばかりいるから私までバカだと思われてる。もう放っておけ」

一方、マートマはさらに買い増していた。ポジションが膨れ上がると、毎日「スティーブ・カム」を通じてコーエンが話している会話のほとんどを耳にしている彼の個人秘書は、自分個人の取引口座を開く許可をＳＡＣの経営陣に求めた。彼女が買いたかった銘柄はたった二つ、エランとワイスである。


二つの製薬会社は、二〇〇八年七月二八日にシカゴで行われる国際アルツハイマー病協会の国際会議の場で、バピの治験の最終結果を発表する予定となっていた。近年では、もっとも注目を集めた医学研究発表の一つである。科学界の基準に照らせば、会議はきらびやかなもので、ハイアット・マコーミックプレイス・ホテルで五日間にわたり開催される。世界中の科学者や研究者に混じって、何百人ものウォール街のアナリストたちが参加を申し込んでいた。

会議の三週間前、エランは、バピ研究の最終データを発表する役に選ばれたことをシドニー・

ギルマンに通知した。これは大変名誉なことで、本来ならば跳ね上がって喜ぶような機会なのであるが、ギルマンは健康を害していた。彼は過去にリンパ腫と診断されており、化学療法治療を受けていた。「髪の毛が全部抜けてしまったよ。今の私の容姿なら、インディー・ジョーンズの映画に出てくる極悪な科学者の役も務まるだろう。ダイヤモンドのスタッドボタンを探してるんだが、それを付ければダディ・ウォーバックスのようになるだろう」と、彼はエランの医長に絶望して答えている。

製薬会社の経営陣は、禿げていようがいまいが、その任を果たすのは彼しかいないことを強調した。十分元気ではないが、ギルマンは引き受けた。その役目は秘密にされるべきだったが、彼は即座にマートマに話している。会議の基調講演者として、ギルマンはバピの治験結果のすべてに最初に触れられる人物の一人となるわけだ。エランとワイスは、情報漏れがないよう努めた。

ギルマンが世界中に薬の治験結果を発表する準備をしている間も、株式市場は下落を続けていた。七月一五日、ＳＥＣは市場を落ち着かせるために、緊急で金融株の空売りを禁じたが、その決死の試みも投資家をさらに怖がらせるだけであった。ＳＡＣのポートフォリオが毎日損を出すのを見るのは、コーエンにとってはめったにない経験であり、不愉快このうえもなかった。彼は、政府による介入などを通じて状況が鎮静化するとはまったく考えていなかった。彼は全社宛てのメールを出し、金融危機がさらに悪化することを警告していた。「来る上昇も一

〜二カ月続くのが関の山で、その後はまた弱気相場になる。改めて記すが、株式指数は向こう数週間で新下値を付けるだろう」と記したのだ。

七月一五日、ギルマンはチャーター機でサンフランシスコにあるエランの医療施設に向かい、フェーズⅡの治験を観察していたチームと会談を持った。彼らのほかに、統計学者の一団が加わり、医師たちがデータを解析するのを補佐している。それは、アルツハイマー病の治療薬を求める冒険の決定的瞬間であった。このとき初めて、データが「非盲検臨床」、つまり秘密にされていたすべての要素が明らかにされた。会談を始める前に、エランのバピ研究を主導したアリソン・ヒューム博士が、これから目にするすべては極秘とされるべきであることを改めてギルマンに言って聞かせた。

データに目を通しながら、ギルマンはある種の興奮を覚えていた。一見すると、薬品は、アルツハイマー病になりやすい傾向を持つ遺伝子を持たない患者の一群にはかなりの効果があったように思われた。遺伝的な脆弱性を持つ一群にさえ、良好な傾向を示している。彼は、それが意味することに心躍らせざるを得なかった。

しかし、データをより詳細に見ていくと、問題が浮かび上がってきた。用量反応を欠いているのだ。つまり、投与する薬品の量を増やしても、病状には変化がない。ギルマンはこの現象を、頭痛に襲われた者が薬箱に手を伸ばしていることに例えて説明しようとした。彼は「頭痛がしても、アスピリンを一錠飲めば、少し楽になる。アスピリンを二錠飲めば、さらに楽になる。三錠飲めば、もっと楽になる」と述べる。しかし、バピの結果にはそれを示す証拠がないのだ。用量を増やしても効果が高まらないのであれば、治療に効果がないということだ。

彼は、すでに始まっているフェーズⅢの治験を継続する価値があることを示す、もっと前向きな点に焦点を当てようとした。バピは、患者に投与しても安全なようである。これは重要なことだ。少々の副作用がいくつか見られたが、大きなものは一つだけである。血管原性浮腫、つまり脳浮腫である。これは深刻な問題となる可能性もあるが、研究が示すところによると、症状が消えるまで、薬の投与量を減らすことで医師が管理することが可能なようだ。つまり、症状が治まれば、また投与を増やせばよいのである。

エランのチームと一緒に、この膨大な量のデータを、それが示す結果が分かりやすいような一二分間のパワーポイントのプレゼンテーションにまとめあげることが、ギルマンの役割である。ギルマンは翌日、東へと飛んだ。その翌日、エランのヒューム博士がプレゼンテーション資料の原稿をメールで送り、彼らは推敲にかかった。メールの件名には「ＩＣＡＤプレゼンテーション、極秘。配布不可」とあった。添付されたプレゼンテーション資料には、パスワードがかかっていた。「パスワードは別途メールにてお送り致します」とヒュームは記していた。

一時間後、もう一通のメールが届く。

「拝啓、パスワードは『ｎｕｇｇｅｔｓ』です」とあった。

その夜、家に帰ると、シドニー・ギルマンは再びプレゼンテーション資料に目を通し、表やグラフから結論を導き出そうとした。それこそが、彼が心血を注ぐ科学研究の瞬間であり、発見の喜びである。彼はこのニュースをだれかと共有したくて仕方がなかった。

そのとき、彼の電話が鳴る。マートマからだ。彼が最初に尋ねたのは、治験の結果である。「私は、これらの結果に大変興奮しているよ。ただ、ちょっとした心配がある。プラシーボ群の低下でね。線量効果がみられないのだ」と、ギルマンは答えた。バピはアルツハイマー病になりやすい遺伝的傾向を持たない患者には効果があったが、アルツハイマー病になりやすい遺伝子を持つ患者にはそれほど効果がなく、理想的とは言えないということも彼は説明した。それでも、タンパク質をもって脳に蓄積した斑を標的とするという薬品のコンセプトは機能し得ることを結果は示していた。

二人は、一時間半をかけて資料の各ページを詳細に振り返っていった。マートマは感情を一切表さずに、いくつもの質問をしていった。ギルマンは一方的に話を続ける。「これで、フェーズⅢの治験に移行することは確実だ……私は極めて前向きだよ」

そのとき、マートマが物音を立てた。話題を変えるサインである。

「シドニー、私の叔父が数カ月前に亡くなりましてね。でも忙しすぎて葬儀に参加できなかったんです。とても残念ですよ」。彼は声を落として言った。彼の叔父は、アナーバーに住んでいたので、彼の家族を訪問する予定だとマートマは言う。「土曜日に行くつもりなのですが、お時間ございますか。ちょっとお邪魔したいのですが」

ギルマンはしばらく考えた。そして、「よろしい、いらっしゃい」と答えた。彼は、ほとんど毎週土曜日、オフィスで仕事をしているのである。

二日後、ギルマンはキャンパスに向かい、ノースインガルスビルディングの隣にある駐車場に車を止めた。午前一〇時を過ぎたところで、彼はバッジをかざすと、ガレージを抜けて人気のない建物のなかに入り、オフィスに向かう。そしてすぐに仕事に取り掛かるのだ。午後二時ごろ、電話が鳴った。マートマが外に来たのだ。

「もう昼食はとったかね。どこかで、何か食べようか」と、マートマをオフィスに案内しながらギルマンは言った。

「結構です」とマートマが言う。

「それじゃ、座っておしゃべりしようか」とギルマンが尋ねる。

そして、マートマは核心を突いてきた、とギルマンは後に語っている。「私はＩＣＡＤ（国際アルツハイマー病協会国際会議）のスライドが見たいです」

ギルマンは躊躇した。そして、彼はコンピューターに向かい、最新のプレゼンテーション資料を開くと、脇へ寄った。そうすれば、マートマは自由に資料を見ることができる。ギルマンの説明に従い、マートマはグラフや画像に目を凝らす。ギルマンは、薬品の用量反応を示すページで一息ついた。

「結果をどう思われますか」とマートマが尋ねる。

いまだデータに期待を寄せ、それゆえ少しばかり自己弁護的になっているギルマンは、用量反応がないことと、プラシーボ群の症状の低下についての懸念を改めて語った。しかし、そのどちらもが、バピネオズマブの効用を否定するものではないと考えていた。「これらの懸念は相対的なものであって、絶対的なものではない。それらは、治療に効果があった、または効果がありそうだということを示す最初の結果にすぎない。少なくともフェーズⅡの治験において、ね」。神経科学について語るときはいつもそうだが、彼は明るく語った。「これらはフェーズⅢ、より大規模な治験に取り組む価値を示す結果だと考えている。私はとても興奮しているよ」

ギルマンの熱意にもかかわらず、マートマはページをめくりながら、結果は投資家の視点からすればまったくの期待外れだと考えていた。バピの効果が証明されたのは、ほんの一部の患者にすぎないのだ。つまり、治験の方法次第では不明確、なのである。確実な結果を導き出すにはさらなる治験が必要なのだ。

バピに対する期待は大きく膨らんでいた。結果は向こう九日間は公開されないが、マートマには市場がこれをどう解釈するかがはっきりと分かっていた。ニュースが出れば、エランとワイスの株式は暴落する。

資料を見終わったとき、マートマはギルマンに電話を貸してほしいと頼んだ。彼は、今朝デトロイト空港で乗ったタクシーのドライバーに電話をかけた。ドライバーは近くで待っていたのである。マートマとギルマンは外まで出て、そこで別れた。マートマは待っていた車に乗り込み、空港へ向かう。そして、午後四時のケネディ国際空港行きのデルタ航空に乗った。ギルマンはオフィスに戻り、夕方まで仕事を続けた。その夜、彼と妻は、友人のマキシンとロニーを連れて夕食に出かけた。博士は、自分がしたことをどうにか忘れようとしていたのだ。

「今日の朝、お話できる時間はありますか」。マートマはeメールの件名に「重要です」と打ち込んだ。

週末の朝というのは、だれもがコーヒーや新聞を手にダラダラと過ごす時間であるが、二〇〇八年七月二〇日日曜日の早朝、ミシガンから戻った翌朝、マートマは今までにないほどキビキビしていた。彼はすぐにでもスティーブ・コーエンと話をしなければならない。

午前九時四五分、マートマはコーエンに電話をかけた。彼らの話は二〇分に及んだ。電話を切ると、マートマは、保有するエランとワイスのすべての株式を記載したeメールを再びコーエンに送った。そのときには合計で一〇億ドル以上の価値となっていた。その後、コーエンは自分のトップトレーダーであるフィリップ・ビルハウアーにメッセージを送った。彼はできるかぎり早急にエラン株を売り始めたかったのである。そして、彼は静かに実行した。

その後、コーエンはヘルスケアの師匠であるウェイン・ホールマンにeメールを送る。「今日は早めに戻ってきた」と書いた。彼が予定よりも早く戻ってきたのは、天気が悪く、いつもどおりにヘリコプターに乗れなかったからだと説明した。そして、「ＥＬＮとＷＹＥについて話をする必要がある」と、エランとワイスを省略して表現したのだ。

翌朝、ビルハウアーはコーエンの注文を執行するために、早めに出社した。コーエンは、社内のだれの目にもつかない口座を見つけるよう指示していた。そうすれば、エランとワイスを売っていることをだれにも気づかれずに済むのだ。ポジションを解消するには珍しい方法で、ビルハウアーはＳＡＣで一二年働いていたがそのようなことを頼まれたことはなかった。しかし、だれにも気づかれず、また株価に影響を与えることなく、コーエンが大きな取引を行うのは容易ではない。

コーエンのほかのトレーダーたちと同様に、ビルハウアーも自分に直接関係のないことには口を挟むべきでないことを経験から学んでいた。この日、問題となっていた銘柄を売却するので、特に注意を引くことであろう。エランとワイスは社内でも最大のポジションとなっていたため、ＳＡＣのファンドマネジャーも外部のブローカーも気がつくであろう。ＳＡＣは四〇〇以上の証券口座を持っていたが、そのすべてがものを言い始めるのだ。

彼がオペレーションの社員に確認すると、「目立たない」売りを行うための口座を二つ確保しており、それを通じてトレードすべきだと言う。ビルハウアーはバックアップの執行トレーダーであるダグ・シフに、自分はオフィスを出るので、代わりに執行するよう伝えた。シフにはコーエンと密に連絡を取るよう念を押した。

エランの株式は三つの口座に組み込まれている。コーエン、マートマ、そしてCRイントリンシックの口座である。ビルハウアーはシフと連絡を取り続け、一日をかけてトレードを行った。市場が閉まったあと、ビルハウアーはマートマに状況を報告する。およそ一五〇万株を、平均三五ドルで売却した。

「私とあなた、スティーブ以外にはだれも知りません」とビルハウアーは記した。

翌朝、コーエンはさらに一五〇万株を売却するよう指示を出す。

「400k at 34.97 all dark pools」、午前八時五〇分、ビルハウアーはコーエンにショートメールを送る。これは、トレードがすべて匿名で行われる場外取引について語ったものだ。市場はまだ開いていなかったのである。

そして、午前九時一一分、「550k at 34.93」。彼がさらに五五万株を売却したことを示している。

それから、「660k 34.91」

「売り続けろ」とコーエンは返す。

それから九日間をかけて、コーエンのトレーダーはエラン株を一〇五〇万株売却した。もう一人のトレーダーがSACが持つワイスのポジションで同じ取引を行った。SACが売っていることを知る者は市場にはいなかった。

ポジションを解消しても、コーエンには終わりではなかった。売却が完了すると、コーエンはエラン株を四五〇万株、九億六〇〇〇万ドル相当を空売りしたのだ。彼は、一週間のうちに、銘柄への賭けを完全にひっくり返してしまったのだ。

ビルハウアーがエラン株を売り始めたのと同日、ハーベイ・ピットという名の男がスタンフォードにあるSACのオフィスにやってきた。株式市場が閉じたばかりの夕方早い時間であった。二〇〇三年にSECの委員長を辞したあと、ピットはカロラマ・パートナーズというコンサルティング会社を設立し、コンプライアンスや規制問題の専門家として民間企業にサービスを提供していたのだ。SACは社員たちにインサイダー取引について説明させるべく彼を雇った。ピットの得意分野である。フリード・フランク・ハリス・シュライバー・アンド・ジェイコブソンの企業弁護士としての経験のなかで、ピットはマイケル・ミルケンの事件でも中心的な役割を果たし、アイバン・ボウスキーの個人弁護人として、この悪名高きアービトラージャーの司法取引を主導したのだ。

ピットはコーエンのことも彼の会社のこともほとんど知らなかった。彼が知っていたのは、SACは非常に成功している巨大なヘッジファンドであること、そして、歴史が導くところでは、インサイダー取引の研修が必要である、ということだ。

ピットは、一九八〇年代や一九九〇年代のスキャンダルを経験していないウォール街の若いトレーダーたちには、何が合法で、何が非合法なのかを常日ごろから指導しておかなければならないことに気づいていた。さもなければ、過去は繰り返されるばかりである。彼は、これまでに何度も行ってきた話をするつもりでいた。証券取引法の現状と重大な非公開情報の定義を見直し、トラブルに巻き込まれないための常識的な戦略を指導するのだ。ＳＡＣの経営幹部は、例外なく社内の全員を参加させると明言した。ＳＡＣのコンプライアンスオフィサーの一人は、トレーダーたちをあたかもカフェテリアにでも連れていくようにして引っぱり出してきた。

ピットが満員の部屋に入ると、ＳＡＣのサテライトオフィスで放映するためのカメラが準備されていた。彼は、威厳を持たせるように低く、重々しい声で話をした。話を始め、部屋を見わたすと、コーエンがいないことに気づいた。ピットはまず会場にいるトレーダーとファンドマネジャーたちに、インサイダー取引はアメリカのすべての州で違法であり、またＳＡＣが事業を営むすべての国でも同様であることを話して聞かせる。「インサイダー取引は監督官庁でも注目しています」と言うと、ヘッジファンドに対して行われたインサイダー取引の捜査は前年だけでも一〇〇件を超すと説明した。

法律を犯したと非難されたトレーダーはこのうえない悪役であるから、メディアも喜んでその話題を報道しようとする、とピットは指摘した。「メディアに取り上げられたり、監督官庁の目に留まるのが嫌なのであれば、ｅメールやその他の電子通信を用いるべきでないし、いかなるボイスメールのメッセージも残してはならない」と警告した。ピットは、コーエンがまったく参加しないことを不思議に思った。通常、ピットの講演では、企業のトップは最前列に座っているものなのだ。「とにかくやり終えたがね、普通は全員参加する。ＣＥＯは特にね。彼らは話をしたがるからな」とピットは後に語っている。

しかし、コーエンが不在であってもピットはかまわず話を進めた。「トレードを行う前に立ち止まって、考えてください。そのトレードができすぎた話なら、おそらくはインサイダー取引に該当するでしょう」とトレーダーたちに語り掛ける。

ＳＥＣの元委員長が、無意識に機密情報を漏らす可能性があるとして外部の専門家ネットワークのコンサルタントを利用する危険性に言及したとき、ＳＡＣのオフィスではちょっとしたドラマが起こっていた。とある企業の発表が、午後五時直前に伝えられた。シリコンバレーに本拠を置くネットワーク機器メーカーであるブロケード・コミュニケーション・システムズが、プロバイダーが利用するスイッチやルーターを製造していたファウンドリーネットワークスを買収することを明らかにしたのだ。ＳＡＣのＣＲイントリンシック部門はファウンドリー株を一二万株保有していたが、これはジョン・ホルバートとジェシー・トートラの情報共有を目的とした「ファイトクラブ」のメンバーであるアナリストのロン・デニスが推奨した投資である。デニスは、三日前にカリフォルニアのヘッジファンドで働く友人からファウンドリーの買収について聞かされていたのであるが、この友人はファウンドリーの最高情報責任者から教えられていたのだ。

「情報が『非公開』というのはどのようなときか」と、ピットがＳＡＣの社員に示したスライドに記されていた。「それは広く公表されていない、または機密を保たれるという前提で開示された場合です」。いまだ公表されていない買収話は、ピットの定義に従っても、ほかのだれの定義に従っても、明らかにインサイダー情報である。内報を得たデニスは、SACのファンドマネジャーに取引が迫っていることを伝え、大量の株式を取得させたのだ。買収が発表され、ファウンドリー株が三二％上昇すると、SACは五五万ドルを稼ぎだした（デニスは、二〇一四年にインサイダー取引についてSECと和解し、証券業界からの追放と二〇万ドルの罰金の支払いに同意した。しかし、申し立てに対し肯定も否定もしていない）。

講演を終えたあと、彼はウォール街最強のトレーダーがSECの元委員長に会いたがっていると告げられ、コーエンのオフィスに案内された。二人は握手を交わす。

「お越しいただきありがとうございます」とコーエンが言う。するとコーエンはトレーディングデスクに向き直り、ピットは送り出されてしまった。

七月二八日の午後、ジョエル・ロスはシカゴの中心地にあるハイアット・マコーミックパレス・ホテルのロビーをぶらついていた。ミシガン湖を見下ろす巨大でシンプルな建物は、大きな業界の集まりでは人気の会場であり、その日、ホテルは科学者たちであふれていた。その日は国際アルツハイマー病協会国際会議の初日で、バピの結果に関するギルマンのプレゼンテーションは翌日の午後に控えていた。ロスはニュージャージーで開業する老年病学者で、治験に登録されている二五人の患者の治療を行っていた。彼は生来の目立ちたがりで、濃い口髭に、ど派手なネクタイをしていた。

　パピの研究に参加したすべての医師がその夜、ホテルの小さな会議室での私的な夕食会に招かれ、その場でもてなしを受けながら、フェーズⅡの結果を先んじて知らされるのである。ロスは着席し、部屋にいる全員に配られた秘密保持の確認書類に署名する。エランのアリソン・ヒュームが演壇に立ち、パピがどのように機能するのか、そして研究の成果として何を望むのかを説明する。彼女は、治験の目的と参加している患者の人口特性を繰り返し説明していた。そして、ロスが待ちに待ったスライドが出てきた。「有効性の事後分析」

　彼は、スクリーンに映し出された数字を見てガッカリした。用量反応がないのだ。ロスは、ハーバード大学医学部の著名なアルツハイマー病研究者である一人の医師に顔を向けた。「失礼ですが、私は統計に疎いのですが、これはどういう結論になるのでしょうか。薬品は失敗ということでしょうか、効果がないということでしょうか」と尋ねる。

　その医師は重々しくうなずいた。「薬に効果がない、失敗ということですね」と彼女は答える。

　ロスはホテルのロビーに飛び出していった。彼は、会議に参加するマシュー・マートマと会う約束をあらかじめしていたのである。マートマは治験が行われている間に彼に接触し、二人はロスが登録している専門家ネットワークを通じて、コンサルティングの場を持ったのである。

　マートマは、ホテルの吹き抜けを見わたせるガラスの壁の前で待っていた。「いかがでしたか」と彼は尋ねる。

「結果は、ネガティブ、だよ。薬はその効果を証明できていない」とロスは答えた。バピ研究に投じられた何十億ドルもの資金や、期待を込めて治験に参加したたくさんの患者やその家族、そのすべての努力が無駄になったのだ。彼はまた個人的にも落胆していた。彼は、自分の患者にも薬品の恩恵を受けていた者がいたし、彼らは引き続き薬を摂取することができると期待していたのだ。否定的な結果ではあったが、彼は薬を投与している自分の患者には回復を示す者もあることから、バピが有効である可能性はまだ捨てきれないとマートマに語った。

「統計的証拠が反対のことを示しているのに、どうしてそう言えるのか私には分かりませんね」とマートマは言った。彼は、結果が統計的に有意かどうかを示す数値であるp値や、研究者たちへのプレゼンテーション資料に記載されていたその他たくさんの数値について言及した。結果はまだ公表されていないのに、である。

ロスはびっくりした。どうしてマートマはそれら詳細な数値を知り得たのか。マートマはまるで、彼が今見てきたプレゼンテーションを見たかのようである。しかし、それがあり得ないことも彼は分かっていた。

「線量効果についてはどうですか。線量効果を見ても前向きですか」とマートマが尋ねる。

「線量効果は気にしていないよ。僕は自分の患者のことは分かっている」と答えるロスの声はイライラしているようだった。彼はふと、アルツハイマー病に苦しむ人々とは無関係な人物とかかわっていることを不思議に思った。マートマは、病棟で悲惨な死を遂げるすべての老人の心配をしているわけではないだろう。彼らはバピが有効であってもらわなければならないのだ。ロスはさよならを言い、ホテルの部屋へと戻っていった。

次の日の午後、ホテルの宴会場は公式のプレゼンテーションに向けて満席となっていた。一七〇〇席すべての椅子が埋まり、それ以外の人々は通路や後ろの壁に沿って立っていたほどである。医薬の偉大なる躍進があるのか、ないのか。

ギルマンは気分が良くなかった。彼はその週、一連の化学療法を受けており、疲れ果てていたのだ。彼はステージに近寄り、眼鏡を調整すると、演台を両手でつかんだ。部屋が静まりかえる。そして、ギルマンは二二ページに及ぶスライドの一枚目について話を始める。彼のプレゼンテーションのタイトルには「アルツハイマー病に対する受動免疫療法の有望な臨床データ」とある。彼は、フェーズⅡの目的と計画について説明する。そして、薬品の安全面の特徴に話を移す。

彼が、患者の認知能力の改善と服用量にはほとんど関係がないことを示す青や緑のグラフを示しながら、薬品の効用分析に関する六枚のスライドを繰り返し説明すると、聴衆席では電話の交換台のようにパチパチと音が鳴り始めた。ウォール街のアナリストたちがせわしなくブラックベリーを打ち込み、株式市場はすでに閉まっているにもかかわらず、エランとワイスを売るよう自社のファンドにメッセージを送っているのだ。

「あえぐような騒音を覚えている」と聴衆席にいた一人のアナリストが言う。彼は独自の厳戒警報を打ち込んでいた。

プレゼンテーションが終わるやいなや、マートマの部下でSACのアナリストであるカティ・リンドンは席から立ち上がり、ホテルの自室に急いで戻った。彼女はその日、マートマには一度も会っていなかった。二人がこの手の業界イベントに参加するときは、通常、別々のスケジュールで動き、できるかぎり多くのプレゼンテーションに参加し、あとでメモを共有するのだ。彼女は、自分たちのポートフォリオがどのようになっているか心配し、ポートフォリオの状況を観察できるSACの内部システムであるパノラマにログインした。翌日市場が開けば、エランとワイスは投げ売りされると彼女は確信していた。問題は、どれだけ下落するか、だけである。パノラマを見ると、彼女はしばらく息をのんだ。これまでに見たこともないほどの速さで、さまざまなポートフォリオから、資金が出入りしているのである。彼女には何が起きているか分からなかった。

真夜中を過ぎたころ、マートマが彼女にeメールを送った。「データの印象はどうだい。夕食は楽しかったかね」と彼は記した。

「データに問題はないと思いますが、想像どおり芳しくないですね。ただ、大騒ぎして空売りするほどでもないと思うのですが」と彼女は返す。彼女は自分たちのポジションがどうなっているか知りたくて仕方なかった。「昨日、WYEであなたがやったことを知っていますが、データをどのようにお考えになっているのか教えてください」と続けた。

同じ夜、ＳＡＣのオフィスでは、ティム・ジャンドビッツがデスクに座り、バピの結果を伝えるプレスリリースをブルームバーグのモニターで眺めていた。

「こりゃいかんな」そう思いながら、見出しをクリックする。

市場は閉まっているが、アフターマーケットではすでに大きく値を下げている。ジャンドビッツもパノラマを眺めていたが、だれかがＳＡＣのポジションをすでに小さくしているか、少なくとも何らかのヘッジをかけていることに期待をかけた。しかし、エランもワイスも、売りの記録がない。彼は、少なくとも一億ドルは失ったと確信した。大損害である。

同じころ、ＩＣＡＤの会議からニュースが漏れ伝わってくると、ベン・スレートとデビッド・ムンノは怒り狂ったようにジェイソン・カープにｅメールを送り始めた。「薬は失敗だ」と彼らは記したのである。

カープは気分が悪かった。

スレートとムンノも勝ち誇るほどバカではない。結局のところ、彼らが知るかぎり、ＳＡＣは壊滅的なほどの損失を被り、会社の将来が危ぶまれる可能性もあるのだ。それでも、ムンノは報われたと感じずにはいられなかった。マートマは徹頭徹尾間違っていたのだ、と。

ジャンドビッツは、週に数日はニューヨークのオフィスで仕事をすることを常としていたが、翌朝にはスタンフォードにあるＳＡＣの本社に欠かさず連絡を入れることにしていた。マートマがクビになることは確実であろう。そして、彼自身も解雇される可能性は十分にあるのだ。これほどの大損失を見たことがない。これまでかかわったことの何倍もの規模なのだ。彼はふと、これからの人生をどうしようか、これほどの損失に関連した者を雇う会社などあるのだろうかと思いを巡らせた。

デスクに座ると、改めてパノラマを確認してみた。エランもワイスも、ポジションがまったくないことになっている。しかも、市場はまだ開いていなかったのに、である。何かおかしなことが起こっていた。やっとのことでマートマが携帯に出た。「うちのエランはどうなったんだ」とジャンドビッツが尋ねる。

「もう株は持ってませんよ」とマートマは素っ気なく答えた。

ジャンドビッツは安心した。これで、職は安泰である。

株式市場の取引が始まる直前、ジャンドビッツは、五歳のころからの幼なじみで、J・P・モルガンで営業マンをしている友人からショートメールを受け取った。

「マートマがエランから降りたか教えてくれ」とその友人は書いてきた。

「詳細はともかく、水曜日と今週はわれわれには重大だったよ」とジャンドビッツは返事をする。

「素晴らしい、素晴らしい、素晴らしい、素晴らしいよ、友よ。偉大だね」と友人は返信してきた。

「伝説となりしこと」とジャンドビッツは答える。会社が保有するエラン株をすべて売り払い、さらに治験の悲惨な結果が公表される前に空売りしたことは、いつの日かウォール街の歴史でもっとも称賛されるトレードの一つとなることだろうと彼は考えていた。「ビールでも飲みながら、もう少し話そうよ」

ジャンドビッツはいまだエランとワイスの災難をどのようにして逃れたのか理解できなかった。彼は、マートマがそのアイデアに九というレートを付けてまで、両社の株式をずっと推奨していたことを思い出していた。マートマとコーエンの考えを突然変えさせるようなことが起こったのだ、それも秘密裏に。

エラン株は、ＩＣＡＤのプレゼンテーションが行われる前は三三ドルを少し下回る水準であった。バピの結果を見た科学者たちは、その意味するところで意見が分かれていた。薬にはまだ可能性があると考えていた者もいれば、データを否定的にとらえた者もいた。しかし、ウォール街の意見ははっきりしていた。その朝、エランは二一・七四ドルで寄り付き、二日のうちに一〇ドルを下回ったのだ。ワイスは若干ましだった。二つの銘柄が投資家にもたらした損失はウォール街の話題となり、トレーダーたちは、だれが倒産に追い込まれ、その反対にだれが何百万ドルも稼いだかを探し出そうとしていた。この数週間のうちに両社の株を買い、秘密の治験結果を知らずに保有し続けたものは損を出していたのだ。

市場がバピのニュースに反応しているその日、マートマはギルマンとの昼食に、シカゴにあるペニンシュラホテルのシャンハイテラスに到着した。ここは、街で一番の北京ダックを出すお店で、チャイナドレスを着たウエートレスが給仕してくれるのだ。「エラン株がどうなったか聞いていますか」と、マートマは席に着くやいなやギルマンに尋ねた。

その質問にギルマンはムッとした。「知らん、それは私には関係のないことだ」と答える。

「真っ逆さまに下落しましたよ」とマートマが彼に語りかける。実際に、三〇％以上下落したのだ。

ギルマンは驚いた。彼は、バピネオズマブにはまだ可能性があり、フェーズⅢで商業的可能性が示されるかもしれないと考えていた。「私のプレゼンで何か誤りがあったかね」

「市場は、患者の半分しか助けられないような薬では気に入らないのです」とマートマが答える。

数日後、マートマはスタンフォードのオフィスに戻ると、ジャンドビッツのオフィスに入っていった。ジャンドビッツは、エラン株の取引で、意思決定から外されたことにいまだ腹を立てていた。

マートマは、これまでのことをわびる。「スティーブが売る判断をしたことについて、あなたに言ってはならないと言ったんだ」とマートマが言う。

「なぜ」とジャンドビッツ。彼は気分を害した。彼はヘルスケアのトレーダーであり、つまるところ、数カ月をかけてポジションを構築した一人であるのだ。なぜ、突然、彼は外されたのか。

「スティーブが、私とビルハウアー以外には漏らしてはならないと言ったんだ」とマートマ。

この数カ月は自信を持って買っていたが、薬の治験について意見を変えたことを付け加え、神に感謝した。「過去数週間のメモを見直してね、もうこれ以上は無理だと感じたんだ」

ギルマンは、夏の間、ゆっくりとではあるがリンパ腫の治療で元気を取り戻した。彼はまだ全快ではなかったが、髪の毛は生え始めていた。

彼はマートマからの電話を数週間待ったが、なしのつぶて、である。彼はそのことに驚いた。自分の友人が、自分のがんのことやその他のことで、様子うかがいすらしてこないことが信じられなかった。これまでマートマは、常にギルマンと彼の健康のことを気にかけていたのだ。九月、ついにしびれを切らしたギルマンがｅメールを送る。「やぁ、マット。しばらく連絡がないが、元気かね。「市場の大混乱と、エラン株の期待外れの下落でひどく落ち込んでいないといいんだが」。努めて明るい調子の文面である。株式市場が日々下落を続け、銀行の救済や金融の混乱がニュースで報じられるのを見ていたので、ギルマンは自分の友人とその若い家族たちを心配したのだ。「ともかく、電話はいらないよ。こちらも変わりはない。ただ、君が元気にやっているか心配なだけだ。では」と付け加えた。

数カ月後、マートマはＧＬＧ（ガーゾン・レーマン・グループ）を通じて、シアトルの医学会議でギルマンと会う約束をしていたが、それもキャンセルした。彼らが再び会うことはなかった。

その夏、さらなるドラマがあった。治験の結果、エラン株が下落を続けるなか、ＳＡＣのハイテク分野のアナリストであるジョン・ホルバートは、彼と彼の上司であるマイク・スタインバーグが確実に大金を稼ぐことができるちょっとした情報を入手したのだ。ホルバートの友人で、株式情報を共有するサークルの主宰者であるジェシー・トートラが、デルの収益が予想を下回ることになると聞きつけたのだ。トートラの知人で、元同僚のサンディープ・ゴヤールの友人がデルで働いているのだ。トートラが働くヘッジファンドのダイヤモンドバック・キャピタルは、ゴヤールが社外のコンサルタントになることを禁じられていることから、ゴヤールの妻に年に七万五〇〇〇ドルを送ることでデルの情報を抜いていたのだ。株価が比較的堅調に推移している一方で、デルの粗利率が市場の期待を下回りそうなのは明白なのだ（ゴヤールの妻は不正を問われていない）。

通常、トートラはこの手の情報をまずはダイヤモンドバックの上司であるトッド・ニューマンに報告する。つまり、彼は猫のような男で、最初にボーナスを支払ってくれる人物に獲物のネズミを届けるのだ。その後、ホルバート、サム・アドンダキス、レベル・グローバルの友人、そしてメーリングリストの仲間に情報を送るのだ。八月五日、決算発表の三週間前にトートラは彼らに「デルをチェックせよ」と書き送ったのだ。「グロスマージンは、市場予想が一八・三％に対して、一七・五％だ。良くないね。まだ事前の数字だから変わるかもしれない」。これは、市場のほかの連中が期待していることを把握することが、正しい賭けを行うには重要であることを示している。粗利率が一七・五％というのは、企業の費用に比して売上高が十分にあるような印象を与えるが、株価は下落することになるだろうとホルバートは考えた。スタインバーグは、月末の決算発表に向けてデルの空売りを始めた。

ホルバートは、スタインバーグやスティーブに対して自らの価値を証明したかった。彼は、担当するコンピューター会社に関する適切な調査を行い、スプレッドシートを構築し、インベスターリレーションの社員との関係を築き、情報を引き出そうとしていた。その一方で、トートラから得た最新情報をスタインバーグに提供もしていたのだ。毎四半期の最終月、デルが決算を発表するころになると、トートラは今後公表されることになる情報の詳細を逐一、ホルバートに送ってくる。彼は、どこから情報を得ているかけっして明らかにしなかったが、社内のかなり上位の地位にある者から得ていることは明らかであった。

二〇〇八年八月一八日、ホルバートは以前から計画していたサンルーカス岬への旅に出た。彼はビーチ近くにコンドミニアムを借りていたのだ。そこにいる間も、彼はデルのポジションについて連絡を絶やさないようにした。トートラは電話をかけてきて、過去数カ月の間に話してきたことを確かにする最新情報を伝えてきた。収益は、期待を下回るどころか、悲惨なものになりそうだ。「この数字の取り扱いは、厳重にしてください」とトートラは彼に伝えた。

ホルバートはすぐにスタインバーグに電話をかけ、トートラがもたらした情報を伝える。電話を切ったあと、彼は目立たぬようにしてほしいとはっきりと伝えたかどうか急に不安になった。そこで、eメールでフォローする。「デルの件は、極秘でお願いします。というのも、JTからも取り扱いを厳重にしてほしいと頼まれておりますので」と記した。

八月二五日、決算発表の三日前までに、スタインバーグは三〇〇万ドル以上のデルの空売りポジションを構築していた。その日、ホルバートはコーエンの「steveideas」アカウントからeメールを受け取った。件名には「Cohen Sector Position Alert」とある。「コーエンの口座の、下記のポジションにつきコメントまたは最新情報を返信してください」。添付されていたグラフには、コーエンが運用するSACの口座で、デルがロング、となっていた。ホルバートは胃が締め付けられるように感じた。彼とスタインバーグはデルが下落することに賭けており、コーエンは上昇することに賭けているのだ。

「スティーブは損をするのが嫌いだった」と、後にホルバートは控えめな表現で語っている。「もし彼に損をさせたら、憎まれることになるね」

ホルバートはeメールに次のメモをつけて、スタインバーグに転送した。「スティーブがデルを買っています……」

ハンプトンにある週末用の住宅にいたスタインバーグは気が気でなかった。もしホルバートが間違っていたらどうするか。その時点までに、彼らはおよそ一〇〇〇万ドル相当を空売りしており、彼にしてみれば大きなポジションであった。空売りポジションは極めてリスクが高い。事態が予想どおりに進まなかったら、ひどいことになるのだ。「興味深いね……まだ彼には何も話してない。彼にはわれわれの見立てを伝えるつもりだが、そうすることのリスク・リワードを適切に判断しないといけない。一〇を最大として一～一〇のポイントを付けるとしたら、君はどのくらいの確信を持っているかね」

彼らはその後、二四時間をかけて、コーエンに何をどう言うかを話し合った。彼らは、ＳＡＣのファンドマネジャーで、デルを六〇〇〇万ドルほど買い持ちしていたゲイブ・プロットキンとｅメールのやり取りを繰り返し、彼が持っている情報がどれほど優れているかを把握しようとした。

ＳＡＣ内の序列で、プロットキンが上昇中であることは明らかだ。彼は、クレジットカードのデータとショッピングモールの混雑とを検証するための公式を開発し、それが消費財銘柄のトレードの役に立っていると主張していた。彼がなすことはすべてうまくいくように思われた。彼は巨額の利益を叩きだしている。コーエン同様に、彼は市場で何百万ドルものリスクをとっていても、自宅に帰って、ゆっくりと睡眠を取ることができるのだ。それゆえ、コーエンは彼の話に耳を傾けるようになってきている。プロットキンこそが、デルを買うよう最初にコーエンを口説いた人物なのである。

翌八月二六日、スタインバーグはプロットキンとホルバートにｅメールを送り、二人は相反する意見を持っているようなので、デルに関する考えを共有するよう頼んだ。「ゲイブ、この四半期は粗利率が危ないとわれわれは考えている」。午後一二時三七分、スタインバーグはこう付け加えた。株式市場の言葉で、デルの投資家たちが実際よりも良い数値を期待していると自分たちは考えている、と言う意味だ。「これについてどう思う。またほかにポイントがあるか」

「僕もそれが一番のリスクだと考えている」とプロットキンは返信する。しかし、彼は、ホルバートよりも楽観的な見方をしていたのだ。彼は、企業の粗利率に影響を与えると考えている要素を列挙する。「粗利率をどうモデリングしているんだ。あなたの考えは……」

その後、プロットキンはコーエンに電話をかけ、彼らは数分間会話している。

ホルバートは、デルの収益に関する確信度を付けることを渋っていた。しかし、午後一時九分、メキシコからもう一通のeメールを送信する。彼は、自分が得ている情報がどれだけ確実なものかを伝える必要があったのだ。

「私には、社内に手助けしてくれる人物がいます。今回は第3四半期に関するものですが、過去2四半期の情報も極めて正確なものでした」とホルバートは記した。彼はまた、自分の情報源によれば、粗利率と利益額はデルをカバーするほとんどアナリストの予測を達成することができないと考えている、と付け加えた。そして、送信ボタンを押す。

プロットキンは、数分かけてホルバートが言わんとしていることを理解した。「さて、あなたの判断材料が正しいとすれば、それは確かにネガティブだ。だが、最近はだれかが材料を持ってきても、消費財の場合は特に、最終的にはそれは外れると分かるんだ。……少し様子を見ることにしよう」

スタインバーグは、ホルバートが話した情報の取り扱いに注意するようプロットキンに求めた。「そうしよう」とプロットキンも答える。

プロットキンはホルバートの「材料」を疑わしく見ていた。それでも、彼は「転送」メールを、ＳＡＣのトレーダーで、デルについてコーエンに報告するよう指示を受けているアンソニー・バッカリーノに送信する。そして、プロットキンは自身のポートフォリオのうち三〇万株を売却した。これで、残るロングポジションは二一〇万株となったが、それでも大きなイクスポージャーである。

バッカリーノの公式な役割は「リサーチトレーダー」である。彼には、小売りならびに消費財銘柄をトレードしているすべてのファンドマネジャーが行っていることを観察し、コーエンに報告する責任がある。内々では、コーエンはバッカリーノを自分の「パイプ」と呼んでいた。コーエンは、ファンドマネジャーたちが自分を欺き、どれほどその銘柄を気に入っているかを語りながら、一方で自分のポートフォリオでは売っているなどということがあることを知っていた。そうすれば、より大きなコーエンのトレードで自分たちが邪魔されることがなくなる、というわけだ。彼は、リサーチトレーダーを五人そろえ、ＳＡＣ内でのトレードを鵜の目鷹の目で観察するよう指示していた。コーエンは、自分のポジションに向かうトレードが一株でも行われたら、即座に分かるようにしたかったのだ。「連中がやっていることを見ろ。話していることと違うぞ」と、コーエンは、折に触れバッカリーノに指導していた。

バッカリーノは「転送」メールを、イースト・ハンプトンの自宅で仕事をしていたコーエンに即座に送信する。そして、コーエンの携帯電話を鳴らした。

その電話から数分後、コーエンはデルを売り始めた。その後、二時間をかけて、彼は五〇万株すべてのポジションを売ってしまった。

ちょうど四八時間後、みんなが何カ月か語り、踊ることになる瞬間が訪れる。市場が閉まった直後の午後四時にデルが決算発表を行うのだ。業績は、トートラの予想どおりのひどさで、一七％減である。翌日、株価は二五・二一ドルから二一・七三ドルまで、一三・八％下落。ここ八年間で最大の下落である。持ち株を売却していたことで、コーエンは一五〇万ドルの損を回避したことになる。

「何から何まで素晴らしい仕事だった」と、業績をより詳細に確認したあと、スタインバーグはホルバートにそう書き送った。

ホルバートはしばらく自らの成功に酔った。彼は、いつもとは違う方法で正しいことをしたのだ。彼はトートラにメッセージを送る。「お前は素晴らしいよ、ドンピシャだな」

ホルバートはそのときは気づいていなかったが、デルの第２四半期の業績発表について、ＳＡＣで彼だけが成功したわけではなかった。情報共有グループのメンバーで、ＳＡＣの別のアナリストであるロン・デニスとトートラは八月二八日の午後に話をし、デルの利益と粗利率に関して同じ情報を共有していたのだ。一時間に及んだ会話の最中、デニスの部下であるＣＲイントリンシックのファンドマネジャーもデルの空売りを始めていた。デルの業績が発表されると、トートトラはデニスにショートメールを送った。「どういたしまして」と。

「お前は最高だ、世話になったな」とデニスが返す。彼の上司は空売りを買い戻し、八〇万ドルの利益を上げた。

だが、大きな利益をもたらす優れた情報には付き物であるが、成功の喜びはどのようにして再びそれを達成するかという不安に、あっという間にのみ込まれてしまう。インサイダー情報でうまくいくと、次の四半期も、その次も、その次も、と期待してしまうのだ。さらなるエッジを見つけなければならないというプレッシャーがどんどん大きくなるのである。それは、麻薬のようなものだ。

その夜遅く、コーエンはスタインバーグにｅメールを送った。「デルについては良い仕事だった」

「ありがとうございます。この老犬もまだ狩りができそうです」。スタインバーグはそう返信した。

パート 3

第8章 情報提供者

二〇〇九年一月の寒い夜、肩幅が広く、ひげを生やした三〇代前半の男がトライベッカにあるスポーツジムのイーキノックスを出て家路に向かっていた。彼は寒さに肩をすぼめていた。午後八時三〇分ごろのことで、ジョナサン・ホランダーは、ウエートトレーニングやサーキットトレーニングなど、九〇分に及ぶトレーニングを終えたばかりである。ひと汗かき、腹をすかせた彼は、何か食べ物を買って家に帰り、少し仕事をしようと考えていた。マレーストリートを早足に歩いていると、背後から声をかけられた。「ホランダーさん」

親しみのある声ではなかった。振り向くと、ダークカラーのコートを着た男がいた。コートのボタンは開いており、ベルトに下げた拳銃が見える。彼のすぐ後ろにもう少し大きい男もいたが、彼も同じような格好をしている。

「どちらに行かれるんですか。お話があるんですが」と二人目の男が言う。

一人目の男がホランダーの眼前にバッジを掲げる。ちゃんと字が読めるほどの近さだ。「デビッド・マコル、ＦＢＩ（米連邦捜査局）だ。インサイダー取引のことで話がある。どこかこの辺りで話ができるところはあるか」と彼は言う。

ホランダーは困惑した。血糖値が下がり、ふらふらした。鼓動が速くなるにつれ、目の前の景色が現実離れし始め、まるで夢でも見ているかのようだった。彼は、ＦＢＩ捜査官に食べ物が欲しいことを伝え、彼らは二ブロックほどを黙って歩き、角地にある煌々と明かりを照らすホール・フーズに入っていった。マコルと彼のパートナーは脇に立ち、ホランダーがサラダバーで容器に詰めるのを眺めていた。「何か買いましょうか」と、レジに向かいながらホランダーは尋ね、デザイナーもののヨガウェアを来た女性の後ろに並ぶ。捜査官たちは断った。

彼らは座席のある上階に上がり、かどのテーブルに座る。ホランダーが食べている間、マコルが話をする。ホランダーの心は乱れていた。

「ＳＡＣキャピタル時代にあなたがインサイダー取引をしていたことは分かっている。あなたは有罪だが、自らを助けることもできる」とマコルが切り出した。

ホランダーは落ち着こうとした。彼は、このような状況で為すべきことを理解していた。彼はＳＡＣで戦術的行動評価と呼ばれる研修に参加したことがある。これは、人々のボディランゲージに偽りのサインを見いだす方法を教えるものである。コーエンはＣＩＡの元工作員の一団を招き、社員にそのテクニックを伝授させたのだ。ＳＡＣのトレーダーやアナリストたちが、企業の経営陣が業績や会計処理方法などについて隠しごとをしているかを見極めるのに役立つだろうと考えてのことだ。もっとも重要なのは、リラックスすることである。身をよじったり、服のほこりを取ったり、眼鏡に手をやったりするのはウソをついているサインであることをホランダーは思い出した。彼は、正直言って、とか、率直に、という言葉を使うことを避けた。それらは不誠実であることを強調するものでしかない。

ホランダーはSACのエリート調査部門であるCRイントリンシックのジュニアレベルのアナリストであった。彼がトップレベルの人々と接触することなどほとんどなかった。トレードを行うにも、上司であるジェイソン・カープの承認を得なければならなかったのだ。絶対確実なわけではないとの評価にもかかわらず、ホランダーは社内でも広く好かれていた。彼は変わった男で、オフィスを離れるとハーレムの恵まれない子供たちの野球コーチをボランティアで引き受けたり、マンハッタンの中心地で洒落たメキシコ料理のレストランを所有していたりする。スポーツでいつもけがをして、アキレス腱を切ってみたり、肩を脱臼してみたりする。あるときは、自分のガールフレンドが侮辱されたとしてバーで喧嘩をし、相手の顔を殴って、自分の手を骨折したこともある。SACの経営陣はこの手のことには慣れていないので、カープや彼の同僚たちは周囲にはソフトボールの試合で怪我をしたのだと言っていた。

マコルは、ホランダーが数週間前にCRイントリンシックを辞めていたことを知っていたようだ。一六年の歴史で初めての損失であったが、SACが二〇〇八年に二八％の損失を出すと、何十人もの人々が会社を去ることになった。社内に飾る高価な花の配達や、フルタイムでのマッサージ、無料のお菓子を取りやめたあと、コーエンは今までにないほどドラスティックなレイオフを敢行したのだ。CRイントリンシックは閉鎖された。ホランダーも解雇されたが、それこそが彼をして理想的な協力者となる可能性を生んだのである。

実際に、マコルはSAC時代にホランダーがしていた仕事をよく承知しているようだった。ホランダーがスーパーマーケットのチェーンであるアルバートソンズの株式をトレードしたことをFBIは承知しており、同社の買収にかかわったホランダーの友人が事前に情報を流したことも知っているとマコルは言った。「ラメーシュは逮捕したよ」とマコルは続ける。ロンドンのブラックストーングループで働いていた友人も、そのときジョン・F・ケネディ空港でFBI捜査官に拘束されていたのだ。「あなたの友人二人は刑務所行きだね。あなたも自分の身を守らなければ、刑務所行きだよ」

争っても無駄だ、とマコルは言う。ニューヨークの陪審員の前ではウォール街の金持ちに勝ち目はないのだ。

ホランダーは腹がたった。捜査官たちは、自分たちが話していることを理解していないように思われた。確かに、彼はアルバートソンズの株式をトレードしたことは認めるが、同社は常に買収のターゲットと噂されており、六カ月間も売ったり買ったりしていたのだ。彼は、SACが投資を行う前に行った財務分析が入ったバインダーをすべて持っており、そこでは、同社は時価総額を上回る価値の不動産を保有していると結論づけられている。これは、彼がよく知る分野である。二〇〇三年にスタンフォード大学でＭＢＡ（経営学修士）を修得したあと、彼は父親と事業を営み、メリーランドで「トリプルネットリース」の機会を探していたのだ。彼らは、アウトバック・ステーキハウスやウォルグリーンなどのレストランチェーンやチェーン店が所有する不動産を買い上げ、それをまたチェーンに貸し付けていた。税金や管理費の負担を引き受ける代わりに、テナントは通常よりも安い賃料を支払えば済むのだが、それでも安価な資金調達ができる家主には十分な利ザヤが残るのだ。この戦略は、投資家が近隣地域の相場や市場を十分に理解しているときに効果を発揮する。

この経験を買われてＳＡＣに採用されたのだ、とホランダーは説明しようとした。ＳＡＣは彼の不動産ファイナンスの専門知識を欲したのである、と。彼にしてみれば、アルバートソンズのトレードは、この戦略を用いる教科書どおりのケースであった。そのことに不法な点は何もない。

捜査官たちは納得していないようだった。マコルは、さまざまな企業で働くホランダーの友人で、やがては収監されることになるであろう者たちの名を挙げていく。そして、ポケットから一枚の紙を取り出し、おおげさに開いて見せた。それは顔写真の入った相関図で、ホランダーも警察映画で見たことのある代物だ。通常は、壁に貼られ、さまざまな色のピンが刺されている犯罪の共謀を示す一覧表である。そこには、ガレオンの共同設立者であるラジ・ラジャラトナムの顔もあり、少なくとも二〇人のファンドマネジャーやトレーダーが掲載されていたが、ホランダーが仕事をしたことのある者もいれば、仕事をしたことのない者もいた。中心にある顔を見た。スティーブ・コーエンである。

「スティーブのことであなたが知らないことがたくさんある」とマコルはコーエンの顔を指さしながら言う。彼は、ホランダーは知らないかもしれないあらゆる闇の活動にかかわっており、司令塔のようなものである。マコルは、まるでギャングスターかのようにコーエンの話をする。「あなたはこの男から身を守る必要がある。だが、安心してほしい。われわれがあなたの面倒をみる」

ホランダーは、何が真実で、彼らがどれほど誇張しているか分からなかったが、不安を覚えた。

「すでにSACの社内に三人の協力者がいて、情報を得ている。そしてあなたはここにいる」とマコルは言う。そう続けて、ページの角から外れた部分を指さした。相関図ではシベリアの位置にあたる。「あなたはまだここに名前さえ載っていない。あなたの名前をここに載せるようなことは避けたいと思っている。だが、あなたはわれわれに協力することでしか身を守ることはできない」。つまり、彼らは情報提供者となることを求めたのだ。

ホランダーは考えさせてほしいと言った。

捜査官たちはホランダーを解放し、彼は重たい足取りでアパートへと帰っていった。安っぽいジムの短パンにTシャツ姿である。ルームメートは外出していたので、彼は一人だった。彼は、アルバートソンズのファイルを取り出し、ページをペラペラとめくり始めた。二〇〇五年、FBIが話した出来事があったちょうど一年前に、CRイントリンシックの同僚に対して行った二五ページのパワーポイントのプレゼンテーション資料がある。そこには、詳細な財務分析や、同社がさまざまな資産を売却したらどれだけの資金を作ることができるかを示したモデルも掲載されている。彼は、アルバートソンズのアイデアを構築するために多大な労力を投じたのだ。

彼は何度かデートをしたことがある女性に電話をかけた。彼女はシュルテ・ロス・アンド・ザベルの弁護士だった。彼は、彼女に自らの支援をしてくれる弁護士を探してほしいと頼んだ。

およそ三〇分後の午後一〇時三〇分、彼の家の電話が鳴った。ＳＡＣの法律顧問であるピーター・ヌスバウムからである。

「ＦＢＩに捕まったと聞いたのだが」とヌスバウムが言う。

ホランダーはびっくりした。どうしてもうヌスバウムが知っているのだ。

「いつものことだ。われわれは君が不正をしたとは思っていない。心配することはない。われわれが守ってやるし、弁護士費用も払ってやる。必要なものは言いなさい。すべて問題なし、だ」

特別捜査官のＢ・Ｊ・カンは、ロウアーブロードウエーの連邦庁舎の中央ホールを横切ると、デュエインストリートを左に折れ、強い風のなかをフォーリースクウェアに向かって進む。凍えるような三月の朝、彼のジャケットは突風にめくれ上がっていた。ちなみに、彼はサイドベンツのジャケットを好む。常にお尻に下げている拳銃を隠すのに好都合なのだ。カンは、ＣＤ

のケースを手に、米連邦検察局の同僚に会うために急いでいたのだ。

カンは、ラジ・ラジャラトナムの捜査に一年以上をかけていた。捜査はラジャラトナムから大きく広がり、ウォール街のあちこちに巣くう何十人ものトレーダーやヘッジファンドのマネジャーにまで及んでいた。ここ数カ月、捜査は波に乗っていた。ＦＢＩは協力者を獲得し、その者を利用してさらなるトレーダーの新しい証拠を集めている。そして、新しいトレーダーには盗聴を仕掛ける。新たな盗聴でＦＢＩは記録を収集し、カンとほかの捜査官たちはそれを用いてさらなる協力者を獲得していく、といった具合だ。名前のリストはどんどん長くなる。だが、カンは自分が覚えている者以外は気にもせず、心のなかでパズルのピースを動かし、次なる行動計画を立てようとしていた。

このときまでに、事件にかかわっているＦＢＩ捜査官や検察官たちにはラジャラトナムが起訴されることは明らかであった。問題は、どれだけ多くの関係者を彼とともに押さえることができるか、であった。盗聴はすでに一年以上行われており、今後どのようにして前進させるか何らかの決断を下さなければならなかった。彼らは、ラジャラトナムとその友人たちの犯罪を示す大量の証拠を押さえており、おそらくは必要以上の量となっていた。しかし、毎日のように新たな名前を含んだ記録が積み上げられ、ほかのファンドのほかのトレーダーたちがインサイダー取引に従事しているので、新たに彼らの捜査が行われることになる。十分な魚を捕らえるまでどれだけ続けるか、漁網を船に引き上げるべきか。逮捕を待っていると、ラジャラトナムやほかの者たちが逮捕が迫っていることを察し、証拠を隠滅し、さらには国外に逃亡する危険も出てくるのだ。ＦＢＩ、マンハッタンの連邦検察官、そしてＳＥＣの担当者たちは、だれも逮捕せずに捜査を続けるかどうか、どれだけ多くのトレーダーを押さえることができるかどうかを議論していた。ラジャラトナムが逮捕されれば、ウォール街全体がＦＢＩは自分たちの電話を聞いているという事実に即座に反応するであろうことは彼らもよく理解していた。

さらに重要なことに、ラジャラトナムが逮捕されれば、究極のターゲットであるスティーブ・コーエンと、彼の部下である何百人というトレーダーやファンドマネジャーたちが次は自分たちであると警戒することを、政府は分かっていた。

この時点では、捜査を主導する二人のＦＢＩ捜査官であるカンとデーブ・マコルが激しい縄張り争いで対立していたことが最大の問題であった。カン同様、マコルも優秀かつやる気にあふれた捜査官である。盗聴や協力者を通じて新たな有力情報がもたらされると、二人はだれが最初に捜査するかを競うのだ。彼らが追うインサイダー取引は極めて複雑で、関係するヘッジファンド、弁護士事務所、企業経営者たちも何十人にも上り、互いに連関し合うため、一人の捜査官が追っていた証人が突如、別の捜査官が追っている事案の真ん中に姿を現したりするのだ。マコルは数週間の間、情報を集めるために日に一六時間も費やした末に、すでにカンが取り組んでいることを発見するだけだったりするのだ。

二人は互いに対抗していたが、二人とも極めて優秀な捜査官であった。マンハッタンの連邦検察局で彼らと仕事をしていた検察官は、もし彼らがうまくかみ合えさえすれば、最強の捜査官となり、地上から証券犯罪を根絶することができるだろうと冗談を言ったものである。

セントアンドリュースプラザ一番地に到着したとき、カンはライバルのことは努めて考えないようにし、証券部門のトップと会うためにエレベーターに乗った。カンはそこで、マコルと、捜査に取り組む二人の検察官のアンドリュー・マイケルソンとリード・ブロッキーとともにブレインストーミングを行い、捜査をどのように進めるべきか話し合うのである。意見の違いはあったけれども、二人のFBI捜査官はある一点では同意していた。つまり、ラジャラトナムと彼の周りの人間たちだけでなく、ヘッジファンド業界により大規模な攻撃を加え得るだけの証拠が集まってきている、ということだ。彼らは前進したかったのだ。マイケルソンとブロッキーは互いに顔を見合わせた。それは魅力的なアイデアである。結論は明らかだ。その活動の多くが闇の中にある強力な業界にはびこる不正に終止符を打つこと。新聞の見出しを飾るようなスリルに富んだ起訴を行うこと。法の執行機関はウォール街を避けてきたと主張する批評家たちに一矢報いることができる。彼らの上司であるレイ・ロアーは、積極的に事を進めることのリスクは何かと尋ねた。

そこで、FBIの捜査官たちが語る。より多くの人間を追いかけ、より多くの証人を味方につければ、だれかが話を始める可能性がそれだけ高くなる。今のところ、捜査はすべて極秘裏に進められていた。つまり、知っているのはごく一部の人々、おもに今部屋にいる捜査官と検察官である。もし最大のターゲットを追いかけようと思うなら、より多くの協力者が必要であるが、それは当然ながら情報漏れのリスクが高まるのだ。ロアーと検察官たちは、第一歩としてFBIが集めた新たな盗聴の記録を利用して、数人のトレーダーに接触することで合意した。その対象は、かつてラジャラトナムの下で働いていたカリフォルニアのヘッジファンドのマネジャーであるアリ・ファー、そのパートナーでかつてSACにいたC・B・リー、自身の投資調査会社を経営している、カリフォルニアのカール・モーティ、そしてスティーブ・フォルトゥーナという名のボストンのファンドマネジャーである。彼らを協力させ、その進展を見ることにした。それがリスクのある取り組みであることは全員が同意していた。もし証人候補の人物が彼らにくたばれと言い放ち、FBIが電話を盗聴していることを友人たちに警告でもしたら、すべての捜査は台無しになるのだ。

FBIの二つの部隊は、その日を四月一日と決めた。カンはまずファーに接触し、マコルはモーティに声をかける。もう一人の捜査官がフォルトゥーナを転ばせる寸法である。期待どおりに事が運ばなかった場合の緊急対応策も準備された。彼らは、新たな協力者を手配し、インサイダー取引が急増する、第2四半期の業績発表の時期までに新たな盗聴を実行したいと考えていた。カンはすぐに計画を実行に移し、フライトチケットとホテルの予約を入れた。

過去の捜査でも同じようなことはあった。つまり、これから起こることがその後の取り組みを変えてしまう。しかし、今回はもっと大事のように思われた。四月一日を迎えると、ブロッキー、マイケルソン、そして連邦検察局の者たちは接触結果の知らせを心配しながら待っていた。一年に及ぶ徹底的かつ過酷な仕事がたった一日で吹き飛んでしまうのか。彼らは自分たちが取り組んでいる事案がどれほど難しいかを実感していた。

二週間後の二〇〇九年四月一六日、Ｂ・Ｊ・カンの新たな協力者が、マンハッタンの中心地にある米連邦検察局に到着した。アリ・ファーとＣ・Ｂ・リーは親友で、ヘッジファンドを共同で経営していたが、互いが建物のなかにいることは知らなかった。カリフォルニアでカンは二人に別々に接触し、彼らはそれぞれ自主的に、少なくとも言葉のうえでは協力することに合意したのだ。ＦＢＩの知るかぎり、カンが初めて彼らと玄関で話をしてから、彼らは互いに会話はしていない。

捜査官はロビーでアリ・ファーに会い、六階にある会議室まで案内する。エレベーターが空いたことを確認したあと、アンドリュー・マイケルソンがファーのパートナーであるＣ・Ｂ・リーに会い、彼を五階まで連れていく。マイケルソンともう一人の検察官ジョッシュ・クラインは二つの部屋を行き来して、普段どおりのように振る舞った。彼らが互いに対峙するよう仕向け、彼らを遠ざけることなく、全面的に協力するよう圧力をかけることが目的である。

「連邦捜査官にウソをつくことはそれだけで罪になる」とクラインはリーに言って聞かせる。もし彼が面会中にウソを話せば、偽証で訴えることになるのだ。

当初、リーとファーは自分たちが違法行為をしたことを認めようとしなかったが、これこそが協力の第一歩となる。検察官たちは、かつてカンが言って聞かせたことを主張する。つまり、協力することが起訴を免れる唯一の方法である、と。戦略として、政府が証拠を持っているという事実を示すためだけの録音の会話を聞かせるが、それをどのようにして入手したかは明らかにしない。一方、リーとファーは、政府がはったりをかけているかどうか分かるまでは、余計なことは言わず、何も認めないように弁護士から言われていたのだ。

「私は何もしていません。企業との面会に台湾には行きましたが、収益に関する数字は入手していません」とリーは言う。

「本当ですか。収益の数字はなし」とカンが言う。

カンはノートパソコンを開いて、サウンドファイルを起動する。そこには、半導体メーカーであるエヌビディアの利益額を聞くリーの声が入っていた。政府は、リーがアジアのコンサルタント集団に四半期ごとに二〇〇〇ドルを送金し、彼らが半導体企業に関するインサイダー情報を集め、リーに提供していた証拠を持っていた。

「よろしい、戯れ言は終わりだ」とカンが言う。

リーとファーはどうすべきか頭を抱えていた。重大な犯罪で責められた者は、私生活に混乱を来すことがしばしばある。睡眠障害に陥ったり、薬物に溺れたり、金銭問題や他者への怒り、不安症など、あらゆる危機に直面することになる。リーはひょうひょうとしており、パートナーに比べるとより分析的で、感情的にはなっていなかった。一方、ファーはすっかりノイローゼ気味だった。二人とも、自分たちだけでなく、やり残した仕事のことも心配していた。

あるとき、リーの弁護士がマイケルソンのそばに寄ってきた。「私は自分のクライアントを守りたいし、あなたの手助けもしたい。これはどういうことか教えてくれ。私のクライアントについて何を握っているんだ。もう少し教えてくれ、そうすれば協力することが合理的であることが分かるだろう」。そして、カンはさらに録音を再生する。

「チャンスをやろう。協力しなければ、われわれはあなたを起訴し、有罪にし、そしてあなたは刑務所行きとなる」とクラインはリーに語った。

リーとファーは、少しずつ応じるようになった。

リーとファーが最初にやらなければならないことは、ウォール街の友人たちからいらぬ疑念を持たれることなく、自分たちのファンドを閉鎖することであった。ひとたびＦＢＩの情報提供者として働くなら、自分たちの投資家のためにトレードを継続することはできなかった。前年には一〇％の上昇と、ファンドは比較的うまくいっていたので、何の説明もなく突然閉鎖すると疑問の声が挙がってしまう。そこで彼らには作り話が必要だったのだ。ＦＢＩの担当者の助力のもと、彼らはファンドの利益の分配方法についてもめたことが、事業から撤退する理由であると公表することに合意する。リーが職を失ったことがニューヨークに知れ渡ると、ほかのヘッジファンドから仕事の口が殺到した。

リーとファーは今や公式にはＢ・Ｊ・カンの個人的な助っ人であり、いつ何時でもいかなる仕事にも応じなければならない。質問に答えることから、元同僚に電話をかけたり、彼らの記録を取ったり、盗聴器を持って会議の場に現れたり、といった具合である。求められれば、親友を裏切ることさえしなければならないのである。

ラジャラトナムは巨大なヘッジファンドを運営していたが、政府にしてみればＳＡＣキャピタル同様に、ほかの者たちがその周りを周回する太陽のような存在に思われた。ＦＢＩ捜査官たちは、コーエンはラジャラトナムがもっともライバル視しているファンドマネジャーであることを多くの情報源から聞いていた。ラジャラトナムは、たとえコーエンがクビにした者であってもＳＡＣで働いていたトレーダーを採用することを誇りとしていた。コーエンはレジェンドである。ウォール街の人々は彼こそがベストだと繰り返し口にするのだ。それでも、コーエンの会社は、ＦＢＩにとっては不透明な存在のままである。彼らはさらに踏み込んで調べることとした。Ｃ・Ｂ・リーは一九九九年から二〇〇四年までＳＡＣで半導体業界のアナリストを務めていた。彼が、コーエンのファンドがどのように活動しているかを話すかどうかが焦点であった。

リーは、ＳＡＣで物事がどのようにして進むのかをカンに説明した。かつて彼は別の投資会社で働いていたことがあったが、コーエンのファンドに加わってからはより攻撃的になるよう圧力をかけられたと説明した。経営陣を満足させる唯一の方法は、インサイダー情報を入手することだとリーは考えていた。リーがSACに在籍していたころ、ハイテク企業はその製造部門のほとんどをアメリカからアジアへと移していた。彼は中国語が達者で、台湾や中国に知り合いもいた。台湾企業のほとんどはアメリカの規制など気にもせず、機密情報をリーと共有することで規制に反しているかどうかなど興味もなかった。彼は優秀で、その情報を得たら何をすべきかを知っていたのだ。彼は時間をかけて半導体製造の世界で直観力を養い、それによって儲かるトレードアイデアを導き出すことができるようになったのだ。

リーはSAC社内の様子やその独特の構造にも言及した。それは自転車のタイヤのような組織で、スポークの先には、それぞれにアナリストとトレーダーを抱えた何百人ものファンドマネジャーがいる。ハブはコーエンで、彼はすべての中心にいた。そして、情報がそれを動かしていく。チームはハイテクやヘルスケアや消費財などそれぞれの業界に特化し、それぞれターゲットやGEといった三〇以上の銘柄をカバーする。そして、彼らはもっとも儲かるトレードアイデアを巡って、しのぎを削るのだ。

チームが互いにアイデアを共有することはめったにないが、コーエンは彼らの最良のアイデアを採用し、自分自身でもトレードを行うのだ。ほかのほとんどのヘッジファンドとは異なる仕組みで、普通は互いに競うのではなく、同じポートフォリオを運用するものなのだ。コーエンは自分の周りの者たちすべてが取り組んでいることを知ることができるが、彼以外の者たちは互いに隔離されている。

もしコーエンがだれかが自分にアイデアを教える前にトレードしたことを見つけたら、彼は激怒する。さらに、彼の部下がバカげた理由で損でもしようものなら、それがたった一回にすぎなくとも、筆舌に耐えられないほどに怒り狂うのだ。トレーダーは仕事がうまくいけば、プロスポーツ選手のように報酬を得ることができる、とリーは言う。だが、もしうまくいかなかったら、誤った投資と同じようにあっという間に切られるのだ。幸せな職場ではない。

コーエンがトレードしたがるようなインサイダー情報を入手することが自分の責務の一つだとリーは考えていた。「企業を訪問して、数字を手に入れることを期待されていた」とカンに言った。リーはまた、ＳＡＣは「ダーティー」と思うとも言った。

それこそが、カンが聞きたかったことである。

リーはまた、下位にいるトレーダーやアナリストの行動からコーエンを守るためにＳＡＣがどのような構造となっているかも説明した。すべてのトレードアイデアは幾重にもなるファンドマネジャーによるフィルタリングがなされ、コーエンに報告される前にその確かさを示すコードが振られる。つまり、「自信のあるアイデア」は、アナリストがどうしてそう確信しているのかを説明されることなく、上司に報告されることになるのだ。コーエンは確実に儲かるアイデアを求めていたが、この制度によってコーエンは、トレーダーたちがそのアイデアを得るために何をしたかに関知せずに済むのだ。

リーがＳＡＣを退社してから五年以上が経過しているので、彼がもたらした特定のトレードの情報は古すぎて、時効扱いである。しかし、彼がもたらすコーエン自身の世界に関する洞察は天の恵みなのだ。

当初カンは、リーが話すことをどのように判断したらよいか分からなかった。べらぼうに儲けているヘッジファンドがあり、まるで将来を予見できるかのようにすべての投資で成功しているように見えるのだ。ファンドは毎年巨額の利益を叩きだし、ほかのファンドが経験するような浮き沈みもないように見える。そこで働くアナリストやトレーダーたちは、職責を果たすために強烈なプレッシャーの下に置かれ、務めを果たせば巨額のボーナスを手にするのだ。

「オーケー、だから何だ」、カンはそう考えた。従業員を締め上げることは違法でもなんでもない。もし違法だとしたら、ウォール街の半分は店を畳まなければならない。

その後、カンはリーが話したことと、彼がウォール街の別の情報源から耳にしたことを比較し始めた。彼が話をしたほかのファンドのトレーダーは、こう言い続けた。「ウチのファンドがダーティーだって。SACがやってることを見てみろよ」。SACのトレーダーたちはインサイダー情報を入手することを求められている、または虚偽の情報を流して株価を操作しようとする、カンはそう教えられたのだ。

「ただの噂ではなさそうだな」とカンは考えた。

渦中の人々にとって、インサイダー取引の捜査は大きな意味を持っていた。次にどのような取り組みをするかを決するのは難しい問題であり、代償を伴うものでもあった。何カ月にも及ぶ盗聴や情報収集や深夜残業などのあらゆる努力は、ラジ・ラジャラトナムと彼の数人の友人を告訴するだけに終わるのか。それとも、より大きな何か、ウォール街にはびこる強欲と不正や勝てば官軍という文化を罰することになるのか。

捜査をさらに拡大するためには二つの新たな筋道があることは分かっていたが、どちらの道もかなり大掛かりなものとなる。

その一つは、投資家たちが上場企業の従業員たちから助言を得るために資金を支払っている、専門家ネットワーク企業の迷宮に踏み込むことである。ヘッジファンド業界ではこの専門家ネットワークが広く用いられ、いくつかのファンドが利用し始めるやいなや、ほかの者たちもみんな、競合に後れを取らないように同じく利用するようになった。この専門家ネットワークがインサイダー情報の交換の隠れ蓑になっていることは捜査官たちには明白で、トレーダーたちは出資者から預かった資金で買った情報を用いてお金を稼いでいるのだ。

二つ目の道は、コーエンを狙えるだけの十分な証拠を集めることである。SACを叩き潰すことができれば、業界の者たちへの強烈な見せしめとなる。

専門家ネットワークを立件するために行う次の手は分かりやすい。さらなる盗聴を行えば良いのだ。FBIでは、カンやほかの捜査官たちが聞いた録音テープによれば、PGRことプライマリー・グローバル・リサーチがもっとも悪質な犯罪者の一つであると考えていた。C・B・

リーは、ヘッジファンドの投資家のふりをして、ＰＧＲのコンサルタントたちに接触することで、専門家ネットワークの会話がどのようなものかを実証することができた。

カンにしてみれば、専門家ネットワークというビジネスモデルそのものが不正なものと思われた。彼は、特定の専門家コンサルタントはヘッジファンド業界で「優秀な」人物との評判となり、繰り返し採用されることになるのを発見した。つまり、その者たちがもたらす情報はおそらく違法なのだ。カンはそう見ていた。ケチなヘッジファンドの連中が、それらコンサルタントからだれもが知るような情報を得るために何千ドルも支払うわけがないのだ。ＰＧＲを利用しているファンドのなかには、同社はもっとも高い謝礼を払う顧客のために、「最良の」コンサルタントを取っておくのだと考えている者もいた。では、それはだれなのか。ＰＧＲの最大顧客の一つで、二〇〇九年には五二万ドルもの勘定書を受け取ったのは、ＳＡＣである。

ＦＢＩの二人の捜査官であるデーブ・マコルとジェームズ・ヒンクルは、ＰＧＲの電話回線を盗聴する申請を出すために証拠集めを始めた。彼らは、その後も事態は変わらないと確信していたのだ。

このときまでに、カンとマコルの間にあった緊張関係はさらに高まり、だれもが知るところとなる。二人の捜査官は、カンはＣ１、マコルはＣ35とそれぞれ別の班を率いてインサイダー取引を追い、それぞれが前の年に担当した領域をまるで狼のように調べ回るのだ。どちらかの班が新しい協力者に接触しようとするときには、カンやマコルはそれぞれの行っていることの邪魔にならないように相手の班に確認をしなければならなかった。二人とも自分たちの活動内容を打ちあけようとはせず、そのことが捜査の進展を阻害していた。また、進展があれば、どちらも常に自分の業績にしようとした。

マコルが専門家ネットワークの事案でリードを奪ったとき、カンは激怒し、ＰＧＲの情報を最初に得たのは自分であり、Ｃ・Ｂ・リーとアリ・ファーの盗聴で浮上してきたのだと主張した。証券部門の長で、外交力に秀でたロアーは二つのチームの間を取り持つことに多くの時間を費やした。しかし、やがては彼の強い忍耐力も試されることになる。カンとマコルの戦いは、オフィス内のジョークにまでなった。ＰＧＲを巡る戦いに憤慨したロアーは二人をオフィスに呼びつけた。

「お前たちは話をする必要がある」と彼は言った。彼はカンとマコルに対して、関係を修復するまでは部屋から出てはならないとはっきりと伝え、彼らを残して部屋を出てしまった。二人の捜査官は嫌々ながらうまくやっていこうと約束する。

協力の精神を尊重するかのように、インサイダー取引の捜査を行っている検察官とＦＢＩの捜査官たちが再び集められ、彼らのもう一つのターゲットであるスティーブ・コーエンを追及することに関しての意見交換が行われた。彼を立件するにあたっては基本的に二つの選択肢があった。一つは彼に近い協力者を見つけだし、盗聴器を持たせ、コーエンが不正な情報に基づいてトレードを行っている証拠を収集すること。もう一つは、コーエンの電話を盗聴する許可を得ることだ。

盗聴することを望むなら、彼らはその申請のために、既存の協力者がコーエンに電話をかけ、その会話で犯罪の証拠となるものを引き出させなければならない。もしコーエンに近い新たな人物を協力させたいのであれば、その人物に協力を強要できるだけの証拠が必要になる。だれに協力させるかという選択も容易なものではなかった。コーエンのトレードに関して有罪を示すような情報を得られるほどにコーエンと親密であり、それでいてコーエンにＦＢＩの目論見を漏らさないだけの距離がなければならない。

盗聴を仕掛けるか、だれかを協力させるかという問題に関して、予想どおりマコルとカンは正反対の意見であった。カンは、Ｃ・Ｂ・リーという有力な協力者がおり、彼はかつてコーエンのもとで働き、容易に電話をかけ、盗聴の申請に必要となる情報を集めることができると主張した。

一方、マコルは、協力者たり得る人物を見いだしていた。それは、ＳＡＣで五億ドルのポートフォリオを預かるファンドマネジャーで、コーエンも信頼を置く人物だという。マコルはこのファンドマネジャーの協力を得られると確信していた。ただ、準備のための時間が必要なだけである。

検察官たちは、それほど長いこと待つことはできないと考えていた。マコルが仰天したことに、ロアーとほかのメンバーはファンドマネジャーの線を追うのではなく、コーエンの電話に盗聴を仕掛ける道を選んだ。カンはC・B・リーを指導して、コーエンに電話をかけ、自分たちが必要とする証拠を集める準備をさせた。カンの計画では、C・B・リーはコーエンに電話をかけ、かつての仕事に戻してもらうよう頼むのだ。彼は自分が持つ「エッジ」について語り、有力なコネクションをすべて伝えることでかつての上司を誘惑するのだ。この計画がうまくいけば、盗聴のみならず、SACキャピタルにスパイを入れ込むことになるわけである。

FBIは、コーエンのサンデー・アイデア・ミーティングのことを耳にした。そこでは、部下のファンドマネジャーがその週に行うトレードアイデアについてコーエンと電話で話をするのだが、捜査官たちはまずその電話をターゲットとすることにした。しかし、それらの電話があるときに、コーエンがどこにいるのかが分からなかったのだ。盗聴の申請には一本の電話回線を選択しなければならないわけだが、選択肢としては四つあった。スタンフォードのオフィスの回線、グリニッジの自宅の回線、イーストハンプトンの邸宅の回線、そして携帯電話である。彼らはグリニッジの回線を追いかけることに決めた。カンとマイケルソンはタイトルⅢの申請書を手配し、七月に三〇日間、コーエンの自宅の電話を盗聴する許可を求めた。これは、第3四半期の業績発表の時期と合致する。

しかし、FBIも米連邦検察局も見落としていた重大かつかなり分かり切った要素があった。夏の間、ニューヨーク市の湿度は熱帯雨林並みになるので、金融業界の大物たちはだれもがハンプトンに避難するのだ。伝統的に、ウォール街の重役の奥方たちはそこから子供たちやお手伝いさんたちと出かけ、一方、男たちは都市まで通勤するのである。七月と八月、ロングアイランドの空には、億万長者を乗せた水上飛行機やヘリコプターがドローンのように飛び回り、コーエンもそのなかの一人となる。政府が盗聴した最初の一カ月、コーエンはほとんどグリニッジにはいなかったが、それでも電話でいくつかの会話が交わされており、検察官たちはその記録を持って、盗聴期間をさらに三〇日延長する許可を得た。

カンは毎日マイケルソンに電話をし、盗聴の結果を伝えていたが、コーエンはラジ・ラジャラトナムに比べるとかなり慎重に情報をやり取りしていることが分かってきた。たいていの場合、コーエンのファンドマネジャーが電話をかけてきて、「仲間と話しました」とあいまいに言い、収益やその他のデータを伝えるのだ。彼を告発するために必要となる重大な証拠はまったく存在しなかった。会話のなかの「仲間」という言葉はだれでも当てはまるのだ。企業のインサイダーかもしれないし、外部のコンサルタントかもしれない。また別のファンドマネジャーのことかもしれないのだ。SACのファンドマネジャーは情報を暗号で伝えることもあった。

ある電話に捜査官たちは色めきだった。コーエンは、「チャネルチェック」に言及するアナリストから疑わしいと思われる数字を聞いていた。これは、事業がどれほど活発かを示す、企業のサプライチェーン上のさまざまなポイントの様子のことである。しかし、まだ具体性には乏しかった。

コーエンの電話を聞いたあと、不適切なことが行われていることを証明するのが極めて難しくなるような方法で、彼が多くの人々とインサイダー情報をやり取りしている、という印象を検察官たちは受けた。彼らは、コーエンは語られている内容やその情報がどこから来たものかを事前に分かったうえで会話をしているという仮説を立てた。ラジャラトナムは不遜で、脇が甘く、自分がどれほど人脈を持っているかをだれにでも話そうとするが、コーエンは注意深く、また計算高かった。コーエンを告訴するには、電話で得られた以上の何かが検察官たちには必要であった。

コーエンの電話に対する二度目の盗聴が期限切れとなり、今回は裁判官も期間の延長を許可しなかった。

二〇〇九年八月一六日の午後遅く、ＳＥＣ（米証券取引委員会）のニューヨーク事務所で電話が鳴った。法執行部門のサンジャイ・ワドーワはデスクに山積みとなった書類から目を離し、窓の外に目を向けた。そこは、ゴールドマン・サックスの社内にあるジムと向かい合っており、そこではコンプレッションパンツをはいたインベストメントバンカーたちがバーベルを上げたり、ランニングマシンの上で走ったりしている。ウォール街でもっとも大きな収益力を誇る投資銀行は、隣の敷地のワールドトレードセンターのあった場所から北に数ブロック上がったところに世界本部を建設していたのだ。ワドーワの部屋からは銀行の屋上庭園を何にもさえぎられずに眺めることができるが、一〇階の天然芝の維持費だけでも、おそらくは政府の弁護士のほとんどが手にする年収の五倍は下らないであろう。

ワドーワはそのことにはこだわらないようにした。

SECの典型的な職員の考えを占めているのは二つのことである。大手法律事務所なら今よりどれだけ多くのお金を稼ぐことができるか、そしてウォール街の行きすぎた行為と戦う機会を見逃したらどのくらい評価が下がるか、ということである。八〇年に一度と言われた金融危機からまだ一年も経過していない。前回の崩壊で、リーマン・ブラザーズは破綻し、多くの銀行が危機に陥り、株式市場の下落に伴って何百万もの人々が自らの老後の蓄えがしぼんでいくのを目の当たりにした。住宅価格は崩落し、信用度の低いサブプライムローンを証券化し、全世界に売り払ったという投資銀行内部の腐敗した構造も明るみに出た。バーニー・マドフによる二〇〇億ドルに及ぶ詐欺も暴露され、それに伴って、SECが過去何年間も明白な不正の兆候を見逃してきた事実も明らかとなってしまった。モラルは今までにないほどに低下していたのだ。

一九三四年の創設から数十年間、SECはウォール街では畏敬の対象であり、そこで働く弁護士たちは自分たちの裁量と独立性を誇りとしていた。しかし、ここ数年でSECのカルチャーも変わってしまった。無能ぶりがしっかりと浸透してしまったのだ。SECの法執行官は大掛かりな事件を追うことをあからさまにやめさせられ、取り組むことと言えば、四段階にわたる管理者の承認が必要となる召喚状を送付する許可を得るばかりである。ただし、これにはたいてい数週間を要するのだ。これは、二〇〇五年にジョージ・Ｗ・ブッシュに任命されたＳＥＣの委員長であるカリフォルニア選出の共和党下院議員のクリストファー・コックスが少なからず影響している。コックスは、自由市場と企業寄りの主張を公然と行う消極的な監督者である。彼は、規制当局はウォール街の大銀行や主要投資家たちの行動を規制すべきではなく、金融業界は自分たちでその悪行を監視することができると考えていた。

ワドーワはＳＥＣの雰囲気に失望していたが、少しもくじけてはいなかった。何はともあれ、彼は仕事を愛していたのだ。彼はこれまでの二年間、ラジャラトナムを立件することを静かに支援してきたが、これは彼のキャリアのなかで最大の躍進である。この事件は、二〇〇六年にＳＥＣの通常の調査として始まったものだが、やがて委員会がこれまでに取り組んだなかでもっとも重大な案件の一つとなった。事件の捜査は、彼の人生でもっともワクワクする経験の一つであった。

インド生まれのワドーワは、一九歳のときにアメリカに移住したが、それでも母国の左寄りの政策に強い影響を受けていた。彼の父親は、イギリスの消費財コングロマリット向けに紙製のパッケージを製造するコルカタ（カルカッタ）の企業の幹部であった。母親は学校の先生で、厳しい貧困に苦しむ国家にあっても、比較的裕福であった。ワドーワの両親は、インドで政治的・経済的チャンスが失われつつあることを感じて、一九八〇年代に三人の子供たちをつれてフロリダに移住することを決めたのだ。個人資産の国外移転を制限する国の規制によって、家族は移住の際にすべてを失った。ワドーワの父親はライトエイドで働かなければならず、ワドーワも家族を養うためにそこで働いた。だれも聞いたことがないようなテキサス法科大学院を卒業し、NYU（ニューヨーク大学）で修士号を修得後、ウォール街と親密な関係にある有力法律事務所のスキャデン・アープス・スレート・マアー・アンド・フロームでアソシエートとして不幸な数年間を送った。二〇〇三年、ワドーワはSECでの職に応募する。SECに採用となるとすぐに、彼はインサイダー取引の事案に集中するようになる。

二〇〇九年の夏、彼はラジャラトナムの捜査とそこから派生したほかのヘッジファンドの事案についてFBIと緊密に連携しながら過ごしていた。彼とインサイダー取引の事案に取り組むFBI捜査官とは、日に何度も会話をすることもあった。

ワドーワの電話に発信者の番号が通知されることはなかった。これが意味するところは一つである。ワドーワは終始電話をかけていたのである。

電話の相手はカンである。「いいか、まだ詳細は分からないんだが、去年の夏にSACで大きな出来事があったと思われる。巨額の取引をして、巨額の利益を得ている。社内でも話題となったようだ」と彼は言う。

ワドーワはもちろんSACのことは聞いていたし、その秘密に満ちた創業者のことも知っていた。コーエンの名前は、ラジャラトナムの事案で何度となく登場していたのだ。SACがウォール街では羨望の的であることも知っていた。コーエンは、市場の騰落に巨額の賭けを行うという、持続可能とは思われない方法で巨万の個人資産を築いた。彼は、企業の株式を大量に買い、何年間も保有することで、事業の仕組みに集中し、儲けの要を理解しようとするようなタイプの投資家ではない。コーエンは、ウォーレン・バフェットとは対極の存在なのだ。

ワドーワとの電話で、カンは「大きな出来事」については詳しく話さなかった。彼らは何カ月も一緒に働いていたが、法律によって、カンはSECの職員を含む民事執行にかかわる者とは共有できない情報を得ることができるのだ。具体的に言えば、盗聴に関するもの、である。

「どのセクターだかお分かりですか」とワドーワが尋ねる。

「製薬だよ」

ワドーワのオフィスは書類にあふれていた。ファイルの収納箱、訴状、宣誓供述書、召喚状の申請書類が山と積まれ、ボコボコのカウチはシミだらけであった。本来はそこで体を休めることができるのだが、そうしたことはなかった。窓台には変色したウォール・ストリート・ジャーナルが積み上がっている。SECで一番汚い部屋というわけではなかったが、潔癖なほどにひげを綺麗に剃り、常にスーツにネクタイ姿のワドーワの印象とは相いれないものであった。

株式市場の怪しい動きを追跡し、報告するその仕組みは悲惨なほどに時代遅れなものであった。金融の監督者たちは、世界中がデジタル化されているにもかかわらず、紙のカード目録を利用

する ひどく旧式な図書館員のようであった。それ以外にも、これらの図書館員たちには、日々何兆ドルもが取引される市場の安定性を確保する責任もあるのだ。例えば、買収が発表される前の日に当該企業のオプションの取引量が突然増大し、それが銀行職員や投資家によるものだ、というようなおかしな動きを発見したら、その者はＦＩＮＲＡ（金融業規制機構）に報告することとなっている。するとＦＩＮＲＡは照会状を発行することになるのだが、これは疑わしいトレードが行われたことを示す書面で、トレードの詳細や前後関係などについてはほとんど記載されない。その後、この照会状はＳＥＣに戻され、彼らが捜査を行うことになるのだ。

ここで問題となるのが、すべての証拠をまとめ上げる努力がほとんどなされないことである。証券詐欺事件の種となるＦＩＮＲＡの照会状はワシントンＤＣにあるＳＥＣのオフィスに転送され、そこで自己完結型のデータベースに入れられ、そのままとなるのだ。

カンから電話を受けたあと、ワドーワは市場監視部門の長に電話をかけた。

「去年の夏、ＳＡＣキャピタルというファンドが行った非常に大きなトレードに関してＦＩＮＲＡから照会状はありましたでしょうか。イベント発表か何かに関連するものなのですが」とワドーワは言う。彼は、巨額の利益をもたらすトレードのほとんどが株価を大きく騰落させるニュースが出る前に行われることを知っていたのだ。

「おかしなことを言うね。あぁ、照会状は来たよ……戻ってきたから、先日軽く目を通したがね」と部門長はクスクス笑いながら答える。つまり、彼の元には戻ってきたが、ＳＥＣの弁護士が調査を行うことには同意しなかった、ということを言っているのだ。

「本当ですか、どんな内容ですか」とワドーワは尋ねる。

「よろしい、照会状だよ。総額はデカいね」。部門長はそう答え、詳細には言及しなかった。

ワドーワは部門に届いてからどのくらいたつか尋ねた。

「一年くらいだな」と彼は言う。

その答えにワドーワはうんざりした。部門長は、詳しい調査を行う人間を探すために、執行部門に「売り歩いた」と説明した。彼は、ワシントンＤＣのオフィスにいるさまざまなアソシエートディレクターに見せて回ったが、だれも興味を示さなかったと言う。

インサイダー取引を立件するには、ＳＥＣは、密告があるか、渦中のトレーダーが企業内部の情報を知る人物と会話をしていることを証明しなければならない。退屈極まるデータの山を召喚する前ですら、職員の弁護士は召喚状を発行して資料を請求する正式な許可を得るためにあらゆる手続きを踏まなければならないのだ。少なくとも、共和党員の委員長に質問攻めにされることが予想される。

このことだけでも、照会を行っても、組織的に推奨されるような、即座に「成績」となる事案とはならないことが分かる。

「なぜ私に送っていただけなかったんです」とワドーワは言った。

翌日、ワドーワが市場監視のオフィスから受け取ったｅメールには照会状が添付されていた。

それを見て彼は思った。「なんてこった。B・Jが言っていたことに違いないじゃないか」

「二〇〇八年七月二九日、エランとワイスの科学者がシカゴで行われた国際アルツハイマー病協会の会議で、開発中のアルツハイマー病向けの薬品のフェーズⅡに関するプレゼンテーションを行った。この会議には、メディア、リサーチ・アナリスト、さらに機関投資家が多く参加した」と二〇〇八年九月五日付けの書状には記されていた。照会状は、ニュースが出る二日前にSACキャピタルというヘッジファンドが一五の口座を通じて、極めて有利なトレードを行ったことが観察されたと続いていた。同社の利益、そして回避した損失は一億八二〇〇万ドルに及ぶと見積もられていた。「この時機を得たトレードの異常なまでの規模とその潜在的利益によってこの照会状を発行するものとする」と書状にはある。RBCキャピタル・マーケッツという証券会社のトレーダーがトレードに気づき、訴え出たのは明らかだ。

それを目にしたワドーワは、SACでほかに何が行われているのかと疑わざるを得なかった。彼は、ラジャラトナムの事案よりも大きなものとなりそうな、この案件に取り組める人間はいないかと思いを巡らせた。

新しいニューヨーク支局長であるアメリア・コットレルの部下で、チャールズ・レイリーという新任の弁護士がいるが、彼はまだ自ら采配を振るって、事に当たったことがなかった。ワドーワはレイリーにeメールを送った。「やぁ、チャールズ。ちょっと来てくれないか」ワドーワからのメッセージを受け取ったとき、レイリーは夏休みから戻ってきたばかりであった。若く、やる気にあふれ、バカ正直なレイリーはSECに加わってから一年が経過していたが、そろそろ自分で立件しなければならない時期だ。彼はイラ立っていたのだ。

彼は、ワドーワのオフィスとを隔てる廊下をがに股で抜けてオフィスに入ると、会議机に座った。隣にはコットレルがいる。「二人に見せたいものがあるんだ」とワドーワが言う。彼は、エランに関する照会状を彼らの前に置いた。二人はそれを凝視する。

SECが最近捜査していることに比べても、関連する金額は驚くべきものであった。ワドーワがおよそ三年にわたり、寝食を忘れて取り組んだラジャラトナムの事案では、立証が可能と思われる不正取引一一件で上げられた不正利益は五五〇〇万ドルにすぎなかったが、それでもインサイダー取引の事案としては過去最大級である。しかし、SACによる製薬株の「幸運な」取引は驚愕に値する。経験豊富なファンドマネジャーが確実でないものにこれほど大きな賭けを行うことなどあり得ないのだ。

SACキャピタルの名前は過去にも持ち上がったことがある、とワドーワは言う。SECの弁護士がまず疑問に思ったのは、照会状の情報が正しいかどうか、である。彼らの経験に照らしても、一つのファンドがたった一～二つの銘柄にこれほど大きな投資を行うことなどまれなのだ。万が一、失敗したら会社ごと吹き飛ばしかねない投資を行う事業など長続きするはずがない。おそらくは何らかの間違いがあるか、もしくはトレードに複数の人間がかかわっているのであろう。

ＳＥＣはこれまで見逃してきたわけだが、照会状に書かれていることは、ウォール街でもっとも評判の悪い組織の一つであるＳＡＣキャピタルの内部にＳＥＣが手を付けられる可能性を示している。レイリーは自分が興奮しているのが分かった。もしかすると、この一件は待ち望んだ機会になるかもしれない。

二〇〇九年夏から秋にかけて、ＳＡＣとコーエンに関する情報を集める一方で、Ｂ・Ｊ・カンは、ペンレジスタと呼ばれる特殊な電子記録装置を用いて、ラジ・ラジャラトナムの電話を監視し、彼が国を脱出しようとする兆しはないかと用心していた。ラジャラトナムがかけた電話も、彼にかかってくる電話についても、カンはその電話番号を確認していた。彼は、ラジャラトナムの会話のパターンと、会話の相手たちをかなり正確に理解するようになっていた。

一〇月一五日の未明、カンはスマートフォンのテキストメッセージの音に叩き起こされた。ラジャラトナムの電話回線に動きがあったのだ。最初は、まだ夜だったこともあって彼は無視しようかと思ったが、ともかくも内容を見てみた。カンは、ラジャラトナムが娘に電話をかけているのが分かった。午前三時である、だれかに電話をかけるには奇妙な時間である。カンは、ほとんど無意識に服を着始めた。彼は、その日が大きな転換点になるだろうと確信したのだ。

越境を司る米税関国境警備局に連絡すると、ラジャラトナムが翌一六日にロンドンに飛ぶフライトチケットを購入していることを知らされる。第五警報を発動させるものだ。カンは上司に電話をし、緊急事態であることを伝え、二人してＦＢＩのニューヨーク支局のほかの職員たちを起こそうとした。

カンは自宅を飛び出し、ＦＢＩがあてがったクラウンビクトリアに飛び乗ると、ニュージャージーターンパイクを文字どおりかっ飛ばし、オフィスに飛び込んだ。ラジャラトナムをロンドン行きの飛行機に乗せるわけにはいかない、ということに彼の同僚たちも合意した。ＦＢＩは彼と幾人かの同僚たちを即座に逮捕することを決する。彼らを国外に出させるリスクはとらないとしたのだ。もし国外に出してしまえば、容疑者を送還させるにも何年もの時間がかかりかねない手続きが必要になってしまうのだ。ＦＢＩは逮捕を実行するチームを即座に招集する。

翌日の午前六時、ＦＢＩは東五三丁目の一部を閉鎖し、捜査員たちは、サットンプレイスにあるラジャラトナムのメゾネットアパートを急襲した。数分後、カンは手錠をかけられたラジャラトナムとともに出てきた。

第9章 王たちの死

重厚なコンクリート作りの低層建築であるセントアンドリュースプラザ一番地の建物は、ロウアーマンハッタンの連邦裁判所の裏側の通りから入ったところにある。おそらくはそうすることが一番良いのであろう。内部には、無関心そうな警備員が立ち、絨毯はすり減りすぎて、ほとんど床が見えている。トイレの床はあまりしっかりと見ないほうがよい。しかし、このオフィスの物理的環境は、そこで働く人々が持つ権力とは好対照をなしている。南部地区の検察官たちはあまりに力が強く、また時に不遜すぎるために、そのようなことは気にしないのだ。彼らは、民間部門で働けば得られる給料の何分の一かにすぎない報酬で、崇高なる職務に従事しているのだ。薄汚いオフィスは、プライドの源なのである。

ある日の午後、プリート・バラーラはデスクに座り、イースト川を眺めていた。ラジ・ラジャラトナムが逮捕されたのは、バラーラの宣誓式からほんの八週間後のことである。新任の南部地区連邦検察局長であるバラーラは、子供のころから夢見ていた地位を得たことになる。南部地検は司法省のなかでももっとも高名かつ影響力を持つ支部であり、マンハッタンやブロンクス、ウエストチェスター郡を含むニューヨーク州のほかの地域における連邦地検管轄の事件に責任を持っている。その地域柄、テロリズムや麻薬や組織犯罪や重大な金融犯罪といった国内でも最大級の事件のほとんどを取り扱うことになる。バラーラは、自身に好奇の目が注がれるなか、二〇〇人に及ぶアシスタントの検事たちによって起訴された数多くの事件を通じて自らの知名度を高めようとしていた。アメリカの貨物船をハイジャックしたとして訴えられたソマリアの海賊の案件やグアンタナモ湾収容キャンプの抑留者の事件などがあったが、この時点で国民がもっとも強い関心を示したのは金融事件であった。ラジャラトナムの事件は、メディアでセンセーショナルに報じられた。

金融危機による株価の下落に国中の人々が苦しむなか、世論はウォール街を強烈に敵視するようになっていた。多くの家族が自宅からの立ち退きを迫られるなか、政府によって救済されたAIGやほかの企業のトレーダーたちは、再び何千万ドルものボーナスを懐にしたのである。インサイダーたちは金融危機とは直接には関係なかったが、インサイダー取引の事案はバラーラにとって最優先課題となっていた。ラジャラトナムが逮捕されるまで、インサイダー取引の捜査は名もなき一部の役人によって極秘裏に進められていた。バラーラの就任によって、捜査はやっと対外的な顔を持つことになる。ウォール街の犯罪を自らのキャリアの目玉としたい政治的野心を持った、メディア受けするフロントマンである。時にバラーラが比較される前マンハッタン連邦検察局長のルディ・ジュリアーニは、一九八〇年代後半にマイケル・ミルケンとアイバン・ボウスキーを追い詰めることで、世にその名を知らしめた。この前例が新連邦検察局長の頭に常にあったのだ。

プリート・バラーラの両親が彼を連れてインドからアメリカに移住し、ニュージャージー州マンモス郡に腰を落ちつけたとき、彼はまだよちよち歩きの子供であった。SEC（米証券取引委員会）のワドーワなど、ほかの多くの移民と同じように、彼の両親は母国での貧困と政治的不安定さから逃れようとしたのである。バラーラは、父親がアメリカでの開業医の資格を取るために働き、アズベリパークに小児科医院を開く姿を見ていた。彼の両親は、子供たちの将来に持てるすべてを投じた。バラーラと弟のバイニットは名門の中等学校に通ったが、両親は幼いころから二人に模範生となることを期待していた。「九八点を取ると、父はなぜ一〇〇点が取れなかったかと聞くんだよ」とバラーラは父親について語る。二人は博士になることを求められていた。バイニットは父親を厳格な人物だったと言う。「学校、勉強、成績。そりゃ超がつくほど厳しかった」と彼は言う。

高校では卒業生総代を務めたバラーラは、一九八六年にハーバード大学に進学し、政治理論を専攻する。彼が周りには勉強していないように振る舞っていたことに驚くクラスメートもいた。週末のほとんどは、ウエルズリーの学生であったガールフレンドと過ごし、友人たちとお酒を伴った政治談議に花を咲かせるのだ。その後、コロンビア大学の法科大学院に進み、後にジョージ・W・ブッシュ政権下で司法長官を務めることになる連邦地裁判事のマイケル・ミュケイジーが指導する公判の授業を受講している。この講義がきっかけでバラーラは検事を目指すようになった。二〇〇〇年から二〇〇五年まで、南部地検で連邦検事補として働いたが、その間にチャールズ・シューマー上院議員の法律顧問にも就任した。そこで彼は、ブッシュによる八人の連邦検事の解任に関する調査を主導した。これは、バラーラが暴露しようとした政治的動機に基づくパージであり、スキャンダルはやがて二〇〇七年にブッシュの司法長官であったアルバート・ゴンザレスの辞任にまで発展する。バラク・オバマ大統領がバラーラを南部地検の連邦検察官に任命したときは、シューマーの主席法律顧問として働いていたのだ。バラーラが上院で宣誓を行った日のニューヨーク・タイムズにはこうあった。「シューマーの子分が連邦検察官に承認された」。しかし彼は、いつまでもだれかの「子分」呼ばわりされるつもりはなかった。

バラーラが就任するや否や、連邦検察局の内外にいる弁護士たちは雰囲気が変わったことに気づいた。彼はしばしば皮肉がすぎるほどの辛辣なユーモアセンスを持っており、それが常々マスコミの注目を呼んだ。バラーラの直近の前任者たちの時代には、時代遅れなメディア対応ばかりで、検察局が取り組んでいることに注目が集まることはなかった。しかしそれは、何年もの間、検察局で働く検事たちが望んでいたことでもある。彼らが行っている業務や追及している事件は、それだけが独り歩きしがちなのである。

バラーラはまったく異なる姿勢で臨んだ。彼は、プロのメディア担当スタッフを採用し、彼らに自身の業績を報じさせたのだ。彼は記者会見を開き、演説を行うのである。突如、メディアでどのように扱われるか、という問題が特定の事案やその取り扱い方に関する内部での議論で取りざたされるようになる。バラーラはそのあらゆる言動において、自らがより大きなことに取り組んでいることをはっきりと示そうとしたのだ。

ラジャラトナムが逮捕された数時間後、バラーラは記者会見を開いた。テレビ局のクルーたちが、セントアンドリュースプラザ一番地の一階ロビーに並び、折り畳みの椅子はノートパッドを必死に操るリポーターたちに占められた。バラーラがカメラの前に立つ機会はけっして多くはない。司法省の紋章を掲げた演台に立ち、インサイダー取引事件について話をするためにその場に立ったとバラーラは発表する。それは、何十億ドルもの資金を運用するヘッジファンドや、彼らに企業の機密を漏らすインサイダーの一群を含んだ「未曽有の」事件であるとした。「本日、われわれはウォール街の不正に対して断固たる行動を取りました」。バラーラは緑色の目を輝かせながらそう言うと、ラジャラトナムとほかの五人に対する容疑を概説する。「被告たちは、『魚心あれば水心あり』という世界で活動していました」。ここで彼は間を置いた。「強欲は時に善ではありません」

ニューヨークにあるＳＡＣキャピタルのマンハッタンオフィスで、トレーディングステーシヨンに座るマイケル・スタインバーグは、自分が目にしたことを信じることができずにいた。ラジ・ラジャラトナムは何十億ドルものヘッジファンドを運営し、投資家や慈善活動家として広く尊敬を集めていた。ラジャラトナムの弟のレンガンは、二〇〇三年にコーエンに解雇されるまでSACで働いていたのだ。FBIが何の前触れもなくラジャラトナムの家に押しかけ、手錠をかけて連れ去ったなど信じがたいのだ。

彼は、ホルバートがオフィスのそばを歩いているのを認め、入ってくるよう手招きした。

「どうしました」とホルバートは言ったが、街中のトレーディングデスクを凍りつかせたニュースに関することであるのは明らかだ。

「ラジが今朝、逮捕されたよ」とスタインバーグは言う。

ホルバートは平静を装うとしたが、その実、彼の胃はムカムカしていた。

何事もなかったかのようにその場をあとにすると、ホルバートはデスクにかけ戻り、逮捕に関するリポートを探し始めた。ただちに、ジェシー・トートラと話をしなければならない。大規模な捜査網が張られているなら、彼らの「ファイトクラブ」のeメールも、当局の目にとまっているのは確実だ。SACのオフィスは、どうしてFBIが突如インサイダー取引に積極的に取り組むようになったのか、という話題で持ち切りだった。SECも独自に捜査を開始していることは確実だ。しかし、少なくとも今のところは、捜査がどの程度の範囲に及ぶのか詳細は明らかとなっていない。だれが協力しているかを推測するばかりである。逮捕から数日後、ホルバートとトートラとサム・アドンダキスはマンハッタンのミッドタウンで緊急の昼食会を開いた。彼らはｅメールの利用をやめることに決めた。その代わりに、電話会議を行うこととした。

日を追うごとにスタインバーグが被害妄想にかられていくようにホルバートには思われた。「本当に信用できる投資家以外とは話をするんじゃない。電話の会話は記録されてるし、盗聴器も仕掛けられてる」とホルバートに言うのである。

オフィスの外の通りは、いつもどおりミッドタウンの往来でやかましかったが、マイケル・ボーは、ごそごそと携帯電話を取り出した。

「もしもし」と答える。不安げな声である。

カソビッツ・ベンソンの四三歳になる弁護士には困難な数カ月であった。ＳＡＣを相手どったバイオベイルの訴訟は却下されたが、それが屈辱であった。ボーは二年もの間、その労力のほとんどをこの事案に費やしていたのである。しかし、それ以上に惨めだったのは、バイオベイル自体が、会計処理を巡って捜査対象となってしまったことだ。ＳＥＣは前年に不正があったとして同社を訴え、投資家に損失を隠したとしたのである。バイオベイルは和解金として一〇〇〇万ドルを支払うことに合意する。ボーは当初、多くの援護射撃をもって弁護した。同社についてヘッジファンドが言っていることには正しいこともあった。つまり、不正はあったのだ。ボーは、この件が自分の今後のキャリアの足かせになるのではないかと恐れていたのだ。

電話の主は、スティーブ・コーエンの前妻であるパトリシア・コーエンであった。ボーは、彼女とは数カ月ほど会話をしていない。彼は何が起こったのだろうかと不思議に思った。

彼女は興奮しているようだった。「ちょっと大きなことが起こってるわよ。スティーブがRICO法で訴えられそうよ」と彼女は言う。

三年前に初めて話をして以来、パトリシアは前夫の活動に関する独自調査に忙しく、それが奇妙にもFBIが行っていることと並行していたのだ。彼女は、コーエンに代償を支払わせることに懸命になっていた。

パトリシアの子供たちは成長し、それによって彼女の目的意識もはっきりしてきたのだ。二〇〇六年、彼女はSECに対して情報公開法に基づく要求を提出し、一九八〇年代半ばから行われたRCAとGEのインサイダー取引に関する捜査記録を入手した。彼女が入手したコーエンの宣誓供述書によると、彼は黙秘権を行使し、あらゆる質問に答えることを拒んだのだ。SECによる捜査がこれほど進んでいたとは彼女は思いもよらなかった。また、グランタル時代のコーエンの幾人かの同僚にも電話をかけ、二人が結婚している間にコーエンがどのくらいのお金を稼ぎ、またそれをどうしたのかをより深く理解しようともした。

コーエンに関するSECの資料を読んでいると、裁判所がすでに保管庫深くにしまい込んでいる一九八七年の古い裁判に関する記述を見つけた。これも新たに発見したことである。

パトリシアは知らなかったが、コーエンはかつての友人で、不動産関連の弁護士であったブレット・ルーリーを、彼らが一九八〇年代に行った不動産取引を巡って告訴していたのだ。離婚調停中、コーエンはルーリーと行った不動産投資は無価値であると主張し、それによってパトリシアが受け取る金額が大幅に減少したのである。和解に至るまでに、コーエンとルーリーとの間で長く、厳しい裁判が行われたことは明らかだった。しまいには、ルーリーは破産し、自滅してしまう。

パトリシアは文書の内容に驚いた。彼女には、コーエンが資産を徹底的に隠したように見えたのである。彼女は、かつての友人であるルーリーに対するコーエンの対応にも驚いた。また、今までその存在も知らなかった口座や住宅ローンの一覧も発見したのだ。

ボーに電話をした数週間後、パトリシアは、何年間もの間、自分をだますために共謀したことで、ＲＩＣＯ法に違反したとして、コーエン、ＳＡＣキャピタル・アドバイザーズ、ならびにコーエンの弟であるドナルドを告訴した。彼女は自分が発見したすべてのことを訴状に盛り込んだ。つまり、コーエンのグランタル時代の同僚との面会記録や失敗に終わったルーリーとの取引、ＳＥＣから入手した資料などである。彼女は、自分の夫はブルース・ニューバーグから得たインサイダー情報に基づいてＲＣＡ株を取引したと告白していたと主張した。この男は、マイケル・ミルケンが証券詐欺で告発されるまで、ドレクセル・バーナム・ランベールでトレーダーとして働いていたウォートン時代の仲間である。彼女の主張によれば、ニューバーグは、後に有罪判決を受けることになるドレクセルのもう一人の幹部のデニス・レビンから情報を入手したと言う。ＲＩＣＯ法は一九七〇年に成立した連邦法で、おもに組織犯罪を取り締まることを目的としたものである。パトリシアは離婚詐欺を主張するためにこの法律を用いたのだ。訴えの一環として、彼女は三億ドルの損害賠償を請求する。これは爆弾だ。コーエンは訴えを激しく否定した。

ボーはその記事を目にして、頭を振った。コーエンが元妻にいくばくかのお金を支払うのではなく、争うことを選んだことが信じられなかったのだ。

製薬会社の経営幹部、取締役、弁護士、銀行員、インベスターリレーションの担当社員、そして医師と多くの人々が何らかのかたちでバピの治験に関係していた。彼らはいわゆるインサイダーであり、治験の経過についての詳細といった極秘情報を知り得る、エランや他社の人々である。チャールズ・リーレイは彼らを追跡しようとした。どれほどの時間がかかろうとも彼には関係なかった。この事案をどうにか進めるためには、治験結果をＳＡＣのだれかに漏らし得る人物を探し出さなければならないのだ。

二〇〇九年下旬、リーレイはすべてのインサイダーの通話記録に関する召喚状を発行し始めた。そして、通話記録を綿密に調査し、投資業界の内部と接触のある人物を洗い出そうとした。通話記録の分析を専門とするＳＥＣの捜査官であるニール・ヘンデルマンの助力を得て、彼らはスプレッドシートを構築したが、それもあっという間に何十ページにもなってしまった。

リーレイの幼少期はこの手の仕事の準備のためにあったようなものだ。彼は、看護婦の母とベトナム戦争でC130を操縦した軍用機乗りの父との間に生まれた。ノースダコタ州での彼の生い立ちはテレビドラマか何かそのものだった。リーレイが六歳のときに、父親が訓練中に死亡した。母親は女手ひとつで四人の息子たちを育て、カトリックに対する深い信仰と勤労と克己心とを彼らに身につけさせた。リーレイはエール大学を卒業後、ミシガン大学の法科大学院に通い、その後弁護士事務所のアキン・ガンプ・ストラウス・ハウアー・アンド・フェルドでアシスタントとして働いた。彼の兄は、ジョンズ・ホプキンス大学の医学部を卒業し、弟は父の跡をついでパイロットになった。リーレイは大きな期待を背負っていると感じていた。二〇〇八年にSECに加わると、働き者で規則を順守する人物との評判を得ることになる。彼は、たとえ小さな任務であっても、そうするのが当然かのように綿密に取り組んだのだ。

リーレイがコンピューターのスクリーンに映し出された名簿を眺めていると、二人の人物が浮かび上がってきた。どちらも医師である。一人は、シドニー・ギルマン。二〇〇八年七月に、医学会議でエランとワイスの株式を暴落させることになる情報を発表した人物だ。もう一人は、ジョエル・ロス。治験に参加した臨床医の一人である。ロスの通話記録を見ると、SACの電話回線を利用しているだれかと何度となく会話をしていることがリーレイとヘンデルマンには読み取れた。しかし、ロスが話をしていたのが、SACのどのファンドマネジャーなのか、またはトレーダーなのかを示す記録はなかった。リーレイは、この謎のSACの電話番号を、SECがデータベースに保管しているSACの従業員たちの番号と照会し始める。彼は延々と検索し、名簿と照らし合わせた。退屈な仕事を何時間も続けなければならない。

トレーダーはどいつだ、と彼はブツブツ言う。見つけだす手段があるに違いないのだ。

SECがエランとワイスのトレードに関してさらなる詳細情報を集めるなか、マシュー・マートマはもう一度SACで輝かしい成功を収めるべく奮闘していた。バピネオズマブに対する賭けは一生に一度とも言える成果を生み出したがため、当然ながら、その業績を維持することへの不安は高まるのである。マートマはその年、ボーナスとして九三八万ドルを受け取っていた。同レベルの成功を収めることは容易なことではない。

コーエンは、バピに関するトレードを再現できるかどうかを知りたがった。マートマには、社内でもっとも有用なファンドマネジャーの一人として、毎年コーエンがアイデアを求めて頼るような立場に出世できる可能性があった。マートマは、バピと同様の収益を生み出す投資アイデアを求めて働きながら、同僚からの期待の大きさを感じていた。

二〇一〇年、彼はカリフォルニアの製薬ベンチャーであるインターミューンに飛びついたが、同社はまだ薬品を一つも市場に投入していなかった。同社にあるのは、エスブライトという名の開発中の薬品で、全米で何十万人もの人々が患っている肺線維症という疾患の治癒を目的としたものである。インターミューンに対する投資は、エスプライトがFDA（米食品医薬品局）の認可を取れるかどうかにかかっている。臨床試験が実施され、もし効果が認められれば、年間の販売量は一〇億ドルに上るであろうと予測するアナリストもいたほどで、大騒ぎとなっていた。

マートマは、コーエンにインターミューンを積極的に推奨した。四月末までに、SACとコーエンはおよそ四五〇万株のポジションを積み上げる。五月四日、FDAがエスプライトに認可を与えないと発表するや否や、株価に壊滅的な影響が出る。前夜四五ドルで引けた株価は、ヘッジファンドがパニック売りをしたことで、ニュースが発表された翌朝には九ドルまで下落する。コーエンは、同社の八％以上の株式を保有していた。これは、トレーダーのキャリアに終止符を打ちかねない損害である。

損失額を算出したあと、コーエンは幹部たちと会い、マートマをどうするか議論した。彼は「ダウン・アンド・アウト」に抵触していた。これは、損失額がポートフォリオを維持する限界に達したら、自動的にポジションを閉じる社内規則である。しかし、マートマは、SACにとっては惨憺たる年であった二〇〇八年に巨額の利益をもたらしていたことで、信用もあった。SACの最高リスク管理責任者であるデビッド・アトラスは即座に解雇すべきだと主張したが、一方、マートマを採用したトム・コンヒーニーとソル・クミンは彼の雇用を続け、もう一度チャンスを与えるべきだと考えていた。最終的に彼らはアトラスを説得し、二人の考えに同意させる。コーエンはマートマにもう一度チャンスを与えることに同意した。しかし、彼はこれが最後であると明言している。

知らせを聞いて有頂天になったマートマは、コーエンに感情むき出しのeメールを送った。「先週のご決断に、改めてお礼を申し上げます」との書き出しだ。「結果は異なるものであったかもしれないと考えております。私の取り組み、パフォーマンス、そしてリスク管理においてあなたの信頼を回復するのは容易ではないことは明らかですが、早急に回復できるよう全力で取り組みます」。彼は、インターミューンのCEO（最高経営責任者）から「報告」を受けていたと説明を続けた。CEOは、FDAの決定が「ネガティブ」な方向にあると最後の瞬間に内報を受けたと説明した。珍しく高官の介入があった結果であったという。

「SACは私にとって特別な場所です。ハーバード大学、スタンフォード大学、デューク大学の大学、大学院で学び、ヘルスケア企業を立ち上げ、売却し、過去三〇年間、連邦政府が財政援助している最大規模の科学研究のディレクターを務めてきました。私は、SACでの時間に比肩し得るさまざまな経験をしてきましたが、そのすべてを差し置いても、SACは私にとってもっとも重要な場所であることは明らかです……私は、社外の人々にここがどれほど刺激的なところか知らしめたいと思っています」。さらにマートマは続ける。「今週の出来事は私にも極めて残念なものでありましたが、これは、私の進む道に設置されたスピードバンプにすぎないと思っています。私には為すべきことがまだたくさんありますし、それを証明する機会を与えてくださったことに感謝します。　敬具　マット」

彼の痛ましいまでのおべっかも、それまでであった。彼は、資金を失ったファンドマネジャーを罰するSACの仕組みをすぐに学ぶことになる。彼が運用する資金額が減らされたのだ。これによって、損失を取り戻すことがますます難しくなる。つまり、抜け出すことがほとんど不可能な自己増殖するある種の渦にはまり込んだのだ。マートマは、またすぐに損失の限度に抵触することになる。

二〇一〇年五月、ついにアトラスは、マートマを解雇することを提言した。今回は、コンヒーニーも同意する。マートマは「消耗品」であるとコンヒーニーは主張した。SACには彼と同じ仕事をしているファンドマネジャーがたくさんおり、彼らは大きな損失を出すこともなく、堅実に務めている。パピの件を除けば、マートマはおよそ四年間の勤務期間中に儲かるアイデアを一つも提案していないことをコンヒーニーは指摘した。コーエンに宛てたeメールでコンヒーニーはこう記している。「彼は、エランの一発屋でした」

二〇一〇年一一月九日金曜日、夜一〇時を過ぎたころ、ウォール・ストリート・ジャーナルはウェブサイトに一つの記事を掲載し、それは翌朝の紙面にも載った。見出しには「全米で大

規模なインサイダー取引の捜査が行われている」とある。それはまるで、法廷ものドラマの舞台のようであった。

「情報筋によると、三年間に及ぶ捜査を行った連邦政府は、インサイダー取引による起訴を手配しているが、それによって全米のコンサルタント、投資銀行家、ヘッジファンドや投資信託のトレーダー、アナリストたちに累が及ぶ可能性があるという。捜査が実を結べば、特定の産業や企業と関係を持つ専門家を通じて、非公開情報がトレーダーたちに渡る新たな方法も含めて、全米の金融市場にはびこるインサイダー取引の実態を白日のもとにさらすことになる可能性がある、と連邦当局は述べている」

記事には、ＦＢＩとＳＥＣが行っていることについて衝撃的な内容が記されていた。このときまで、すべては完全に極秘とされていたのである。捜査の主たる対象の一つとして、専門家ネットワーク企業のＰＧＲ（プライマリー・グローバル・リサーチ）の名前が挙がっていた。また、政府が注目しているいくつかの製薬会社にも触れられている。また、ＳＡＣにおけるＣ・Ｂ・リーの元上司であるリチャード・グローディンが召喚状を受け取ったとも伝えている。

政府にとっては、これは捜査の方法を変えることになる衝撃的なリークである。ウォール街は今や、司法省がだれも想像し得ないほどの規模の活動を行っていることに気づいたのだ。ラジ・ラジャラトナムの事件は始まりにすぎなかったのである。

ドナルド・ロングイルという名のＳＡＣの元ファンドマネジャーは、この記事に激しく反応した。彼は、前年の四月に成績不振でＳＡＣを解雇されていたのだ。彼は、高給のヘッジファンドでの職を探しており、ほんの三週間後には結婚式も控えていた。今や彼はこの問題に取り組まなければならなかった。

ロングイルは、仕事のうえでもとても負けず嫌いな人物だった。背が高く、痩せ型で、頭を坊主にした彼は、余暇のほとんどを自転車レースに充てていた。彼は、ウィンタースポーツも大好きで、ノースイースタン大学を卒業したあとは、二〇〇二年の冬のオリンピックでスピードスケートのチームに選ばれることを目指したこともある。二〇〇八年、ハイテク分野のファンドマネジャーとしてＳＡＣに加わる。ＳＡＣに勤務する間、彼はノア・フリーマンというボストンにあるＳＡＣのファンドマネジャーと友人になる。この男はハーバード大学の卒業生で、ベイ・ステート・スピードスケーティング・クラブで競争したことがあったのだ。二人はともに三〇代前半で、さまざまなスポーツで勝つことに執念を燃やしてきたのだ。フリーマンはそのことに執着するあまり、「チームサイコ」として知られるトライアスロンのグループから、スポーツマンシップにもとるとして追放されてもいる。

マンハッタンのミッドタウンにあるフィアンセとの住まいで、ロングイルは記事を改めて読んでみた。それは、あたかも自分とヘッジファンドの友人たちのことを言っているかのようである。彼はフィアンセを見やり、自分の人生が台無しになろうとしているのではないかと思った。彼はいまだにフィアンセが自分と結婚するつもりなのか信じられなかったのだ。金髪で、美人であるばかりでなく、プリンストン大学での生物学の学位と、ウォートンでのＭＢＡ（経営学修士）を持ち、優秀な学生でもあった彼女は、ボストン・コンサルティング・グループで好条件の職に就いていた。フリーマンは彼の介添人になる予定である。

ウォール街での八年間で、ロングイルはアップルやテキサス・インスツルメンツを含む広範な情報網を構築する。フリーマン、ロングイルは高価な夕食やゴルフ旅行、時にはストリップクラブでの一夜をもって、彼らを誘惑するのだ。その見返りに、彼らはインサイダー情報を提供し、ＳＡＣにいる間、ロングイルはそれに基づいてトレードを行っていたのだ。

彼がその情報源から入手した資料は膨大な量に上るため、彼はすっかりメモ魔となり、すべての会話の詳細を記録に残していたので、時間を追って情報の質を追うことができた。彼とフリーマンは情報を共有し、小さなヘッジファンドのマネジャーであったもう一人の友人のサミール・バライとともに、その情報に基づいてトレードを行った。しかし、それらの後押しを得ても、ＳＡＣではうまくいかなかった。あらゆるいかさまを弄しても、市場があまりにタイトすぎるので大きなお金を稼ぐことができないとロングイルは不平を言っていた。そのようなことだから、コーエンにクビにされたのである。

ロングイルがベッドルームのテーブルに目をやると、そこにはＵＳＢメモリが置いてあった。彼とフリーマンは、これを「ログ」と呼んでいた。そこには、ロングイルが情報源から得たメモが入っているのだ。それはまるで彼をあざ笑っているかのようだ。「お前もおしまいだな」

と言いながら。

ロングイルはUSBメモリをつかみ、フリーマンとバライとの情報交換のメモを保管していた二つの外付けハードディスクを取り出した。当初から極めて用心深かった彼は、いかなる不正情報もSACのコンピューターには保管せず、また仕事のeメールには有罪とされるようなことは一切記載しなかった。疑わしいやり取りのすべては、自分のノートパソコン上で、数字だけのGメールのアカウントの一つを通じて行い、メモはすべて外付けハードディスクに保存していた。ちょっとしたおしゃべりは出来るかぎりスカイプを通じて行うようにした。これなら盗聴されないと確信していたのだ。

彼は、ペンチを探しにアパートをかけずり回った。それを使って、USBとハードディスクを細かく切り刻み、四つのジップロックの袋に分けて入れる。彼はこの袋をノースフェイスの上着のポケットに入れると、フィアンセのほうを振り向いた。

「散歩に行かないか」と言う。

一一月二〇日土曜日の深夜、午前一時五二分、コンドミニアムのロビーを急ぎ足で進み、ドアボーイを通りすぎ、竹をあしらった上品な通路を歩く二人の姿を防犯カメラがとらえていた。二人は、隣の中華レストランを過ぎたところで曲がり、近所を歩きだした。ロングイルは、周回するゴミ収集車を探した。一台目を見つけると、彼は駆け寄り、ハードディスクの欠片が入った袋を一つ投げ入れる。その後三〇分をかけて、彼は袋を四つの収集車にまいたのだ。袋を一つ投げ入れるたびに、もし連邦政府の役人がこれを見つけたらどうなるだろうか、と考えていた。イースト川に投げ入れたほうが正解だったのではないか。たとえ、ＦＢＩの手に入るような奇跡が起こったとしても、粉々に砕いてあるからデータは読み込めないはずである（ロングイルのフィアンセが罪を問われることは一切なかった）。

二人は午前二時三〇分まで戻らなかった。すべては終わり、彼は少しばかり気が楽になっていた。

同じ夜、ロングイルの友人で、バライ・キャピタルの創業者であるサミール・バライもウォール・ストリート・ジャーナルの同じ記事を読み、同じようにパニックに陥っていた。彼は、猛烈な努力をしてウォール街で成功を収めていた。彼にはひどい聴覚障害があり、若いころはだれも彼が成功するなどと思ってもいなかった。ＮＹＵ、その後ハーバード・ビジネススクールでは最前列に座り、教授の口の動きを読み解くことで乗り切ってきたのである。

彼は、自身の小さなヘッジファンドでインサイダー情報に基づいた広範なトレードを行っていたが、それらのなかには、彼の部下たちが彼の求めにしたがってインサイダー情報を入手したとあからさまに分かるものもあった。バライとロングイルは、卑劣ながらも親密な友情を育み、フリーマンに隠れて彼の陰口を叩いたり、彼らの情報源とセックスをしようとする彼を笑い飛ばしたり、さらには彼のことをふざけて「ジュウ（ユダヤ人）」と呼んだりしていた（ちなみに、バライのあだ名は「ヒンズー」、ロングイルは「カソリック」である）。

政府によるＰＧＲの捜査に関するニュースは最悪の時期にもたらされた。バライはすでに醜さを増しつつあった離婚問題で頭を悩ませていたが、彼はＰＧＲのヘビーユーザーであるばかりでなく、同社の最高財務責任者とは昵懇だったのだ。バライは、広範にわたる不思議な人物たちから情報を引き出していた。そのひとり、「10Ｋ」とあだ名されるダグ・ムンロいうコンサルタントは、ワールド・ワイド・マーケット・リサーチという会社を経営していた。ムンロは、JUICYLUCY_XXX@yahoo.comというｅメール・アカウントを使っていた。そのアカウントで、シスコやほかの企業に関するインサイダー情報を含んだｅメールを作成するのだが、メールは「下書き」フォルダーに残したまま送信しないのだ。そうすれば、メールをやり取りした痕跡は残らないという寸法である。バライは彼に月におよそ八〇〇〇ドルを支払い、フリーマンもそのようにしていた。その見返りに、二人はｅメールアカウントのパスワードを受け取っていたのだ。新しい情報がある場合は、ムンロがバライに「ルーシーが濡れている」というｅメールを送る。すると、二人はアカウントにログインして、そこにあるものに目を通すのだ。

バライ、フリーマン、そしてロングイルは、自分たちの情報源に愛称をつけていた。インテルの仲間には「カッチーン」、ナショナル・セミコンダクターの情報をくれるコンサルタントには「サイゴン」といった具合である。もっとも優れた情報源はウィニフレッド・ジャウ。彼女のあだ名は「ウィニー・ザ・プー」または「ザ・プースター」であったが、彼女は少し変わった人物だった。スタンフォード大学で統計学の学位を取り、タイワン・セミコンダクターで働いていた。彼女はシリコンバレー中に友人がいたが、彼女の場合、「友人」の定義があいまいだった。ザ・プースターを利用するには、専門家ネットワークPGRを通じた特別な手配が必要で、彼女の私的なネットワークを通じて話ができる顧客として選抜されるためには月に一万ドルの顧問料を支払わなければならないのだ。ジャウは常にお金のことでPGRを悩ませ、まるで一度も小切手を受け取ったことがないかのように執拗に催促するのである。彼女は企業の内報者たちを「コック」と呼び、彼らがストライキをしようとしているとして何度となくバライやフリーマンを脅すのである。「コックはご褒美がないと私とは話をしない」と叫ぶのだ。特に有意義な会話ができたあとなどは、バライとフリーマンが毎月送っている現金に加えて、チーズケーキ・ファクトリーの商品券を五〇〇ドル分要求したりする。また、別の機会では、ジャウの求めに応じて、フリーマンは気まぐれな情報源に生きたロブスターを一二尾送るよう秘書に頼んでいた。しかし、ジャウが受け取りに行くのを面倒がったために、カリフォルニアの彼女の家のそばにあったフェデックスの事務所でロブスターは死んでしまったのだ。

ジャウがこのようなマネをすることが許されていた理由は、彼女が優秀だったからである。彼女は、ほかのだれよりもはるかに有益な情報をもたらしていたのだ。彼女は、マーベルとエヌディビアという、株価の変動が大きく、バライとフリーマンとロングイルが好んでトレードしていた二つの半導体企業の売り上げや粗利、そして利益の数字を把握しており、さらにそれは小数点以下に至るまで正確だったのだ。ザ・プースターの情報がなければ、彼らは生きていけなかったのである。

バライは聴覚に問題を抱えていたので、三八歳のジェイソン・プフラウムという部下のリサーチアナリストに、自分の電話のほとんどを秘密裏に聞かせ、記録させていた。プフラウムはジャウが何者なのかほとんど分からなかったが、電話を立ち聞きすると、ショートメールを上司に送り、彼女が言っていることを説明するのだ。そうすることで、バライは会話についていくことができた。プフラウムはまた広範にわたるメモを取っていたので、バライはあとでそれを見直すことができた。たいてい彼は、初めて聞いただけでは詳細が理解できないのだ。

「あなたの情報源はどなたですか」とバライはあるとき、疑うようにジャウに聞いたことがある。ジャウの答えは、「私の情報源がだれかなど聞くべきじゃない」である。

ウォール・ストリート・ジャーナルの記事を読んだバライの心は、さまざまなシナリオと、法的危険から自らを救うにはどうしたらよいかという疑問でいっぱいになった。彼は、プフラウムにショートメールを送る。「ＰＧＲの記事を見たかい」、バライはそう書いて、記事を引用した。「捜査の主たる部分は最終段階に入っており……連邦大陪審もすでに証拠の聞き取りを行っている」。彼は記事を一〇回は読んだと言っていた。

「もうひとつ、ロイターの記事だ」。数分後、彼は掲載された記事に目を通したあとに送っている。「いわゆる専門家ネットワーク企業の利用が焦点となっているようだ……公開企業の機密情報を何年にもわたりトレーダーに流していた専門家がいる懸念がある……唯一名指しされているのがPGRだ」

それから、一〇分後。「ファァァァァック」

彼は次に、プフラウムにブラックベリーのメッセージをすべて削除するよう命令した。

翌朝、プフラウムはバライにメッセージを送った。「やぁ、全部削除したよ。昨日の夜はよく眠れなかった。あとやらなきゃならないことはほかにあるかな」

「分からん。だが大丈夫だと思うよ。君はとりあえず会社に行って、できるかぎり書類をシュレッダーにかけておいてくれ。それから、すべてのデータファイルは暗号をかけたドライブに移しておいてくれ」。彼はプフラウムにPGRの経営陣とのeメールをすべて削除するよう指示した。プフラウムが出社して、すべての証拠を隠滅するのを待っていられず、バライはサードアベニュー三六番通りにあるオフィスに駆け込み、手にするものすべてをシュレッダーにかけ、そして家に戻った。

パニックになって駆け回りながら、バライは危機から抜け出す方法を模索し始めた。彼らには捕まえる手立てがないかもしれない。人々と話をしたことは確かだが、それ自体は違法ではないのだ。彼は、お金で買える最高の弁護士を雇って、戦うことにした。彼らは、自分が情報に基づいて行動したことを証明しなければならないが、それは容易なことではない。自分は「モザイクセオリー」を用いて投資を行ったのだと言い聞かせた。これは、企業に関する一見すると共通性のない公開情報を集め、それらすべてを結びつけて、事業に関する「モザイク」を構築するという株式の分析方法である。トレーダーたちは、検察官たちがしばしインサイダー取引であると考える事象を説明するために、長らくこの理論を主張してきたのだ。だれだってそうしているのだ、とバライは自分に言い聞かせた。それ自体、何も悪いことはない。

念のため、彼はプフラウムに彼のノートパソコンを日曜の夜に守衛に預けておくよう指示した。そうすれば、バライが受け取って、「国防省削除」、つまりハードディスクを完全に消去して再生できないようにすることができる。バライはパソコンを回収し、フィアンセのアパートに持ち込むと、買ったばかりのＵＳＢメモリーにすべてのメモをコピーし、ノートパソコンを初期化しようとした。彼は一晩かけて、すべてを永久に削除できるようにするソフトをインターネットからダウンロードしたが、それを利用することはできなかった。

日曜日の朝、アッパーイーストサイドの建物のドアマットに差し込まれた新聞を取りにきたプフラウムは、彼のアパートのそばの通りでＢ・Ｊ・カンに会った。プフラウムは一カ月の間、ＦＢＩに協力していたのだ。彼は昨夜からのバライとのブラックベリーでのやり取りをカンに見せた。カンはすべてのやり取りを写真にとったが、そこにはすべての書類をシュレッダーにかけ、ｅメールを削除せよという命令も含まれていた。

昨夜のバライの「ファァァァァック」というメッセージを読んだとき、カンも同じ感覚に見舞われた。ウォール街のすべての者たちが自分のハードドライブを破壊していることであろう。

ＦＢＩは手を打たなければならなかったのだ。

第10章 オッカムのカミソリ

ウォール・ストリート・ジャーナルをきっかけに、大騒ぎで証拠隠滅がなされた二日後、二〇一〇年一一月二二日月曜日の早朝、覆面パトカーの一団がコネティカット州スタンフォードの中心地にあるオフィスタワーのランドマークスクエア二番地に到着した。そのなかには、たくさんの連邦職員が乗っていた。

特別捜査官のデーブ・マコルは一ブロック離れたところにいた。彼は、携帯電話を取り出し、電話をかけた。

オフィスタワーのなかで電話が鳴った。

「もしもし」と男が答える。

マコルは自らをＦＢＩ（米連邦捜査局）の捜査官だと名乗った。「われわれは、あなたがインサイダー取引に関与してきたことを把握している。これからたくさんの職員が向かう予定だ。あなたとあなたの家族にも影響があるだろう。これまでどおりの人生というわけにはいかない」

と彼は言った。

自分たちの捜査は専門家ネットワークに焦点を当てており、その協力を求めるとマコルは続けた。その男がもっと詳しく説明してほしいと求めると、マコルは具体的な話はできないと答えた。「われわれはマクドナルドの隣にいる。降りてきて話をしてくれるならありがたい」と言った。

その男はどうしたらよいか分からなかった。恐ろしくなって何も言えずにいる。彼は、考えさせてほしいとマコルに伝える。

マコルは、自分たちが待てる時間はほとんどないと答えた。

この男は、トッド・ニューマン。ダイヤモンドバック・キャピタルというヘッジファンドでファンドマネジャーを務める四五歳の人物だ。彼は電話を切り、ダイヤモンドバックの相談役のオフィスがある一つ下のフロアに駆け下りた。彼は、すべてのやり取りを同社の法律顧問とCOO（最高執行責任者）であるジョン・ハガーティに伝えた。

「何かやったのか」と、ハガーティはニューマンの目を見ながら尋ねた。ハガーティはこの職に就いてまだ三カ月である。一瞬、ニューマンが盗聴器でも持っているのではないかと考えたが、状況はそれほどに異様であったのだ。ニューマンの顔には恐怖が浮かんでいた。

「何も」とニューマンは答える。彼は何もしていないのだ。「向こうに行って、彼らと話をしてきます。何も隠し立てすることはありませんから」

「本当にそうしたいのかね」とハガーティが言う。

「私には弁護士が必要だと思います」とニューマンは言った。

法律顧問は幾人か知っている弁護士の名前を挙げ、ニューマンはそのうちの一人の事務所まで歩いていくことに決めた。事務所は通りを出てすぐの場所にある。信じられないことに、その区画にはＦＢＩの捜査官がうごめいていたにもかかわらず、彼はまったくそれには気づかずに建物の正面玄関を出た。

ニューマンが通りを下っているとき、一四階のダイヤモンドバックの受付の目の前でエレベーターが開いた。防弾チョッキを着たＦＢＩの捜査官の一団が飛び出してきた。それはまるで、映画の撮影で拡声器を持った男が「カット」と叫び、演技がとまるかのようであった。捜査官たちは、キーボードを叩くウォートン出の社員で占められたオフィスではなく、まるでテロリストの隠れ家にでも突入しようとしているかのようであった。

「ＦＢＩだ」バッジをかざしながら、叫んだ。

驚いた受付係とトレーダーたちは椅子から立ち上がり、どうしたらよいか分からなくなった。捜査官たちはデスクの間を列をなして進み、社員たちにコンピューターから離れるよう命令する。ハガーティは、捜査官たちがファイルやハードドライブを引っ張り出すのを驚きながら眺めていた。彼の父親はニューヨーク市警に二七年勤務し、彼の兄弟はＦＢＩ捜査官としてジョン・ゴッティの逮捕に一役買った。ハガーティは金融界で一五年以上働いていたが、自分が連邦の手入れを受けるような企業に雇われることになるとは想像もしていなかった。彼は、捜査官に捜査令状のコピーを求めた。

政府がＳＡＣキャピタルを追っているという噂がヘッジファンド業界を駆け巡った。ハガーティも知っていたように、ダイヤモンドバックとＳＡＣとは密接な関係にあったのだ。ダイヤモンドバックの創業者であるラリー・スパンスキーとリチャード・シメルはコーエンのもとでもっとも成功したトレーダーであり、二〇〇五年に自分たちの会社を設立するために退社していた。二人がＳＡＣを退社して自分たちのファンドを始めるとコーエンに伝えたとき、コーエンは潰してやると脅したくらいだ。コーエンにとっては、二人が彼のもとで働いているときは問題なかった。つまり、二人にはコーエンを敵に回して仕事をする勇気などあろうはずがない。しかし、さらに悪いことに、シメルはコーエンの妹ウェンディと結婚していた。これで、バーミツバ（ユダヤ教の成人式）や結婚式は気まずいものとなった。ダイヤモンドバックの主要な従業員の幾人かもＳＡＣの出身である。コーエンの企業の代わりとなる組織を探すとなれば、ダイヤモンドバックがもっともそれに近しい会社なのだ。

ＦＢＩは捜査の一環として、ヘッジファンドに踏み込むなどということは考えてもいなかった。これは極端な手段であったが、マコルにはほかに選択肢が思い当たらなかったのだ。

ダイヤモンドバックのハードドライブが運び出されているころ、デビッド・ガネックはＳＡ

Cを退社したあとに創業したヘッジファンドであるレベル・グローバルのオフィスに車を走らせていた。このオフィスはカーネギーホールの向かいにあった。彼が到着すると、五人の社員が辺りをうろついているのが見えた。タバコを吸う者も吸わない者もいる。みな、イライラしているようだった。

「どうしたんだ」とガネックが尋ねる。

「襲撃されました、ＦＢＩは上にいますよ」と一人が答える。

「何」とガネック。最近見た映画が頭をよぎった。それはテヘランのアメリカ大使館占拠事件を題材にしたもので、暴徒と化したイラン人たちがドアを叩き割ろうとするなか、大使館の職員たちががむしゃらに書類をシュレッダーにかけている。襲撃という言葉から、連想したのである。

彼は会社の相談役に電話をかけたが、なかには入らないよう忠告される。オフィスには連邦捜査官たちがあふれており、彼らは週末のうちに裁判官が署名した捜査令状を持っている、と相談役は言う。

ガネックは、週末のうちにウォール・ストリート・ジャーナルの記事を読んでいた。彼は、マンハッタンの社交界ではおなじみの存在で、グッゲンハイム美術館の理事を務め、パークアベニューにある一九〇〇万ドルもするペントハウスに暮らしていた。その土曜日の夜、彼はウォール街の大物の子供のバーミツバに出かけたが、そこでは捜査に関する話題でもちきりだった。三六時間後、彼のオフィスにはたくさんの捜査官が詰めかけ、携帯電話やノートパソコンやノートパッドを押収し、あとで分析ができるよう会社のサーバーのデータも移している。

まさに悪夢であった。ほんの数カ月前の三月末、彼は四〇億ドルにも上るファンドの持ち分のうち、一五％をゴールドマン・サックスに売却していた。レベル・グローバルは彼の一生の仕事なのだ。歩道に待機している社員を見て、ガネックは深いため息をついた。そして、彼は身をひるがえし、去っていった。

一二月初旬、ダイヤモンドバックとレベル・グローバルが手入れを受けた数週間後、ドナルド・ロングイルはまだ落ち着かずにいた。ハードドライブを粉砕したので、自分が違法なトレードを行っていたことを示す証拠はすべて隠滅したはずである。それでも、友人のノア・フリーマンには、今後はスカイプでだけ連絡を取り合うようにしようと伝えていた。

前年の一月にSACを解雇されて以来、フリーマンは人生を立て直そうとしていた。彼には、妻も幼い娘もおり、面倒見の良い威厳ある父親になろうとしていた。彼は、ボストンにある私立女子高のウィンザースクールで経済学を教えるようになっていた。かつてのようなお金は望むべくもなかったが、それでも幸せであった。

ある日の午後、彼が学校の緑あふれるキャンパスを歩いていると、自分の車のところで一人の男が待っているのに気づいた。「あなたと話がしたい」と言った男は、B・J・カンだった。

カンは、内密な話ができるよう、フリーマンを車のなかにいざなった。フリーマンが乗り込む。すると、カンは手榴弾を投じる準備をした。ぎこちなく腰を下ろしたフリーマンは、背筋を板のように硬くする。カンは、携帯電話の録音の一部を再生する。フリーマンが専門家ネットワークのコンサルタントのウィニー・ジャウと電話で話をしている音のようであった。カンはこの録音に自ら言わんとしていることを語らせたのだ。そして、彼はフリーマンにＦＢＩに協力することで自らを救うべきであると提案する。フリーマンは、ＳＡＣで三億ドルを運用しているとき、ＰＧＲ（プライマリー・グローバル・リサーチ）の専門家を重用していたのだ。

「第一協力者となるほうがよい」とカンは彼に言った。

数日後の一二月一六日、フリーマンは二人の弁護士を伴って、セントアンドリュースプラザ一番地に姿を現した。彼らは、カンと一組の検察官であるアビ・ウェイツマンとデビット・レイボビッツとともに席に着いた。フリーマンは話をすることに同意したが、検察官たちには何を期待してよいのか分からなかった。カンはまずフリーマンのバックグラウンドについて尋ね、フリーマンの妻や、彼がさまざまな職場で一緒に仕事をしたアナリストの名前を書き記していく。その後、フリーマンはシスコ・システムズやフェアチャイルド・セミコンダクターやブロードコムなどの企業における自分の情報源について話をし始めた。そして、彼らから得た情報を、どのようにして安全に保管していたかを話した。彼は、親友であるロングイルがすべてにかかわっていることを示唆するのは少しばかりためらいを覚えた。

フリーマンは、自分と「ロングドン」というあだ名で呼んでいたロングイルとが、ＳＡＣ時代にどのように協力して未公開情報を集め、それを共有していたかを詳しく語った。ロングイルは職場の口座だけでなく、個人の口座でもインサイダー情報に基づいてトレードを行っていたとフリーマンは語った。ＦＢＩとの協力に合意したことで、フリーマンは、たとえ証券詐欺に関係のないものであっても、自分やほかのだれかが犯したあらゆる罪に関する情報を報告しなければならなかった。フリーマンはときどきマリファナを吸っていたことをカンに話し、購入先の人物の名前も伝えた。フリーマンはまた、トライアスロンをする際にＥＰＯ（エリスロポエチン）のドーピングを行っていたとも語った。

ウェイツマンは、三年間にわたり、組織犯罪を担当していた。もっともドラマチックだった事件はアルバニア人のギャングを巡る殺人事件で、二人のギャングは親友が密偵として働いていると誤認して彼を殺し、後にヴェラサノ・ナローズ橋の下の海に拳銃を捨てたのだ。この手の犯罪にかかわる人物たちは、たいてい凶悪犯罪や殺人や弱者に対する脅迫や窃盗を犯していることが多く、彼らは友人や家族を裏切ってはならないという掟のもとで活動していると、ウェイツマンは考えていた。忠誠による結束が強いのだ。

それとは対照的に、ウォール街の事件では、人々はあっという間に互いの情報を漏らす。掟などあるはずもなく、金銭欲を共有しているだけである。フリーマンもその例に漏れないが、自分の結婚式の介添人であったロングイルを密告することには、わずかばかりのためらいを感じていたのだ。

カンは、SACでの環境についてフリーマンに尋ね始めた。フリーマンによれば、SACではコーエンと会話するには四つの方法があるという。①直に会話する、②電話で話す、③eメールでやり取りする、④毎週金曜日に行うポートフォリオの報告文書を通じる――である。フリーマンは、SACの別のファンドマネジャーとインサイダー情報を共有したときのことを思い出した。フリーマンは自分のデスクから見えていたのだが、コーエンが電話の最中に急に元気づいたときのことを思い出した。彼は電話を切ると、金融株をロングしたいと発表した。つまり、銀行の株式を買うというのである。金融危機の最中だったので、無謀な自殺行為ともなり得る行動のように思われた。次の土曜日、ファニーメイとフレディーマックが国有化されたので、フリーマンには、コーエンはそうなることを知っていたとしか思われなかった。カンが聞き取ったその他の話の多くと同様に、興味をそそられるものではあったが、立件するには不十分である。

カンはテーブルの上に身を乗り出し、彼を見つめた。

「スティーブはあなたにどうするよう求めたのだ」と尋ねる。

「最良のトレードアイデアをスティーブに提供することが求められる。そこにはインサイダー情報を提供することも含まれていると理解していた」とフリーマンは躊躇なく答えた。フリーマンは、そう理解していたのは自分だけではないとはっきりと主張した。

フリーマンが去ったあと、検察官たちは報告のために上司のオフィスに駆け込んだ。ＳＡＣでインサイダー取引が行われていたことは確実であり、それを証言する証人を得たと彼らは言った。フリーマンの証言をもってすれば、ＳＡＣを直接訴えることができるだけの具体的な証拠を得たことになると考えた。マンハッタン連邦地検の証券局長は、フォルダーに「In Re: SAC CAPITAL」と書き入れた。

ついに、ＳＡＣが公式に捜査の対象となったのである。

ウェイツマンは、コーエンとＳＡＣキャピタルのことが語られている面会のメモをすべて送るようカンに要求した。メモは、証人との会話をＦＢＩの捜査官たちが書き記したものである。彼らが散文の名手であることは知られていない。数時間後、メモでいっぱいとなった四インチのファイルが二冊、ウェイツマンの机に置かれた。彼はそれらに目を通していった。

まもなく、どれほど多くの面会において、コーエンがインサイダー取引を行っているか、またＳＡＣで働いていた人々がコーエンの承知の下、インサイダー取引を行っていたかが語られているかに、彼は衝撃を受けた。と同時に、自分たちの主張を裏付ける確たる証拠を持っている者がほとんどいないのである。ＳＡＣにはインサイダー取引の文化が根づいており、またそこで行われていることからコーエンを守るための強固なメカニズムが存在するのだ。社員たちは、情報の価値に対する自信のほどを示す「確信レート」の数字を用いることで、コーエンのポートフォリオにネタを送り込むのだ。つまり、コーエンは隔離されているのである。

数日後、ノア・フリーマンは、カンに盗聴用の録音機をつけられながら、動揺しないよう努めていた。フリーマンが自分の友人を告発しなかったとしても、そうされていたことであろう。彼は、東五九丁目にあるロングイルのアパートに向かい、ドアマンに来意を告げると、エレベーターに乗り込み、一〇階まで上がっていった。ロングイルは、直接会って話をする以外はあらゆる通信方法に対して不安を抱くようになっており、話したいことも吐き出さずにいたのだ。汗ばみ、胃が痛むのを感じた。フリーマンは六年生が女の子にダンスを申し込むかのように恥じらっているそぶりをしながら、ロングイルを取り込むべく話を進めた。彼は、すべてのドラマの発端となった前月のウォール・ストリート・ジャーナルの記事を持ってきていた。

「どう思う。最悪、俺たちも巻き込まれるんじゃないか」とロングイルに尋ねる。会話はすぐに自分たちが行ったもっとも悪質な事柄に移る。つまり、ＰＧＲのコンサルタントのウィニー・ジャウからマーベルに関するインサイダー情報を入手したことだ。

「僕がウィニーから入手して、それを君に伝えた……理屈としてはそういうことだ」とフリーマンは言う。彼の声は次第に小さくなった。「ウィニーの収益情報に基づいてトレードしたのか。俺たちはトレードしたな」

「あぁ」とロングイルが答える。

「ウィニーのは詳しかった。詳しすぎたくらいだ。その情報を君にやったよな」とフリーマンは続ける。

「あれは、二〇〇八年だったな。二〇〇八年の上半期だ」とロングイルは応じるように言う。

「そして、俺たちはそれに基づいてトレードした。お前はトレードしたと言ったよな。確かにそれに基づいてやったよな」とフリーマンは言う。

その後の会話で、フリーマンはジャウが政府に協力していると思うかどうかをこの友人に尋ねた。

「かもしれないね。でも、連中は彼女が俺たちに漏らしたって証拠を持ってんだろうか。つまりだよ、聞きたいと思おうが思わまいが、俺はウソをついても構わないわけだ。確かに、俺たちはウィニーと話したよ。でも、『彼が言った、彼女が言った』にすぎないじゃないか」とロングイルは言う。

「もし彼女が『私は彼らにEPS（一株当たり利益）の数字を教えました』と言ったとして、俺たちは……」

「証拠はありますか、そんなことは覚えていません」とロングイルが答える。

フリーマンは「ログ」について尋ねた。それがどこにあるのか。あれがFBIの手に落ちれば、壊滅的なことになるのだ。

そうだなと、ロングイルは認める。ログは爆弾となり得るのだ。そこには、あらゆる企業の情報源のすべてが記載されている。しかし、ロングイルはその問題をすでに手当てしていた。「ウォール・ストリート・ジャーナルの記事が出たその夜に取り外して、全部捨てたよ」と彼は言う。

「ログを捨てたのか」とフリーマンは尋ねる。

「ぶっ壊した。全部捨てたよ」とロングイルが答える。

「どうやって」とフリーマン。

「切り刻んだんだ。全部切り刻んだよ」とロングイルが言う。

「どうやって取り出したのか分からないよ」

「オーケー、簡単なことだよ。ペンチを二つ使って、こじ開けるんだ」。彼は、ウエハー番号が付いている二つの外付けハードドライブもバラバラにして、別々のゴミ袋に入れたと言う。「午前二時にアパートを出て、二〇ブロックくらい歩いていってね、適当なゴミ収集車に投げ入れたんだよ」

「連邦の役人はそれを探し出そうとするだろうよ」とフリーマンは言う。

「確かに、見つけだすかもしれないけど、全部粉々になってるよ」とロングイルは答える。「すべては終わったんだ」


夜、電車に乗ってジャージーシティの自宅に戻り、妻を助けて四人の子供たちを寝かしつけたあと、SECの弁護士であるチャールズ・リーレイは夜遅くまで、データを突き合わせながら、関係性を見いだそうとしていた。それは、この新たな事案に取り組んでから一年以上が経過した二〇〇一年初頭のことで、彼はいまだにSACでエランをトレードしたのがだれかを見いだせずにいた。そのことに彼はイラだっていた。

ラジ・ラジャラトナムが一四件に及ぶ共謀ならびに証券詐欺で有罪判決を受けた二〇一一年五月になって、リーレイはやっと大きな進展をみた。彼は、数カ月前にシドニー・ギルマンの通話記録を求めた召喚状を提出していたが、しばらくなしのつぶてとなっていた。やっとのことで通話記録を入手すると、手元の名簿にある電話番号を見いだすことができた。それは、マシュー・マートマという名前のSACのファンドマネジャーのものであった。SECのデータベースには彼の名前が載っている。突如、すべてが符号したのだ。医師とトレーダーが何度となく会話をしている。リーレイはついにトレーダーを見つけたのだ。

彼は上司であるサンジャイ・ワドーワに報告に向かう。彼らはついに容疑者を見つけたのである。そして、ワドーワは、米連邦地検の証券局長に電話をかけた。

率直に言えば、ワドーワは不満であった。SECによるエランの捜査は一年以上続いている。その間、入手したわずかな通話記録を分析することで、巨大な金融詐欺の全貌を暴いていったのだ。いまや、リーレイの努力によって、彼らはマートマとギルマンという二人の容疑者を得た。また、事案は明らかに、彼らがこれまで数年にわたって追いかけてきたクジラである、コーエン本人まで及ぶのである。しかし、それにもかかわらず、米連邦地検は重要性に乏しいという思いから、いまだに事件を担当する検察官も任命していないのだ。彼はこれまでに二度、エランの事案に検察官を配置するよう勧めたが、何も起こらなかった。

ＳＥＣの弁護士、ＦＢＩ捜査官、そして連邦検事という三つの関連したグループが証券事件の連邦捜査に加わっており、不安定ながらも互いに依存した三頭体制を構成していた。彼らは密接に連携して仕事をしていたが、ＦＢＩはテクニカルには司法省の下部組織であり、互いが互いに反感を抱いており、それぞれが自分たちが一番労力を費やしながらも、それに見合った功績が認められることはなかろうと考えていた。ＦＢＩには、証人を転ばし、盗聴を仕掛けるという危ない仕事をしているタフな男たちであるとの自負がある。ＦＢＩ捜査官たちは、ＳＥＣが犯人を捕まえているような言われ方を嫌っていた。正すべき誤解であるが、あまりに繰り返し言われるので頭に来るのだ。ＳＥＣは、自分たちはあらゆる証券事件のブレーンであり、複雑な証券関連法を深く理解している唯一の存在である、と何の根拠もなく考えていた。正当な評価が得られず、時に軽視されていると感じているＳＥＣの弁護士も多い。一流のアイビーリーグの法科大学院を卒業した者が多い検察官たちは、自分たちが関係せず、裁判に持ち込むための手配が必要となるまでは事件を重要とも思わないものなのだ。記者会見で新しい指令を発表するプリート・バラーラのやり方は、くすぶる不満にガソリンをまき散らすようなものなのだ。彼はたいてい、ＦＢＩやＳＥＣの「パートナーたち」に礼を述べるが、ウォール街の犯罪者たちを成敗するのは彼であると大衆は考えるのだ。

「どちらにおられますか。良い事案があるのですが、あなた方にもご協力いただきたいのです」と、ワドーワは電話で地検の証券局長と次長とに尋ねた。

ワドーワとSECにかかるプレッシャーは、概して大きなものである。

アイオワ州選出の有力共和党員であるチャールズ・グラスレー上院議員は、SECは株式市場を監督するという自らの責務を果たしていないと声高に、公然と非難し始めた。前月、上院司法委員会がSACキャピタルと呼ばれる悪徳ヘッジファンドを詳しく調べているとグラスレーの事務所にたれこんだ者がいたのだ。

オバマ政権による金融危機への対応を声高に批判していたグラスレーは、インタビューや記者会見の場でも、大統領による金融改革の提案は弱すぎると主張していた。SACの事案は、次なるマドフを見逃してきた規制当局を批判するに絶好の機会のように思われた。皮肉なことに、グラスレーは二〇〇八年にSACのオフィスで開かれた資金調達活動に参加していたが、ファンドが何をやっているかはほとんど知らなかったのだ。二〇一一年四月、ラジ・ラジャラトナムの裁判が始まって一カ月、グラスレーのスタッフの一人が株式市場の動きを監視しているFINRA（金融業規制機構）に対して、SACの疑わしいトレードに関するすべての照会状を送るよう要求した。何か重大な事実があり、また規制当局がそれに対して然るべき処置を行っていないとしたら、グラスレーは声高に、社会運動を起こす理由を得ることになるのだ。

数日後、二〇銘柄のトレードに関する照会状をまとめたファイルがグラスレーの議会事務所に届いた。それを開いた若い補佐官はヘッジファンドの専門家ではなかったが、確実に悪事が行われているように思われた。

二〇〇七年五月九日の照会状には、ＳＡＣの一部門であるＣＲイントリンシックによる、コネティックス・コーポレーションという銘柄に関する疑わしいトレードが記載されていた。二〇〇七年一〇月二六日付けの別の照会状では、ＳＡＣによるフィデリティ・バンクシェアーズのトレードが指摘されている。二〇〇七年一二月一四日の別の照会状には次のようにあった。「二〇〇六年六月二六日から八月三一日にかけてＩＮＧＲと接触していたコネティカット州グリニッジにある二つのヘッジファンドが、ＩＮＧＲ株を適切なタイミングで購入していることが、捜査によって明らかとなった」。このファンドはＳＡＣの一部であり、ＩＮＧＲの買収が発表される直前に株を取得していたのである。リストは、ユナイテッド・セラピューティクス、シルトリス・ファーマスーティカルズ、サード・ウェーブ・テクノロジーズ、クーガー・バイオテクノロジー、シニュトラ・インターナショナルと続いている。近いところでは、二〇一〇年に行われたトレードもいくつかあった。二〇〇八年九月五日付けのエランとワイスに関する照会状ももちろん含まれ、そこでは治験結果が発表される一週間前にＳＡＣが大量の株式を売却していることが指摘されていた。

グラスレーは、照会状を受けてＳＥＣが何らかの行動を取ったのかどうかを知ることを要求した。彼は、メディアに書面を出し、証券取引を規制するＳＥＣの能力に対する懸念を表明した。ＳＡＣを見てみろ、と彼は言ったのだ。疑わしい活動の兆候があまたあるにもかかわらず、ＳＥＣは何の行動も起こしていない。これまた無能な政府機関なのである。

上院議員の動きを見ていたコーエンは不満を募らせていた。SACにおいて何か不適切なことが行われているとだれかが指摘したときは、コーエンは常に防衛態勢を取るのだ。彼は幹部たちに、ワシントンからの批判に対して何らかの策を講じるよう命じた。数日後の二〇一一年五月一〇日、上院議員の書面が公表されると、SACはコネティカットにいる幹部の一団をグラスレーのオフィスに送り込み、事を収めようとした。

コーエンのアドバイザーたちは、上院の職員たちを「とりなし」、SACに関する懸念を払拭できるとの自信を持っていた。SACの会長であるトム・コンヒーニー、同じく相談役のピーター・ヌスバウム、ワシントンにいるSAC幹部であるマイケル・サリバンがグラスレーのオフィスに向かった。サリバンはかつて、有力な共和党上院議員の顧問を務めており、生粋のワシントン住人である。SACはこの手の問題を解決するために、特別に彼を雇っていたのだ。サリバンは、SACはコンプライアンスを順守しているのだから手加減すべきだと、上院の調査員たちに主張した。

「スティーブは、極めて公共心の強い人物だ。メトロポリタン美術館への出資も考えているくらいなんだ」とサリバンはグラスレーのスタッフに語った。

スタッフたちは彼を見つめていたが、自分たちが耳にしていることを理解できずにいた。「あぁ、僕はメットが大好きだし、彼は良い奴に違いない」。皮肉にもそう考えたスタッフもいた。面会はぎこちないままに終了したが、コーエンからすると無駄であった。五月二四日、グラスレーは再びメディアに書面を出し、今回はSACの捜査を行わなかったSECを非難し、SEC委員長との面会を求めていた。「証券取引委員会がわが国の金融市場を適切に監督しているかどうか、私は長年にわたって興味を持っていた」とグラスレーは記している。彼は、二〇通に及ぶSACの疑わしいトレードに関する照会状をFINRAから入手しており、それぞれに対してSECがどのように対処したのか説明を求める書面を出した、と説明した。

ワドーワがSECの法執行部長から電話をもらうまでに、グラスレーの運動は本格的なスキャンダルにまで発展することが懸念された。

「出し抜きましょう、見ててください」と、ワドーワは上司に語った。

エランの件に関して、ギルマンとマートマとの関係をSECから知らされたあと、米連邦地検の証券局長は、今こそSECが発見したことを再び見直す機会であることに同意した。ノア・フリーマンとドナルド・ロングイルの件を担当したアビ・ウェイツマン、違法オンラインカジノに関する世間も注目している事件の渦中にあったアルロ・デブリン・ブラウン、二人の犯罪捜査官がSECの事務所に足を踏み入れた。B・J・カンも同様である。

チャールズ・リーレイは、エランで起きたことに対していまだ否定的であったが、彼には一つの理論があった。彼は、できるかぎり明解に共同謀議の存在を描きだそうとしていた。「ギルマン、もしくはほかの医師がマートマに情報を漏らしたことはほぼ確実だと思う」と彼は言った。状況証拠だけでインサイダー取引を立件するのが難しいことは言うまでもないが、新たに入手されるあらゆる資料が、このシナリオを支持している。リーレイは、巨大な事件になりそうだと確信していた。

部屋にいる全員にとって、関係性は明らかであった。株式を暴落させるような薬品に関する重大な発表があった。その発表を行ったのは、あらかじめ情報を知ることができる医師である。その医師は、コーエンから高給をもらっているSACのトレーダーからたんまりとコンサルタント料を受け取っている。そして、コーエンはニュースが出る一週間前に株式をトレードして何百万ドルもの利益を生み出している。これはオッカムのカミソリ、または節約の法則である。つまり、競合する仮説があるなかで、たいていの場合、もっとも簡潔なそれが正しいのだ。その他の説明は常識に反するのである。

ワドーワは検察官たちに語りかける。「君たち、これは本当に重大な事案だ。君たちが何もしないのであれば、われわれだけでことを進めなければならないだろう」。マートマ個人に気を取られている場合ではない。本星はコーエンなのだ。

「そのとおりだ。われわれはこの問題に取り組まなければならない」と証券局長は言った。

カンはミーティングを中座しなければならなかったが、エランの件で確信を持てるだけの話は聞いていた。控えめに言えば、彼はウォール街で起きていることに対する懐疑的な見方を強めた。彼は、不正行為が横行していることを協力者や情報源から何度となく聞いていた。インセンティブも大きく、多くのファンドがしのぎを削るなか、さらにだれもがウォートン出の秀才たちをスタッフに抱え、同じ最先端のテクノロジーを活用し、同じ専門家ネットワークのコンサルタントを利用し、同じ欲と決意とを抱くなかで、どのようにして毎年毎年、他人を出し抜き、市場に打ち勝つことができるのか。ガレオンの事件では、ラジ・ラジャラトナムと一一人に上るトレーダーを告訴し、六四〇〇万ドルに上る不正利益を洗い出した。エランとワイスでの利益額はその四倍にもなるのだ。

ＦＢＩはついにギルマンという生きた手がかりを見いだし、接触しようとしていた。

カンはオフィスに戻ると、ＦＢＩのデータベースにマートマの社会保障番号を入力した。マシュー・マートマは「把握済み」と呼ばれる特殊な立場に置かれていることが分かる。彼は、別の不正に関する捜査の証人候補として二〇〇〇年にＦＢＩ捜査官に事情聴取を受けていたのだ。

また別の件も浮かび上がった。マートマは彼の本名ではない。幼少期、彼はアジャイ・トーマスと名乗っていた。その名前は、古い事件に関する当時のＦＢＩのメモに登場するのだ。カンは奇異に感じた。

さらに興味深いことに、マートマに対する古い聴取のメモには、彼がハーバード法科大学院を突然辞めたとあった。カンは、即座にデブリン・ブラウンとウェイツマンと二人の検察官と情報を共有する。彼らはともにハーバード法科大学院に通っていたのだ。そして、マートマが在学中に、彼らもちょうど在学していたのだ。検察官たちは要調査とメモをとった。

カンの最優先事項はギルマン博士で、博士の協力が得られれば事態は大きく進展する。カンは、レイバーデーの前の週を選んで接触することにした。ギルマンはターゲットとしては容易なように思われた。名を遂げた老紳士であり、職を失い、残りの人生を刑務所で過ごすことなど考えたくもないであろう。

二〇一一年八月三一日午後五時ごろ、カンと彼のパートナーは、ミシガン大学からほど近いアナーバーの住宅地の突き当たりにあるギルマンの家まで車を走らせた。彼らは通りに車を停め、ドアをノックした。ギルマンの妻が出る。捜査官たちが自らの立場を名乗ると、彼女は、夫は病院で回診中だと説明する。「今夜は戻りが遅くなります」と彼女は言う。彼女はひどく神経質になっているようだった。捜査官たちは一時間ほど待ち、そして帰っていった。

翌朝、FBI捜査官たちは再び自宅を訪れ、ギルマンが外出するのを待った。彼らは車で病院に向かうギルマンのあとをつけ、彼の車に横付けして駐車した。カンが飛び出し、窓ガラスを叩く。

「ギルマン博士、ちょっとお話できますか」と彼は言う。

「もちろんだ」とギルマンは答えた。カンは、なかに入って話ができる静かな場所に移ろうと提案する。

「われわれがここに来たのは、インサイダー取引に関してあなたと話をするためです」。腰を下ろすやいなやカンが切り出した。「マシュー・マートマに機密情報を漏らしましたか」

武装した連邦の役人と相対するとパニックに陥り、おかしな振る舞いを始める人物はギルマンが最初ではない。彼が最後にマートマと会ってから三年が経過し、詳細はほとんど覚えていなかったが、ギルマンは自分が法を犯したことは分かっていた。彼は、マートマと最後に会って以来、エランでの出来事はすべて忘れてしまおうとしていた。捜査官たちにウソをつけば、事態が悪化することは彼も理解していた。もちろん、それこそがＦＢＩが望んでいる状態である。つまり、だれかがウソをつけば、ＦＢＩは偽証でひっかけることになるのだ。

理由はさておき、ギルマンはウソをついた。

「わたしには、あなた方がおっしゃることが分かりません」と、カンに言った。

「あなたがマートマにインサイダー情報を提供した記録を持っております」とカンはギルマンを見据えながら言った。彼は沈黙が苦になるまで、数秒の間を置いた。カンは真実ではないことを話しているのだ。盗聴の記録はないのだ。しかし、カンの哲学は、「手段を選ばず」である。

ギルマンは頭を振り続けている。

「あなたがパピネオズマムの治験に関してマートマに話をしたことを知っています。すべて記録があるのです」とカンは言う。争う余地のないものだと彼は主張した。名声、教授の地位、研究助成金、あなたは失うものがあまりに多い、と。

ギルマンは、否定に否定を続けたが、やがてこう言った。「もし私が機密情報を共有したと考えているのであれば、私の電話の記録があるはずだ。そうであれば、私は情報を漏らしたのであろうが、そうした意図はなかった」。そして間を置いて、「彼に話したことなど正確には覚えていません。三年も前のことですから」

カンはいつもどおりの説得を続け、自分たちを助けることを拒み、自らを守ろうとすることでキャリアを無駄にすることは残念なことだとギルマンに伝える。相手が捜査全体のなかでは重要ではない場合には特にこういうことをする。

そして、カンは彼をまっすぐに見つめ、「ギルマン博士、あなたは取るに足りません。マートマもそうです。われわれが本当に狙っているのは、スティーブ・コーエンです」と言った。

フライング湖は、メーン州アガスタの北にあるうっそうとした木々に囲まれた湖で、チャールズ・リーレイは八月の最終週をその地での避暑に充てていた。SECの弁護士は森の散策に出かけようと、しゃがんで靴のひもを結んでいると、携帯電話の着信音を耳にしたような気がした。その日はそれが二〇回にも及んだという。彼のキャリアで最大の事件が、新たな重大な局面に入ろうとしていたが、リーレイは妻に旅行を取りやめるように提案することはできなかった。気は散りはしたが、彼は週のほとんどを携帯電話が光り、ギルマンへの接触に関する最新情報を伝えるボイスメールが届くのを待ち続けた。彼は、ギルマンが寝返ったかどうか、どうしても知りたかった。やっと、リーレイの電話が鳴った。

「うまくいきました」。カンは事態を最大限都合よく解釈して、そう伝えた。最初の面会で知っているすべてを共有し始める者などめったにいないことを二人とも経験から知っていたので、ギルマンが質問に答えようとしなかったのは、必ずしも拒絶を意味するものではないのだ。まだわずかな希望がある。ギルマンは話した「かもしれない」と言ったとカンは繰り返した。だれかを寝返らせるというのは、長距離走のトレーニングのようなものである。つまり、積み重ねが必要なのだ。

いまやギルマンに接触したので、捜査はもはや極秘ではなく、SECは彼個人および職業上のデータを求めて召喚状を発行することができるようになった。彼の予定表やミシガン大学にあるファイルやノートパソコン上のすべてのデータなどを、である。そうすれば、バピの治験におけるギルマンの役割に関することなど、より詳細な情報をもってエランの事案に取り組むことができるのだ。通話記録を見ると、マートマとギルマンの会話は一時間以上に及ぶことがしばしばあったことが分かる。

「人生でこんなに長く会話をしたことなどありませんよ。一時間二〇分も電話してるなんて想像できますか」と、あるときカンはリーレイに言った。

カンが接触したあと、ギルマンは少なくとも原則的には協力することに同意した。しかし、彼が本当に実行するかは判然としていない。何も記憶にない、これが精いっぱいというのでは、政府の役には立たないのだ。

数カ月に及ぶ議論のあと、ギルマンの弁護士は、自分の依頼人は会議で多忙を極めていることに言及しつつも、SECや検察官と話をして、どのような助力ができるかを検討することに合意した。それでもなお、彼には政府の思いどおりにさせるつもりはないことを弁護士は鮮明にした。彼の依頼人は、巨大な事件の鍵を握る人物であり、そのことはだれもが理解していた。彼には取引を有利に進めるてこがたくさんあるのだ。

ギルマンは、自らの代理人にマーク・ミュケイジーを採用した。ミュケイジーは南部地区の証券部門にいた元検察官で、それ以前にはSECの弁護士を務めたこともあり、現在はブレイスウェル・アンド・ジュリアーニのパートナーである。彼は、ジョージ・W・ブッシュ政権で司法長官を務めた元連邦判事であるマイケル・ミュケイジーの息子であり、事あるごとにその事実を人々に伝えていた。ミュケイジーはすぐに、自らが容易ならざる人物であることを示して見せた。彼はあらゆる防衛体制を敷き、時に怒鳴り、そしてギルマンの年齢を口実とした。「私の依頼人は正しいことをしたいと考えている。しかし、彼は高齢で、病気もあり、しかもものすごく忙しい」。検察官たちが面会の日取りを求めると、ミュケイジーはこう言うのだ。「確認して、追って連絡する」

SECがいまだギルマンとの面会時間を確定できずにいたころ、リーレイは一連の通話記録に目を通しながら、驚くべき事実を発見した。マートマは、二〇〇八年七月二〇日午前九時四五分、この日曜の朝にコーエンの自宅に二〇分に及ぶ電話をかけているのだ。仕事の話であればば奇妙な時間帯である。翌月曜日の朝、SACがおよそ一〇億ドルに及ぶエランとワイスのポジションを解消し始めたことはトレードの記録が示している。マートマはポジションを反転させ、すべての株式を売却すべき理由をコーエンに伝えなければならなかったのだ。

「なんてこった」。リーレイはそう思いながら、この新たな発見が示すものを受け止めていた。いまや、スティーブ・コーエンも告訴の対象となりそうである。

「一発屋」なる蔑称を賜り、SACでの職を追われたあと、マシュー・マートマは妻と子供たちとともにフロリダに引っ越していた。両親の居場所に近いから、というのが表向きの理由であったが、フロリダはタックスシェルターに関する法律が緩く、居住者は破産やほかの判決などから、主たる住まいや資産を守ることが可能なのである。

マートマ家は、ボカラトンにあるロイヤル・パーム・ヨット・アンド・カントリー・クラブ内に、五ベッドルームの家を一九〇万ドルで購入した。豪華なスペイン風の邸宅で、エレベーターがあり、床は大理石、分厚いカーテンも幅広い。裏庭にはクローバーの形をしたプールもあった。マートマも彼の妻も仕事をしていなかったが、子供たちの教育に身を捧げていた。幼いジョシュアとアバの面倒を見て、デビッドのゴルフレッスンに通い、スペリング競争や、中国語の家庭教師、そして私立学校での教育、それが彼らの本業となっていた。彼らは慈善活動家となることを望み、マシュー・アンド・ローズマリー・マートマ財団に一〇〇万ドルを投じた。それによって寛大な税控除が得られるのである。

二〇一一年一一月八日の夜、マートマと妻が帰宅すると、B・J・カンと彼のパートナーであるマシュー・カラハンが家の前で待っていた。

「特別捜査官のカンだ。FBIだ」とカンは言い、カラハンを紹介する。そして、「あなたのかつてのビジネスパートナーである、スティーブ・チャンがもうじき出所する。その件で話がしたい」。何かを認識したことが、マートマの表情に表れた。

カンは最初のセリフを注意深く考えていたのだ。マートマには自分の調査が済んでいると感じてほしかった。この時点までに、カンは、マートマと彼の妻に関すること、そして妻はおそらく知らないであろうことまですべてを承知していた。最初のセリフは、事態の重大さを伝えるもので、知っていることを確認するためだけに訪問し、何もせずに帰るつもりではないことを示したのだ。

ローズマリーは月ほどにも目を見開いた。子供たちが家にいることを思い出し、彼らが何が起きているかと不思議がるだろうと思ったのだ。彼女はすぐに戻ると言い残し、家のなかに入っていった。

彼女が去るやいなや、カンはマートマに向き直る。「いいか、チェンの話がしたくてここに来たんじゃない。あなたがSACにいたころに行ったインサイダー取引について話がしたいのだ」と言った。そして、押し黙り、マートマの顔から血の気が引いていくのを見つめる。「エラン、そして二〇〇八年七月のことを話したい」

マートマは、自宅の車寄せで気を失ってしまった。

第11章 難航不落

遠く離れた地からアメリカに移住した多くの人々と同様に、マシュー・マートマの両親は自分の子供たちがこの地でやがて成功を収めることを夢見ていた。特に、アジャイ・マシュー・マリアンダニ・トーマスと名づけた長男には大きな期待を抱いていた。マートマの母のリジー・トーマスが一九七四年に二六歳で彼を生んだときは、ミシガンの医学実習生であった。彼女とマートマの父であるボビー・マートマは、インド南部のケーララにいた当時からのクリスチャンである。ボビーは一九六四年、アメリカで医用工学を学ぶために一九歳で移住した。ハワード大学を卒業したあと、彼はミシガンのフォードでエンジニアとして職を得る。家族がフロリダに移ったのは、マートマがまだよちよち歩きのころであった。

ボビーは、自分の子供がいつの日かハーバード大学に通うことを夢見ていた。家族はコーラルスプリングスの教会で活発に活動しており、ボビーは毎日ハーバード行きを祈っていた。それゆえ、息子の学校の成績は大きな関心事であった。マートマは、キリスト教系の小学校で優等クラスに学び、フロリダ州ロックリッジのメリットアイランド高校の卒業時には共同総代を務めている。しかし、マシューの成績ではハーバード大学には届かず、父親は息子に猛烈な怒りをぶつけた。彼は怒りのあまりに、父親として信じられないような残忍な行動に出る。マシューの一八歳の誕生日から数週間がたったころ、ボビーは息子に「父の夢を台無しにした息子へ」と書かれた額をプレゼントした。

結局、マートマはデューク大学に進み、生物学を専攻する。自由時間は履歴書を良くするために、課外活動に精を出した。彼は、アルツハイマー病患者を支えるボランティアを行い、社会奉仕活動を行う寮で暮らしていた。彼は、本名のアジャイ・マシュー・トーマスの名で通していたが、人々は彼を「マット」と呼んでいた。

マートマは学業のあらゆる段階で、指導者を見いだす特異な能力を示した。特に、代理父となるような男性の指導者を獲得するのである。彼の担当教授の一人で、倫理学と政策論を教えていたブルース・ペインは、マートマの熱心かつ勤勉な姿を覚えている。彼は、いつでも仕事の採用面談に呼ばれてもよいと思っているかのように、常にほかの学生よりもフォーマルな格好をしていたため目立った存在だったのだ。「マットに関して特筆すべきは、彼はほかのほとんどの学生よりも倫理学に強い興味を抱いていたことだ」とペインは述懐する。「マットはあっという間に講義内容を把握し、私が望む分析方法を理解するのだ」。学期が始まったばかりのころ、マートマは授業助手の主任にしてくれるように働きかけ、ペインもそれに同意した。

卒業後、マートマはメリーランド州ベテスダにあるＮＩＨ（米国立衛生研究所）で、ナショナル・ゲノム・プロジェクトに参加していた。「彼は野心家で、立身出世を目指していた」と、ダートマス大学の教授で、ＮＩＨ時代のマートマの指導者であったロナルド・グリーンは述べている。「マシューを養子のように感じていた」

ＮＩＨで働きながら、マートマは法科大学院に願書を提出した。彼の入学を知らせる書類の入ったぶ厚い封筒がハーバード法科大学院から届くと、マートマの父親は狂喜した。一九九七年秋、ボビーはＵホールのトラックでマシューをフロリダからマサチューセッツへと送り届けた。マートマはあらゆる面で典型的なハーバード法科大学院の学生であった。つまり、リラックスすることなどほとんどなく、自分の履歴書を磨き上げる活動ばかりに時間を費やしていた。彼は、ソサエティ・オブ・ロー・アンド・エシックスという学生サークルを共同で立ち上げ、学内の法律ジャーナルの編集者を務め、ほとんどの時間をそれに当てていた。

しかし、二年になると、マートマは講義についていけなくなる。その一因に、課外活動が重荷になってきたことがあるが、彼の父親はそのことを警告してもいた。彼の成績が下がり始める。秋も深くなるころ、クラスメートたちは一流企業でのサマージョブへ申し込みを始めた。これは野心あふれる学生のほとんどにとっては一般的な慣行であったが、マートマの成績では望むべくもなかった。憧れのポジションはすべてオールＡの学生たちに押さえられてしまうことはマートマも理解していた。

ともかくマートマはサマージョブの席を得ようとするが、それが彼に宿命的な決断を下させることになる。マートマの成績は十分なものではなかった。そこで、彼は十分優れたものにしようとしたのだ。一二月のある日の午後、彼は民事訴訟法と契約と刑法の成績証明書を改竄し、実際にはBとB＋、BであったものをすべてAに注意深く書き換えたのである。そして、彼は二三人の裁判官に申込書を送った。

その一月、彼はワシントンDCの控訴裁で、三人の裁判官に面接に呼ばれた。序列としては最高裁に次ぐものであり、連邦政府が管轄する法や規則を形作るのに重要な役割を果たすのだ。裁判官たちはすでに彼の成績証明書を受け取っており、その内容に驚いていた。直接会ってみると、マートマの美男子ぶりと真摯な態度、そしてもちろん素晴らしい学歴とに彼らは感銘を受けた。三人のうち二人が彼を「エクセレントな」候補と評価する。一九九九年二月二日の夜、裁判官の一人がマートマに電話をかけ、サマージョブへの採用を申し出た。すでに夜も遅く、マートマの返答もぼんやりしたものだった。彼が混乱しているようだったので、裁判官は翌日電話をかけてくるようマートマに提案した。マートマが電話を折り返すことができずにいると、裁判官のスタッフが彼をつかまえようとし、裁判官に電話を折り返すようメッセージを残した。二月四日、スタッフが再び電話をかけ、メッセージを残している。

裁判官は知らなかったが、面接から電話までの数日の間に、マートマの世界を支えていた土台が崩れ始めていたのである。

一人の裁判官に仕えていたスタッフがマートマの成績証明書に疑義を抱き、大学に電話をかけていたのだ。二月二日の午後、マートマは教務課のスティーブ・ケインに呼び出されていた。キャンパスの端にあるケインの事務所に足を踏み入れたとき、マートマはなぜ面会に呼び出されたのか分からなかった。しかし、彼は恐怖を抱いていた。

前の年、ケインは入学許可を得るために偽の成績証明書を提出したハーバード法科大学院の学生を除籍しており、彼はマートマにも同じ処分を下そうとしていた。ケインは砕けた会話もそこそこに、マートマに成績証明書を改竄したか直接尋ねた。マートマはショックを受ける。自分の将来、父親のプライド、そしてすべてを投げ打ち懸命に勉強した月日のすべてが消え去っていくように感じた。彼は懸命に説明を試み、申し込みは単なる冗談で、サマージョブに参加しようという意図などまったくなかったと主張した。

「裁判官にはすでにお断りの手紙を送っています」ともっともらしいことを言った。ケインは彼を見やって言った。「バカにしてるんですか」

マートマはどうにかダメージを回復しようとした。どうにか抜け出さなければならない。彼に一つの計画が思い浮かんだが、それは良からぬものであった。

その夜、マートマはコンピューターの前に座り、ケインに対して行った自己弁護を補強するような電子記録を作成しようとした。つまり、サマージョブへの申し込みは真剣なものではなく、すでに申し込みは撤回しているとするものだ。

「私はもうサマージョブのポジションを探していないので、推薦状は出していただかなくて結構です」と、彼のために推薦状を書いてくれていた教授の秘書に書き送った。マートマは、サマージョブの申し込みを遡及的に断るために、自分が申し込みをしていた裁判官全員に書状を出した。その手紙はすべて一月三一日付けとなっていたが、消印はケインが成績証明書の件で彼を呼び出した翌日の二月三日のものであった。

ケインと学生部長は、マートマがウソをついていると確信していたが、除籍はハーバード大学では重大事、つまりは核オプションのようなものである。そこで彼らはマートマに関しては好意的に解釈することにし、時間をかけて調査を行うことにした。

三カ月間にわたり、ケインは何が起きたのか徹底的な調査を行った。彼は電話をかけ、資料を精査した。法科大学院の理事会は正式な捜査を開始し、eメールの履歴を回収した。四月と五月、理事会は四日間の公聴会を行い、その間、マートマと彼の両親、そして弟が証言を行った。

マートマ家の全員が同じ作り話を語った。つまり、マートマは、完璧な成績を残すことを求めていた両親に見せるためだけに、偽の成績証明書を作成した、というのだ。しかし、数日後、自分がしたことが誤りだったと気づき、両親には本物の改竄していない成績証明書を見せた、と理事会に語った。これらの出来事の混乱のなかで、彼は両親の家の机に改竄した成績証明書を置いてきてしまい、「その場しのぎの」就職面接のためにカリフォルニア行きの飛行機に飛び乗った。家を空けている間、彼は弟にサマージョブの申し込みを済ませる手伝いをするよう依頼した。弟は、改竄した成績証明書を見つけ、マートマの意に反して申込書に添付し、マートマが準備していた封筒に入れてしまった、というのである。そして、母親は中身を見ることなく、申込書を郵送してしまった、と。

理事会のメンバーのほとんどが、その話を信じることができなかった。彼らには、話のすべてが不合理だと思われた。あらゆる点が信じられないのだ。両親を喜ばせるために成績を改竄し、その後、自発的にすべてを打ち明け、改竄した成績証明書を出しっぱなしにし、弟に申込書の準備を依頼する。これは大掛かりな「家の犬が宿題を食べちゃった」のたぐいの言い訳である。

マートマはまた、eメールのタイミングやサマージョブの申し込みを取りやめるために送った手紙についても、断固として譲らなかった。申し込みを取りやめるために教授の秘書に送ったeメールも、ケインと面会した前日の二月一日に下書きしていたもので、どういうわけかケインと面会したあとの夜まで送信されないままとなってしまったのだと言い張った。受信者のeメールでは受信日が翌日となっているにもかかわらず、彼は前日の日付がついたeメールを理事たちに提示した。マートマが帰ったあとに登場することになっていた電子情報の科学捜査の専門家は、「マシューの言うことが本当だとは言い難いと思う」と言った。

調査の過程で、理事たちはマートマが逃げ回り、不誠実であると感じていた。彼の言動がその有罪を示していたのである。

マートマは将来有望な学生だったので、葛藤を抱いた理事もいた。彼の学歴は極めて優れており、法科大学院のコミュニティ活動にも積極的に参加している。しかし、理事会は、マートマは最初のウソを隠すために、ウソを繰り返しているとの結論に至り、一九九九年五月一二日、彼の追放を決定した。マートマの本名を記した最後のリポートで、理事は次のように記している。「ミスター・トーマスは、学業で優れた成績を残すために、両親から異常な圧力を受けていたことは明らかである」

除籍によって、マートマのハーバード大学での時間が終わったわけではなかった。キャンパスを立ち去った彼は、復学する道を模索し始めた。彼自身の分析では、すべてはeメールのタイミングに帰着するのだ。彼がサマージョブへの申し込みを取り消したのは、不正がばれる前であったことを法科大学院の理事に納得させることができれば、再度入学し、元どおりの生活に戻ることができるだろう。彼の心に光がともった。彼は、問題となったeメールの日付を証明する会社を作ることにした。

見事な仕組みのように思われた。ハーバード大学での身の潔白を証明し、新たなスタートアップ企業の種をまくことで、やがてはお金持ちにもなり得るのだ。彼は二つの面から正当化されることになる。彼は両親に計画を話し、彼らも手助けすることに合意した。彼の父は自宅を二番抵当に入れて資金を調達し、会社設立のために一〇〇万ドルを投じた。マートマはコンピューターの専門家ではなかったので、彼を支える専門的な技術を持った人物を見つけなければならない。彼はすぐにパーフェクトな候補を見いだした。スティーブ・チャンという名の優秀な若いプログラマーである。

チャンの履歴書は見事なものだった。マートマよりいくつか年上である彼は一九九三年にMIT（マサチューセッツ工科大学）を卒業し、その後、IBMで働いていた。彼とマートマはすぐに意気投合する。二人とも学業は優秀であり、両親も移民で、大きな期待を抱いていた。そして、二人とも規則を曲解する傾向があり、それが最近、二人に深刻な問題をもたらしていたのだ。

一九九三年六月三〇日、マートマとチャンの新会社であるコンピューター・データ・フォレンシックスは四ページにわたるリポートを発行した。これは、サマージョブに関するeメールで懸案となった日付に関して、マートマがハーバードの理事会に説明したことが正当であることを示す難解極まる技術的な用語でつづられたものである。「われわれの結論は、コンピューターのデータを科学的に分析した結果、一九九九年一月三一日に取り消しの手紙を作成し、当該eメールは一九九九年二月一日月曜日の夜、午後一〇時二〇分に送信されたとするトーマス氏の主張を裏付けるものである」とリポートには記されていた。

三人の「ケースアナリスト」による認証と押印がなされ、ケンブリッジのハーバード大学法科大学院の理事会に送付された。もちろん、科学分析がマートマの会社で行われたという事実には言及されていない。また、マートマはウソ発見器の検査を合格したとして、その結果もハーバードに送付している。そして、知らせが来るのを待った。

彼は自分たちの主張が正しいと認められることを期待していたが、そうはならなかった。法科大学院は彼の復学を拒否したのだ。

マートマはすぐにその野心の向きを変え、チャンと設立した新会社を成功させる決意をする。彼は、チャンが住んでいたアパートに居を移した。二人はともに働き、週に五日から六日は格闘技のトレーニングを行い、女性を魅了するために、地元のアーサー・マリー・ダンススクールに通い、社交ダンスのレッスンを受けた。九月、マートマはチャンに会社の完全なパートナーとなるよう持ちかけ、彼に二万五〇〇〇ドルを支払う約束をした。そして、プロジェクトマネジャー、エンジニア、品質管理の専門家、事務職の四人の正社員をニューヨークで採用する。従業員たちはみな、マートマは「ジェイ・ヘイル」という名の弁護士だと信じ込んでいた。

社員たちはラスベガスで開催される展示会に出展するブースの準備に取り掛かっていたが、一〇月になり、チャンは自分のパートナーの背景に疑念を持ち始めた。マートマは素性をあいまいなままとしていたし、質問をはぐらかしてばかりいたのだ。チャンは疑いを強め、マートマは何かを隠しているのではないかと考えるようになった。彼は、独自に調査を始め、やがてマートマがハーバードを去った状況と、さまざまな企業への申し込みで自らを偽り、また架空の名義でリースをしていることを突き止めた。マートマは泣き崩れ、わびを入れた。彼は、二度とチャンをだますようなことはしないと約束した。彼は、ハーバードの成績証明書を改竄したこと、そしてそれを繕うためにウソをついたことを認めたのだ。

チャンとマートマが口論している間、従業員たちはネットサーフィンをしたり、ランチに出かけたりしてオフィスをブラブラしていた。「われわれはレンタル友人みたいなものさ」と、同社の「ケースアナリスト兼プロジェクトマネジャー」だったチャック・クラークは後に語っている。彼やほかの従業員たちは「ヘイル」とチャンのことを何もすることがない金持ちのボンボンだと思っていた。会社は、マートマの父親が数カ月前に準備してくれた一〇〇万ドルを使い果たしてしまう。父のボビーがチャンとマートマに会うためにニューヨークに来て、ビジネスについて話し合った。二人はベンチャーを続けるために追加資金を要請したが、マートマの父親にはそれがうまくいくとは思えなかった。彼は怒りがこみ上げるのを感じた。彼は、息子にお前は「完全な負債」であると伝える。

一二月中旬、本来であれば法科大学院の二期目も折り返しを迎えるころ、マートマは飛行機に乗り、フロリダの両親の家に戻った。従業員たちはオフィスから締め出され、彼らの給料も未払いとなっていた。被害を受けた従業員たちは共同でマートマの父親に手紙を出した。「彼が姿を消したことはプロフェッショナルとしての振る舞いではなく、突飛なものである。ご家族が彼をかくまっているなら、到底理解できず、残念であります。われわれは費用の償還もされていませんし、株式も、ボーナスも、手数料も受け取っていません」と記した。彼らは満足いく回答が得られなければ、法的措置を講ずると脅かした。「あなたのおかげで、はなはだ不快なクリスマス休暇を迎えることになりました。これがあなたの対応方法だというのであれば、われわれは一〇〇倍返しをしたいと思います」と彼らは結んだ。

従業員たちが反乱を起こすなか、マートマとチャンの関係は悪化を続け、二〇〇〇年一月三日、マートマはチャンに対する差し止め命令を申請した。熱を帯びた彼らの議論は、暴力を伴うものになったとマートマは言ったのだ。チャンもまた、マートマを「ゲイ」「人でなし」とののしった。マートマは自らを虐待された配偶者のように振る舞い、全身にできたアザを見た両親は「原告を被告との関係から救う」べく介入したのだと主張した。チャンは異議を唱えたが、差し止め命令は認められた。

チャンは、マートマとの関係が破綻したこと以上に深刻な問題を抱えていることが判明する。彼らが出会う数カ月前、チャンと六人のパートナーは詐欺で告発され、さまざまな銀行から数百万ドルをだまし取ったインチキデータ管理会社の社員であったとされたのだ。チャンが共同謀議と郵便詐欺とで有罪判決を受けるころには、マートマは新たな人生を歩み始めようとしていた。彼は、金融マンとしてやり直す計画を思いついたのだ。

二〇〇〇年、スタンフォード大学のＭＢＡ（経営学修士）プログラムは、全米のビジネススクールのランキングでハーバード大学とともにトップの座を競い合い、ウォール街の銀行やコンサルティングファーム、急成長を遂げているシリコンバレーのハイテク企業などのお気に入りの採用先となっていた。金融界に進むことを決めたマートマにとっては、ＭＢＡを修得することが重要な第一歩となる。ハーバード大学は理由を言うまでもなく対象外のため、彼はスタンフォード大学に狙いを定めた。合格率は七％である。

マートマは、かつての指導者や大学の教授たちに連絡を取り始め、推薦状を書いてくれるよう頼んだ。彼は、デューク大学の倫理学教授ブルース・ペインに手紙を書き、自分のために推薦状を書いてくれないかと頼んだ。ペインは常にマートマに親しみを覚えており、またマートマは、彼が今まで会ったなかでももっとも優秀な学生の一人であると考えていた。彼は喜んで手を貸した。

ペインはすでに二度、マートマのために推薦状を書いている。一度目は、彼がデューク大学を卒業した一九九五年、ＮＩＨの遺伝子リサーチフェローに志願したときである。その推薦状のなかでペインは、マートマの学識と倫理学への情熱を称賛し、次のように記した。「マシューは、彼の才能と興味とに合致するあらゆるプログラムで有用な人物たり得ます」。その数カ月後の九月、マートマはもう一枚の推薦状を依頼した。今度はハーバード大学法科大学院への出願のためであった。ペインは一回目の推薦状を引っ張り出し、いくつか細かな修正を施した。彼は、マートマは優れた法学生になるだろうと常々考えていたので、そのとおりを記した。

それ以来、ペインはマートマからほとんど連絡をもらっていなかった。マートマは法科大学院を修了し、どこか名門事務所で働いていることだろうと思っていた。それゆえ、二〇〇〇年の秋に改めて依頼を受け、それがビジネススクールに宛てた推薦状であることを知ったとき、ペインは困惑した。彼はマートマに、五年前に法科大学院に出願してから何をしていたのか説明するよう求めた。そうすれば、推薦状を書き直すことができる。ペインは、なぜマートマがハーバードの法科大学院の教授にではなく、自分に推薦状を依頼してきたのかふと疑問に思ったのだが、その思いは脇に追いやってしまった。

マートマは思いついたとおりに行動する。彼は話をでっち上げたのだ。つまり、ＮＩＨを退社し、バイオテクノロジー企業に社内のインフラや三次元コンピューターモデルのソフトを提供する企業をニューヨークで立ち上げた。ドットコムブームの渦中にあって、学生たちは毎日のように学校を中退し、スタートアップ企業を立ち上げていたので、何もおかしなことはなかった。すべては順調に進んでいたのだが、ある日、健康を害した親戚を助けるため、フロリダに戻らなければならなくなり、事業をたたまざるを得なくなった。マートマはそうペインに伝えたのだ。彼は、ハーバードの法科大学院には言及しなかった。

ペインは彼の言葉をそのまま信じ、推薦状を書き改めた。ビジネス上の目標を脇に置いてでも実家に戻り家族を支えたマートマの私心のなさを記し、彼がどれほど熱心で正直な学生であったかをしたためたのだ。

その次の秋、マートマはサンフランシスコ南部にあるスタンフォード大学のキャンパスに立ち、ビジネススクールへの進学の準備をしていた。数日前、彼は法律上の名前を、アジャイ・

マシュー・マリアンダニ・トーマスから、マシュー・マートマへと変更した。彼の転身は完了した。ハーバードもチャンも、すべては過去のこととなったのだ。五年後、彼がスティーブ・コーエンのＳＡＣのオフィスに足を踏み入れるまでに、彼は全力を傾ければ克服できない問題などないことを学んでいたのだ。

二〇一一年一一月、ボカラトンにあるマートマの家の外に立ったＢ・Ｊ・カンは、腰をかがめ、マートマの様子を確認していた。彼は、過去に接触した容疑者が失神したときのことを考えていた。以前にもあったことなのだ。常に思うのは、無実の人物はインサイダー取引と聞いても失神などしない、ということだ。

その直後、ローズマリーがダークブラウンの髪をなびかせながら、家から飛び出してきた。彼女は夫が地面に倒れているのを見て、悲鳴を上げた。

「救急車を呼びましょうか」とカンは尋ねる。

「結構です。私は医師ですから」とローズマリーはむせび泣き、しゃがみこんだ。

数分後、マートマがフラフラと立ち上がると、カンは話すべきことを続けた。「われわれは二〇〇八年のトレードについて承知している」と。

マートマとローズマリーは互いに顔を見合わせる。彼らは、カンが言っていることを即座に理解したのだ。エラン、彼らの人生を変えた銘柄である。

「あなたの人生すべてがひっくり返ろうとしている」とカンは続ける。マートマがインサイダー取引に関与していたことを自分たちは承知していると告げ、お馴染みの、人生の暗黒時代になすべきことは協力することであると誘い込む。さらにカンは、マートマが本星ではないと告げる。彼は小粒で、取るに足らない存在であることを彼らは知っているのだ。

「自分たちの狙いはスティーブ・コーエンだ。お前は難しい立場にあるが、できるかぎりのことはするつもりだ。われわれは協力して事にあたる。チームワークだな」とカンは言った。

カンは、十分だと思われる以上の接し方をし、それがたいていの場合、成功を収めてきた。彼は、このような状況に置かれた者の心理、人生のあらゆる面や家族、子供たち、またこれまで享受してきた安定などが脅かされている状態をよく理解していた。そこでカンは、新しい協力者をすべてパートナーと考え、彼らがＦＢＩ（米連邦捜査局）捜査に協力するかぎり、彼らの精神的な安定を支えてあげるべきだと考えていた。

ローズマリーは動揺していた。マートマは協力したいが、その前に弁護士と相談しなければならないと言った。カンは、協力を得られると確信していた。

午後一〇時ごろ、カンのパートナーであるマット・カラハンは、自宅で知らせを待っているチャールズ・リーレイに電話をかけた。

「信じられないかもしれませんが、奴は失神しましたよ」とカラハンは言った。

召喚状が発行されてから五年後の二〇一一年末までには、転向した協力者、盗聴器を仕掛けたトレーダー、そして司法省はついに、ヘッジファンド業界への捜査の結果として目に見える勝利を得ていた。ラジ・ラジャラトナムが連邦裁判所に七年間収監されることになり、その他のトレーダーや企業幹部の多くも有罪判決を受けた。しかし、これらすべての実績にもかかわらず、ＦＢＩ捜査官や検察官たちのなかにはある種の不満が残っていた。それは、いまだコーエンに近づくことができないことである。

デーブ・マコルが二〇〇九年一月にマンハッタンのホール・フーズで転ばせようとしたＣＲインナリンシックのアナリストであるジョナサン・ホランダーに対する事案は、結局、前に進まず、マコルのイラ立ちの原因ともなっていた。ホランダーはうまく立ち回ったのだ。彼は、利害が衝突することになるので、弁護士費用を提供するというＳＡＣの申し出には乗らなかった。その代わりに、ザッカーマン・スペーダーのホワイトカラー担当の弁護士で、その分野では最高の人物の一人であるアイタン・ゲールマンを雇った。ＦＢＩとの取引に関して、彼は自分が協力している相手をよく知る人物を必要としたのだ。

ホランダーは、ＳＡＣではあらゆる不適切なことが行われているという印象を持っていた。コーエンがインサイダー情報を利用していることは明らかなのだ。しかし、彼はそれに直接関係していなかったので、詳細は分かりかねた。彼はマコルと検察官のリード・ブロツキーに会い、自分が知っている疑わしいと思われるいくつかのトレードについて話をした。エランはその一つである。「コーエンが電話を受け」、そして会社がエランの巨額の買いポジションを空売りのポジションに切り替え、何億ドルも稼いだ、とSACの社内では言われていた。トレーディングデスクにいただれもが、後にそう話していたのだ。だが、それでもなお、何が起きたのかだれも知らなかったのである。

ホランダーのSACでのキャリアは不名誉なかたちで終わっている。二〇〇八年夏の終わり、ジェイソン・カープは自分のチーム全員を、ロングアイランド東端の海辺の町であるモントークに連れていった。彼らはみなモーテルに泊まり、深海漁に出かけた。カープは、SACでの自分たちのキャリアに関する次なる段階の計画を話したのである。カープは、コーエンがカープのチームをスピンオフさせ、独自の資本とオフィスを与えると約束したと伝えた。カープは、SACで強烈なプレッシャーの下で仕事をしていたので、この新しい体制の下、ほぼ完全な自主性を得られることを期待したのだ。彼の情熱は想像をかき立てるものであり、ホランダーもその考えに興奮するようになっていた。しかし、三カ月もたたないうちに、金融危機の困難のなかにあって、コーエンはすべての約束を反故にしたのだ。ホランダーとカープは追いだされることになる。

ホランダーは自分に対する処遇に腹を立てていたし、コーエンやカープ、その他SACの人々にはまったく忠誠心を抱いていなかったが、まるで株式のトレードを行うかのように、マコルとの状況のリスク・リワードを考えていた。政府は、彼に望まないことを強制するだけの十分な証拠を持っていないようなので、ＦＢＩに協力する必要などないだろうと考えたのだ。

　ホランダーの件が立ち消えになるなか、コーエンを対象とした捜査も勢いを失いつつあった。コンピューターのハードドライブを粉砕し、ニューヨーク市のゴミ収集車に投げ捨てたＳＡＣの元トレーダーのドナルド・ロングイルは、彼の友人で、部下のアナリストに会社のすべてのファイルをシュレッダーにかけるよう指示を出していたファンドマネジャーのサミール・バライとともに、証券詐欺で有罪となっていた。二人とも、ＦＢＩが捜査を進めるうえで役に立つような情報をほとんど持っていなかったのだ。米連邦地検とＳＥＣ（米証券取引委員会）は、ＦＢＩが二〇一〇年にインサイダー取引のかどで強制捜査をしたヘッジファンドのレベル・グローバルのファンドマネジャーであるアンソニー・チアソンとダイヤモンドバック・キャピタルのトッド・ニューマンの二人を起訴する準備をしていた。どちらのファンドもＳＡＣの元社員たちであふれていたが、コーエンが姿を現した形跡はほとんどなく、またチアソンもニューマンも協力する素振りすら見せなかったのだ。反対に、彼らは全米でもトップクラスの弁護士を雇い、徹底抗戦に出たのである。

　しかし、チアソンとニューマンの捜査を進めるなか、ＳＥＣは驚くべき発見をする。二〇〇万ページに上るｅメールを調べていくと、ジェシー・トートラというダイヤモンドバックでトッド・ニューマンの下で働いていたアナリストが、ＳＡＣキャピタルのジョン・ホルバートという名の人物にさまざまな企業の業績について詳細なメールを送っていたのだ。ＳＥＣの捜査官でであるジョセフ・サンソーネとダニエル・マーカスとマシュー・ワトキンスは、ホルバートのeメールに関する召喚状を発行した。彼らが入手した何百通ものメールからすぐに一つが浮かび上がった。それはデルに関するものである。

「会社のだれかから情報を受け取った、彼らから受け取ったのは第3四半期になってからで、過去二四半期は極めて正確だった。粗利益率が五〇－八〇ベーシスほど追いつかないと言う。営業経費は変わらないが、収入がほとんど増えないので、EPS（一株当たり利益）に響いている」。メッセージは続く。「言うまでもなく、あなただけにしておいてください」

二〇〇八年八月二六日午後一時ごろ、ホルバートはSACの社員らしいマイケル・スタインバーグと、SACの別のファンドマネジャーであるガブリエル・プロトキンにeメールを送っている。これは、ウォール街の連中が企業の業績について話すときに用いるアナリスト用語のようなものであった。一般人にとっては、まったく意味をなさないように見える。しかし、SECはそれが意味するところを知っていた。これは、デルの業績に関する詳細な非公開情報を提供しているのだ。

SECの弁護士たちは興味をそそられた。SACの別のトレーダーもこの情報を受け取っているかもしれないと彼らは考え始めた。

ホルバートは、デルが第2四半期の業績を発表する二日前にメッセージを送っている。そして、スタインバーグは業績発表の直前にデルを一五万株空売りして、一〇〇万ドルを稼ぎ出したようだ。政府は、ホルバートを転がし、またスタインバーグにも当たらなければならない。スタインバーグに当たることで、彼らはコーエンに一歩近づくことになるのだ。

三年後、彼らはコーエンの会社のインナーサークルに足を踏み入れることができた。これまでは気にもしなかったジョン・ホルバートという、ＳＡＣのくせ毛の下級職員が事件に再び火をつけたのだ。

第12章 クジラ

シドニー・ギルマンは、ロウアーマンハッタンにあるワールドファイナンシャルセンターのロビーに設置された手荷物検査で腰をかがめ、ポケットの中身をすべてプラスティックのトレーに乗せると、赤外線センサーを通過した。彼の弁護士が回転ドアへといざない、エレベーターに乗り、SEC（米証券取引委員会）のニューヨーク地区本部の四四番会議室へと上がっていった。数カ月遅れで、ギルマンはマートマの事案を担当する政府機関との一回目の面会に現れたのだ。

秋の間、チャールズ・リーレイは、エランとワイスのトレードが行われた前後の出来事を細かく時系列にまとめていた。新たな情報が得られると、彼はそれを「年表」に書き込み、捜査に関係している全員にeメールで回すのだ。資料それ自体が、合理的なストーリーを示している。しかし、リーレイや彼の同僚たちが、SACがエランとワイスとを売却するに至るまでの出来事への理解を深めていたとしても、政府機関はギルマン自身から話を聞くことを強く望んでいた。これはマートマやコーエン以外で、二〇〇八年七月の出来事を知る唯一の人物を尋問する最初の機会である。

何カ月にもわたり、ギルマンの弁護士が自分の依頼人は八〇歳に近く、証言を行うには体力が持たないと主張してきたので、SECの弁護士たちは弱々しく痩せこけた人物がドアの向こうから現れるものと想像していた。しかし、会議室に入ってきたギルマンは、スーツにネクタイを締め、頬は赤く、黒い瞳を輝かせ、キビキビとした様子だった。彼は窓に背を向けて席につき、背筋を伸ばした。

リーレイは、バピネオズマムの研究におけるギルマンの役割と、どのようにしてマートマと知り合ったかを尋ねた。そして、リーレイは資料を一枚ずつテーブルの上を滑らせる。これは、eメールのコピーや予定表や製薬会社との契約書などで、一つひとつギルマンに尋ねていく。ギルマンが何も覚えていないと主張すると、リーレイは自分のファイルから一枚の紙を取り出し、それを見せて、彼の記憶が戻るかどうか確認した。

当初から、ギルマンは逃げ回っているように見えた。

「予定表のこの項目は何ですか」と、二〇〇八年七月一三日から始まるギルマンの電子カレンダーにあった予定を指さしながらリーレイは尋ねた。そこには「マット・マートマからバピのSAEについて電話がある」と記されている。リーレイは通話記録から、ギルマンとマートマがその夜およそ二時間にわたり話をしていたことを知っていた。

「パピのSAEとは何ですか」とリーレイが尋ねる。

ギルマンは、面倒見の良い教授の顔をのぞかせ、アルツハイマー病の詳細な説明や効果的な治療法を見つける取り組みと見通しとについて語り出した。認知機能の衰退の主たる原因であると考えている脳内のベータアミノ酸をパピが破壊できる可能性があるのだ、と彼は元気よく楽観論を語る。そして、ついに質問に答える段である。「SAE（重篤な有害事象）」とは、パピの治験で観察された副作用を示す専門用語である、と。

「どうして、そのことについてマートマと話をしたのですか。SAEの詳細というのは、非公開情報ではないのですか」とリーレイは尋ねる。

「どうして、その記載があるのか分からない」と、ボソボソと答えるギルマンの顔は突然暗くなった。

「ちょっと。彼は何も知らないのです」と彼の弁護士がさえぎった。

ギルマンは、彼の医学研究の科学的概念や目的などの説明を求められると、生き生きとする。彼の記憶ははっきりしているのだ。彼は、別の薬品について問われると、その複雑極まる化学的性質については思い起こすことができるのだが、だれかがマートマの名前に言及したり、ギルマンと彼との関係について尋ねると、彼は突然、自分の靴のひもも結べない困った老人へと変身するのだ。

面会の場にいた検察官のアビ・ウェイツマンは自らが目にしていることが信じられなかった。

ギルマンの話には大きな矛盾がある。目の前に、バピに関するインサイダー情報を漏らしたことを示す証拠書類があるにもかかわらず、自分がマシュー・マートマに話したことは覚えていない、というのだ。どうしてギルマンは自分の研究については明確に覚えているのに、マートマとのやり取りは何も覚えていないと言えるのだろう。

同じ書類を何度もやり取りし、SECの弁護士や検察官たちが同じ質問を繰り返し、そしてギルマンは何も知らないか覚えていないと答えることが続いた。部屋の温度も上がってきたようだ。このようなやり取りが二時間も続いた。政府はギルマンに尋問するまで五カ月も待ち、彼に明らかにしてほしい点が数多くあった。しかし、ギルマンと話をしていても時間の無駄のようである。リーレイは爆発しそうになっていた。

リーレイは、バピについて議論したと確信している二〇〇八年七月一三日のマートマとの話し合いについて再び尋ねる。「この面会の目的は何でしたか」

「あぁ、それはパーキンソン病について話をしたのですよ」とギルマンは答える。

リーレイはため息をついた。彼は休憩にするよう求め、同僚たちを廊下に呼び出した。「聞いたか、パーキンソン病だってよ。ウソだよ」と彼らに言う。

「なぜそう思う」とウェイツマンが尋ねる。

リーレイはファイルをめくり、ギルマンの予定表の一つを取り出す。それはその件の面会に関するものだ。そこには「マット・マートマからバピのSAEについて電話がある」とある。

そして、リーレイは、マートマと面会を手配した専門家ネットワーク企業ＧＬＧ（ガーゾン・レーマン・グループ）とのメールを示した。そのなかでマートマは、ギルマンとパーキンソン病について話をすると書いている。秘密保持規定に抵触しかねないため、ギルマンはバピの治験について顧客に話すことをＧＬＧの規則によって禁じられている。ギルマンとマートマは、明らかに、自分たちが話すことについてＧＬＧにウソの報告をしたのだ。

ウェイツマンはリーレイの徹底ぶりをありがたく思った。時にやっかいでもあるＳＥＣのカウンターパートは、ギルマンがあからさまにウソをついていることを証明するための武器を渡してくれたのだ。それを手に臨めば、ギルマンもおしまいだ。ウェイツマンは予定表とｅメールとを手に、部屋へと戻っていった。

「ご覧ください、ギルマン博士」と、ウェイツマンはテーブルに身を乗り出しながら言う。「あなたは真実を語っていません。その話にこだわると刑務所行きの可能性もあります」

ウェイツマンが二枚の紙をテーブルに滑らせるとギルマンは頭を振った。一つは予定表、もう一つはマートマとＧＬＧとのやり取りを示すものだ。

ギルマンの弁護士のマーク・ミュケイジーはとっさに事態を悟り、割って入った。「休憩させてもらえますか」と尋ねる。

政府の弁護士たちが再び部屋を出たので、ミュケイジーは依頼人と二人きりで話ができた。ウェイツマンは、ギルマンがもうじきすべてを告白することになる、と確信していた。

数分後、ミュケイジーは廊下にいる彼らの元にやってきた。彼の顔には、降参の色が見て取れる。「よろしいですか。尋問をこのまま続けていただいて構いません。なぜみなさんがおかしいと考えているのか私にも理解できました。ただ、彼はあれらの資料が示すようなことを覚えていないのです」と彼は言う。

「ミュケイジーさん、そりゃ信じられないよ」とウェイツマンが言う。

「どうぞ尋問を続けてください。私も協力しますから。ただ、彼はあれが示すことは覚えていないと言い張るのです」

面会はさらに二時間続いたが、ギルマンは意見を変えることはせず、何があったか覚えていないし、政府側が間違っていると繰り返し主張した。ウェイツマンがこれまでに参加したうちでも、もっともイラ立たしい面会であった。その後、米連邦地検のオフィスに戻ったウェイツマンはエランの件は終わったと感じていた。

チャールズ・リーレイとSECの同僚たちは、翌朝、マートマが宣誓供述にやってくるので、ギルマンとは成果が上がらなかったことに沈んでいる時間はなかった。ギルマンのことは忘れ、準備をしなければならない。

ギルマンの弁護士と同様に、マートマの弁護士であるチャールズ・スティルマンもまた、難しい立場にあった。彼は、刑事検察官やSECの意図を推し量り、できるかぎり有利な立場を得ようとした。マートマを刑務所送りにするような犯罪があるのであれば、スティルマンはそれに焦点を当て、できるかぎり守ってやらなければならない。スティルマンは、政府が盗聴をしたかどうか、何としても知りたいと思った。もし盗聴しているならば、それは死刑宣告のようなものだ。マートマが心配しなければならないのがSECだけなのであれば、最悪でも罰金どまりであるし、多少の望みはある。スティルマンは有名な刑事弁護士で、経験も豊富だ。彼は、このような状況にも対応できると自信を抱いていた。

スティルマンが検察官たちを試し、彼らがこの事案にどれほど自信があるかを見定めようとする一方で、アビ・ウェイツマンはマートマが協力を渋れば渋るほど、情状酌量の余地は小さくなると語った。これはマートマとギルマンの競争である。勝ったほうが自分にとって最良の結果を得られるのだ。この時点までに、スティルマンはマートマに協力する意思があることはまったくにおわせなかった。

彼がコーエンを守って、黙って刑務所に行くとは検察官たちも考えていない。刑期が一〇年にも及ぶ事件なのだ。だれかを守るためにそのような判決を受ける者などいないし、まして相手は自分を不当に扱った人物なのである。マートマの抵抗が長引けば長引くほど、捜査に関係している人々は、彼を黙らせるようにコーエンが裏で糸を引いているのではないかと考えるようになった。

実際に、ＳＡＣは無条件でマートマの弁護士費用を負担していた。ＳＡＣでは、雇用中に行ったことに関して捜査を受けた従業員や元従業員の弁護士費用を負担することにしていた。それが検察官たちには、奇妙かつ不公平なことに思われた。対コーエンで協力すべきかどうかをマートマに助言している人物は、コーエンから報酬を得ているのだ。さらに、ＳＡＣは弁護士費用がどれほどになっても構わないと明言している。請求書に項目明細を添付しなければ弁護士費用を支払わない企業もあるが、スティルマンの事務所はＳＡＣに毎月金額を伝えるだけである。そして支払いも、どこよりも早いのだ。

二〇一二年二月三日午前一〇時を迎えるころ、リーレイはマートマに会って、彼を会議室に連れていくためにＳＥＣの四階のロビーに向かった。マートマは、チャールズ・スティルマンのパートナーであるナサニエル・マーマーと受付のそばで待っていた。マートマは、ＳＥＣとの面会に来る人々の多くと同じように、スーツは着ていなかった。カーキのパンツに、ツイードのジャケット、ノーネクタイで、カクテルパーティーにでも向かうような格好である。

マートマが弁護士の用意した声明を読み上げたことで、リーレイは最初の質問ができなくなってしまった。「弁護士の助言に基づき、自己に不利な証人となることを強制されないとするアメリカ合衆国憲法で認められた権利の下、このたびは質問にお答えできないことを謹んで申し上げます」。つまり、彼は黙秘権を行使したのだ。

SECの弁護士はこの戦法を今までも何度となく目にしているが、その方法は被告によってさまざまである。ウォール街の容疑者が黙秘権を行使するとき、彼らは終始敵対し、怒り狂い、まるでそこにいることを強制されたかのように振る舞うことが多かった。しかし、マートマは違った。彼は不思議なほどおとなしいのである。彼の顔にはまったく感情がなかった。

リーレイと同僚たちは、マートマが質問のたびに声明を繰り返し読み上げるのを注意深く観察していた。それは何十回にも及んだ。マートマは頑迷だと、彼らは考えた。もしマートマが無実なのであれば、彼はこの場を利用してそう言うはずなのだ。彼は明らかに何かを隠している。

もっとも有力な手がかりが暗礁に乗り上げてしまったため、政府が求める回答を持っている人物は一人しか残されていなかった。SECは、スティーブ・コーエンを呼び出して、質問に答えさせろと主張せざるを得なくなってしまったのだ。

これは大きな決断である。尋問に億万長者を呼ぶことなど、SECにとってもめったにないことだ。実際に、SECでは最近、ウォール街の重要人物にうるさく質問するのをやめるよう指示されてもいるのだ。SECの幹部たちは、金融界でもっとも豊かで、もっとも成功した個人を邪魔しないよう職員たちにほのめかすことが多いのだ。これは、SECの前委員長の規制に対する「不干渉」政策の一環である。

しかし、バーニー・マドフ後の二〇一二年には、委員会も変革のさなかにあった。今回は、エランを担当するチームがコーエンを宣誓供述に呼ぼうとしていることに異議を挟む者はいなかった。新しい法執行部長は、SECの弁護士たちが仕事をしやすくなるように努めていたのだ。三月一二日、リーレイは、コーエンが証言に立つことを求める召喚状を発行した。コーエンが自分たちに役立つようなことを言うわけがないとだれもが分かっていた。おそらくは彼らが今まで経験したなかでも、もっとも入念に準備された弁護士同席の面会となることだろう。しかし、彼らは取り組まなければならない。

コーエンにとっては、都合の悪い時期に捜査が盛り上がりを見せたことになる。ここ数年、彼はプロスポーツチームの買収に興味を持っており、大リーグのチームのオーナーになる道を模索していた。これは、彼の子供のころからの夢でもある。彼は二〇〇〇万ドルを投じ、ニューヨーク・メッツの株式を四%取得したが、これは全株式を取得するための第一歩である。彼は、野球チームの理事会に、自分が十分な責任感と信頼のある人物であることを証明しなければならなかったのだ。

これまでの数カ月間、彼はSACの経営は放り出して、ロサンゼルス・ドジャースの買収に力を注いでいたのだ。ドジャースは、駐車場王のフランク・マコートによる経営の失敗で破産していたのだ。しかし、コーエンの名がインサイダー取引の捜査に関連して頻繁に新聞紙上に乗るようになると、コーエンは大リーグの信頼を獲得しにくくなってしまった。買収には、彼らの承認が必要なのである。自分をロサンゼルスの街に売り込むために、彼はロサンゼルス現代美術館の理事になり、地元の起業家と組んで買収の準備を進めた。ロサンゼルスの実業家と組めば有利になると考えたのだ。しかし、コーエンは、スポーツチームを買収するために法外な資金を浪費したこれまでのウォール街の大物たちのようなバカなマネはしたくなかった。彼は、ドジャースをビジネスとしてとらえることにしたのだ。彼が提示した買収額は一六億ドルである。

二〇一二年三月七日、彼がチームの取得者候補の一人となっていることがメディアにリークされる。彼は唯一、買収のために資金を借り入れる必要のない人物であり、そのことが彼の立場を強めた。コーエンは、手に入れることができる、と確信していた。

そして、翌日、大リーグは決定を発表する。彼らは、ロサンゼルスの人気者であった元レイカースのスターであるマジック・ジョンソンと手を結んだ、数十億ドル規模の投資会社であるグッゲンハイム・パートナーズによる二〇億ドルの買い付けを承認したのである。グッゲンハイムに参加した最大の投資家は、マイケル・ミルケンである。コーエンが投資に関して感情的になることはめったになかったが、今回はひどく落ち込んでいた。

チャールズ・リーレイは、SECの公聴室で椅子に身を沈め、スティーブ・コーエンがもうじき入ってくるドアを見つめていた。注意深く準備したファイルは隣の椅子に置いてある。彼は、正しい順番になっているかすべてのファイルをダブルチェックした。コーエンは口先がうまく、また経験があることを彼は知っていたのだ。一年前のフェアファックスの件で行われたコーエンの宣誓供述を読むと、彼は極めて自然に質問に答えていくのだが、実際にはまったく回答していないのだ。リーレイは、コーエンの話のなかに何らかの矛盾を見いだすか、マートマにさらなるプレッシャーをかけられるような詳細な情報を引き出すことが関の山であろうと考えていた。リーレイのキャリアでもっとも重要な瞬間である。彼は深呼吸をした。

「さぁ、いよいよだ。準備はできてるぞ」とリーレイは思った。

コーエンはSECの要請に対して証言に応じるか、黙秘権を行使するか決めかねていた。コーエンの弁護団の結論は簡潔だった。刑事検察官からの召喚状であれば、危なすぎるので、コーエンは「勝手にしろ」と彼らに言い放ち、質問に答えることを拒めばよい。しかし、SECは刑事事件を追いかけているわけではないので、協力するのが賢明な選択である。コーエンは、協力するようなふりをし、また何も隠しごとはないかのように振る舞いながら、終日、ダウンタウンで過ごすことはできる。ウソは言わないようにしなければならないし、さもなければ偽証罪に問われ、自分に不利に利用されることになる。しかし、少なくとも彼は投資家たちに対し、証券当局に協力していると語ることはできるのだ。そうすれば、批判的な報道が増えていっても、彼らは安心する。

コーエンのような資金を倍増させる才能を持った者たちにその資金を預けるヘッジファンドの投資家というのは、典型的な利己的な連中である。その多くが大学の寄付基金であったり、公立学校の教師や警察官の年金を預かる年金基金であったりするのだが、彼らは、ヘッジファンドがお金を稼いでくれているかぎりは彼らの疑わしい行動には喜んで目をつむる。特に年金基金の運用者などは、退職者への支払い義務という巨大で、時に不可能に近い財務的な義務を負っているが、彼らが必要とするほどのリターンを稼ぐ術など限られているのだ。コーエンは長年にわたって投資家たちに大金をもたらしており、彼らは容易には逃げ出さないのだ。さらに、バーニー・マドフの事件のようなことが明るみに出ると、洗練された投資家ですら、イージーマネーに吸い寄せられるのだ。

しかし、SACに対する政府の捜査が佳境に入ったころ、環境は一変していた。コーエンは心配した投資家から電話を受け、ここ数日、毎日のように彼の名前が新聞紙上に出る理由を説明するよう求められた。「これは冗談ではありませんよね。何か隠し事でもしているのですか」と。やっとコーエンは彼らに前向きに答えることができるようになる。「自分は、SECに協力しているのです」と。

数分後、リーレイが瞑想から目覚めると、コーエンがドアを押して入ってきた。彼の弁護士であるマーティン・クロッツも一緒で、さらに全米でもトップクラスの企業向け弁護士事務所の一つポール・ワイスから選抜されたコーエンの弁護団からダニエル・クラマーもついてきていた。

マーティン・クロッツと仕事をした弁護士のほとんどが彼に好意を抱く。ウィルキー・ファー・アンド・ガラハーの主席弁護士であるクロッツは、一〇年以上コーエンやSACの外部法律顧問を務めている。彼は一九八〇年代後半まで検察官として活動し、エール大学で博士号を修得してもいる。彼の洗練された振る舞いや、けっして声を荒げない姿は刑事裁判でも好評である。ウィルキーの同僚たちは彼をもっとも知的な人物だと見ており、メットで行われる最高のオペラは彼に聞けばよいと考えている者もいる。

一方で、彼をマフィアのボスの相談役であり、信用に値しないとみなしている者もいる。収入源が一つしかない多くの弁護士と相対するときなど、クロッツは自分の裕福な顧客に何かされはしないかとおびえているのだ。

薄笑いを浮かべたコーエンは、速記者の隣の席に座る。弁護士たちは彼の後ろに陣取った。リーレイの上司であるサンジャイ・ワドーワは普段は宣誓供述には立ち合わなかったが、今回は捜査の重大な局面でもあるので参加していた。

ホワイトカラー犯罪の捜査で問題となることのひとつが双方の陣容がミスマッチを起こすことで、それが今回の会議室でもあからさまであった。コーエンの側には銀髪の専門家が二人座り、どちらも業界では三〇年にわたる実績を持ち、また輝かしい経歴とアイビーリーグでの学歴を誇る存在だ。彼らは経験も豊富で、さらに皮肉かつ重要なことに、無尽蔵の資金を持つ依頼人のために働くことで、大金を稼ぎ出しているのだ。一方、チャールズ・リーレイとアメリア・コットレルは、若く、優秀かつ勤勉であり、優秀な大学の卒業生である。もしSECで働いていなければ、クロッツやクラマーの事務所でアソシエートを務めることもできるほどなのだ。

リーレイは及び腰にならないようにし、コーエンをほかの証人と同じように扱うことにした。リーレイが話を始める前に、コーエンはいつごろ終わるのかを尋ねた。

「今夜、ニックスの試合に行くのです」と言う。彼は遅れたくなかったのだ。

そして、左手を挙げる。

「あなたは真実のみを語ることを誓いますか」とリーレイが尋ねる。

「誓います」とコーエン。彼は椅子に腰を下ろし、その黒い眼でクロッツを見たり、SECの弁護士たちを見たりしていた。

「ミスター・コーエン。宣誓をされたことを理解されていますか」とリーレイが言った。

「理解しております」と答える。

リーレイは、まずSACとそこでのコーエンの役割から尋ね始める。コーエンは、自分はSACのオーナーであり、株式のポートフォリオを運用していると答えた。彼は、SACの従業員の数と彼らの報酬体系についても答える。通常、ファンドマネジャーは自分たちのポートフォリオから上がるトレードの利益のうち何％かを受け取るのだと彼は説明した。経営陣として、トム・コンヒーニー、ピーター・ヌスバウム、ソル・クミン、スティーブ・ケスラーなどの名前を挙げた。

そして、マートマに関する質問に及ぶやいなや、コーエンは何も思い出せなくなってしまった。彼は、マートマの採用には一切関与しておらず、彼がいつSACに加わったのかも記憶にないと言う。

「エランとワイス、そしてバピネオズママムについて話をしたいと思います」とリーレイが言った。

「バピ、でもよいですか」とコーエンが尋ねる。

「もちろん」とリーレイ。

その後三時間、事態はなかなか進まず、バピとウェイン・ホールマン、マートマに関する質問や、コーエンがなぜ二〇〇八年にワイスとエランに投資したのか、どれほどの規模のポジションだったのか、そしてだれのアドバイスを聞いたのか、と質疑が続いた。コーエンは当初、マートマの調査に基づいてトレードしたことを認めていた。しかし、話が詳細に至ると、一度に八〇銘柄の株式の値動きを追うことができる当代最高のトレーダーは思い出せなくなってしまうのだ。「思い出せません」、彼は六五回もそう言ったのだ。

リーレイはこうなることは予想していたが、それでも不満であった。コーエンはまるで質問が理解できないかのように振る舞い続けたが、リーレイは「混乱」は見せかけにすぎないと確信していた。コーエンはマートマのアドバイスに基づいてエランに投資したことは改めて認めたが、どのようなアドバイスだったのか、マートマの意見に反対するSAC社内の専門家たちの意見を無視するだけの確信がどうして得られたのかについては口を開かなかった。

席についていたSECの弁護士たちはみな、コーエンはエランに関するマートマの意見だけで、それほど巨額かつリスクの大きいポジションを取ったとは考えていなかった。より能力の高いヘルスケア担当のアナリストたちの意見を無視するだけの理由があるはずなのだ。しかし、リーレイがその点を指摘すると、コーエンは不機嫌になる。部下のヘルスケア部門のアナリストで、彼にエランとワイスにそれほど大きく投資しないよう懇願していたデビッド・ムンノやベン・スレートについて質問する。コーエンはその議論については何も覚えていないと明言する。

午後一時となった。彼らは昼休みをとる。

SECの弁護士たちはワドーワのオフィスに戻り、サンドイッチを食べながら、みんなの印象を共有した。だれもが、コーエンは逃げ回っていると考えていた。彼はウソをつかなければならないのだ。何も覚えていないというのはバカげた話である。

「彼を押し続けるしかないな」とワドーワは言ったが、自分たちが求めるものが得られないことは彼にも分かっていた。すでにそこには落胆があった。

一時間後に宣誓供述が再開される。ムンノとスレートに関する回りくどい話のあと、リーレイは決定的に重要な一日について尋ねる。二〇〇八年七月二〇日日曜日。マートマとコーエンが電話で会話をし、その後、エランとワイスの株式をすべて売却する指示を出した日である。SEC側に座るだれもがどうしても知りたかった会話である。コーエンがSACのポジションを解消することを決する前に、マートマは彼に何を語ったのか。

コーエンに疲れが見え始めた。クロッツは彼にコーヒーを一杯取ってくるよう助手に指示する。

そして、リーレイはマートマがその日曜日の朝に送信したeメールのコピーをテーブルに置いた。「今日の朝、お話できる時間はありますか。重要です」

「マートマからこれを受け取った記憶はありますか」とリーレイが尋ねる。

長い沈黙があった。「そう思います」と、コーエンは椅子のなかでもじもじしながら答えた。

「彼と話をしましたか」

「えぇ、その朝、彼から電話がありました。エランのポジションに問題が発生したと話していたと記憶しています」とコーエンは言った。

SECの弁護士の一人がその理由を尋ねる。

「それは彼に聞かないと分かりません。ただ、『エランのポジションに問題が発生した』と繰り返すばかりでしたからね」とコーエンは答えた。

「彼は何か理由を言っていましたか」とリーレイが尋ねる。

「もちろん理由はあったのでしょうが、覚えていませんね」とコーエンは答えた。

彼らは押したり引いたりしたが、コーエンは社内の大反対にも断固として抵抗した一〇億ドルものポジションを、トレーダーの一人がなぜ突如解消させることができたのかについては何も覚えていないと主張した。リーレイの上司の一人であるアメリア・コットレルは不信感を高めながらやり取りを見ていた。

「ミスター・マートマが問題があると言ったときに、彼に対して『なぜか』と言ったことも覚えていない」と彼女は割って入った。

コーエンは、彼に尋ねたはずだと言った。

「そして、あなたは彼の本質的な回答を覚えていない」

「記憶にありませんね」とコーエンは言う。

リーレイは、想定内だと自分に言い聞かせるよう努めた。スティーブ・コーエンがSECの公聴室に入ってきて、マシュー・マートマからインサイダー情報を受け取ったことを認めるはずがない。彼がこの部屋に来ただけでも勝利なのだ。彼らは努力したが、コーエンから何も得ることはなかった。

宣誓供述は午後六時ちょうどに終了した。コーエンは、ニックスの試合が始まるときにはコートサイドにいた。

第13章 カルマ

被告側の超一流弁護団は、いわゆる訴追免除合意を獲得しようとしていた。これは政府に証言を提供するなど一定の義務を果たすことを条件として、依頼人が重罪または軽罪にすら問われないことを保証するものである。これは、被告側にとっては最高の取引であり、プリート・バラーラ側は容易には口にしなかった。マーク・ミュケイジーは、シドニー・ギルマンのために合意を取りつけようとした。ギルマンはマートマに対する捜査では重要な存在であるから可能である、とミュケイジーは確信していたのだ。

その目的を胸に、ミュケイジーはSEC（米証券取引委員会）に電話をかけ、いくつかニュースを伝える。ギルマンがとある重要なことを話すつもりだ、と。彼は、二〇一二年八月、金曜日の午後六時を面会日として提案する。リーレイと同僚たちは笑ってしまった。これもまた時間稼ぎの一環で、ミュケイジーは夏の週末直前の金曜日の夜に自分たちは会いたがらないだろうと考えている、そう疑ったのだ。

「素晴らしいですね」とリーレイはミュケイジーに伝えた。

ギルマンが入ってくるやいなや、SECの弁護士たちには彼の態度が変わっていることがはっきりと分かった。彼は会議机に座り、声明を発表するためにここに来たと伝える。そして、彼はバピに関するインサイダー情報をマートマに提供したことを認めたのだ。それだけでなく、彼は繰り返しそうしていたと言う。自分が何か重大なことをしてしまったことを彼は理解していたのだ。

部屋にいたSECの捜査官と検察官たちには喫緊の問題があった。パワーポイントのプレゼンテーション資料である。これは、ICAD（国際アルツハイマー病協会国際会議）の会議が行われる二週間前にギルマンがエラン側から受け取ったものである。これが重要であった。マートマがトレードに利用した機密情報のすべてがつまっている動かぬ証拠書類だ。マートマがどのようにしてインサイダー情報を入手したかを示す電子的証拠を提示することは、陪審員に対しても重要である。検察官の一人であるアルロ・デブリン・ブラウンはギルマンに尋ねた。「プレゼンテーション資料をマートマに送付したのですか、もしそうならどのようにして」

「はい」とギルマンは答えた。彼は確かに送付したのだ。問題は、彼が会話の内容を正確に覚えていないことだ。彼は、マートマと電話で話をしながらスライドを見ていったことをあいまいに覚えているにすぎなかった。

デブリン・ブラウンは、ギルマンが何か詳細を思い出すことを期待して、質問を言い換えた。

ついにギルマンは、マートマに頼まれて資料をeメールで送ったように記憶していると言った。

この証言をもって、政府はやっとマートマに対する訴訟を確実なものにするために必要な要素を手にしたのだ。ギルマンがマートマにパワーポイントを送信したことを示すeメールはまだ入手していなかったが、どこかのサーバーに残っているに違いない。リーレイはそれをどうやって見つけだすかを考え始めていた。

この反論の余地のない資料を突き付けられたマートマに残された唯一の逃げ道は、コーエンに泣きつくことである。ＦＢＩ（米連邦捜査局）は彼を逮捕する計画を実行に移し始めた。

三カ月後、ＦＢＩ捜査官たちがボカラトンのマートマの家の外に列をなした。今回、彼らは話をしに来たのではない。特別捜査官のマット・カラハンが玄関に向かい、荒々しくノックした。

マートマは驚いた様子で出てきた。

「また私に会うとは思わなかったか」とカラハンは尋ねる。

「正直言うと、そうです」とマートマは答える。

カラハンには計画があった。もしマートマが協力する意向を持っているなら、彼を正式に起訴するという計画は保留にしようと考えていた。しかし、カラハンが協力を求めると、マートマは頭を振った。そして、カラハンはマートマに手錠をかける。

感謝祭で妻ローズマリーの両親が尋ねてきていた。彼らは、マートマが乱暴に連行され、黒いセダンの後部座席に押し込められるのを目撃する。三人の子供たちも見ていたが、彼らは怖がり、混乱していた。

正午までに、マートマの逮捕は主要ニュースのほとんどで伝えられることになった。翌朝、ニューヨーク・タイムズは一面に記事を掲載した。「過去五年にわたり、連邦当局はヘッジファンドのトレーダーを何十件ものインサイダー取引で有罪としてきたが、今回はウォール街でもっとも影響力あるプレーヤーの一人を立件しようと粘り強く取り組んでいる。その名は億万長者のストックピッカー、スティーブ・A・コーエン」とある。

マートマの元同僚たちは次々にニュースを目の当たりにし、事の全容を理解し始めた。エランとワイスでの巨額かつリスクの大きいポジション、それを巡る議論や曖昧な態度、コーエンがほとんどマートマの言うことしか聞かなかったという異常な状態、マートマがどのようにして「ブラックエッジ」を手にしたかということについての同僚たちのコメント。SACでマートマの下で働いていたトレーダーのティム・ジャンドビッツはウォール街を去り、シカゴに住んで高級サンドイッチ店を営んでいた。自身で開発した特別なワッフル風のパンで挟むのが売り物である。彼はその店を次なるチポトレにしたかったのだ。

ジャンドビッツは、マートマが逮捕されたという報道に驚いた。マートマが薬品の研究者にお金を払ってインサイダー情報を入手していたとするニュース記事を読んで、二〇〇八年に行われたエランとワイスのトレードを巡る奇妙さと秘密主義のすべてのつじつまが合った。

彼は友人にｅメールを送っている。「自業自得だな」

ギルマンが協力するようになっていたので、政府はマートマを相手取った事案に自信を抱き始めていた。

検察官たちは、いつもとは違う方法で起訴を行っていた。つまり、連邦大陪審が被告に対する証言を聞いたあとで行う正式な刑事告訴ではなく、バラーラのオフィスは訴状だけをもってマートマを告訴したのである。訴状は捜査の第一歩、である。告訴は、米連邦地検が捜査を進めるに値するもっともな原因を大陪審がすでに見いだしているということである。検察官は直接告訴に踏み切ることができたが、これまではそれを遅らせることで効果的にプレッシャーを与えることになると期待していたのだ。それは、これから起こるであろうことに関してマートマに警告を与えたようなものである。本当にそれを望んでいるのか、ほかにも道はあるんだぞ、と。

それでも、彼らは対コーエンで協力するよう直接要請することはなかった。彼らは必死になっているとは思われたくなかったのだ。

「マートマ以外に関与している人物がいるのなら、その話を聞きたいのだ。百パーセント確実なものが必要などと考えるべきではない」と、アルロ・デブリン・ブラウンはマートマの弁護士であるチャールズ・スティルマンに言った。

プリート・バラーラは、これまでで最大規模となった記者会見の場でマートマの逮捕を発表した。彼は、根っからセレモニーが好きで、セントアンドリュースプラザ一番地の一階で、この輝かしくも、重大な出来事を発表したのだ。準備をするために、彼は自分のオフィスのエアコンを北極並みの温度に下げ、ブルース・スプリングスティーンを爆音で流したのである。

黒いスーツに赤いネクタイを締め演台に立つバラーラは、告訴内容を振り返りながらも、厳粛な雰囲気は崩さず、ときどき作り笑いを浮かべている。「本日発表致します起訴は……過去に、そして今も行われている不正行為でありまして……。特に、最初は買いのインサイダー取引が行われ、次に売りのインサイダー取引、その規模も史上類を見ないものであります」。彼はマートマによるエランとワイスのトレードを、史上もっとも利益を上げたインサイダー取引であると紹介し、「結果として、二億五〇〇〇万ドルもの不正な利益がヘッジファンドにもたらされたとされています」。そして彼は一呼吸おいて、「クオータービリオンです、MでなくBです」と言った。

その他数人の人物が記者会見で発言したが、不思議なことにだれもSACを名指しすることはせず、ただマートマが働いていた「ヘッジファンド」「ヘッジファンドの運用会社」とだけ述べた。背後にスティーブ・コーエンがいることはだれの目にも明らかなのだが、だれもそのことには言及しなかった。

バラーラは、事件へのコーエンの関与を公にする役割を、部屋にいた何十人もの記者に任せ、彼らはすぐに記事をしたため、その任を果たした。マートマに対する告訴と、彼がSACで働いていた事実、そして事件がコーエン個人にも関係することが広く報道された。

ちょうど数カ月前、バラーラはタイム誌の表紙を飾り、アップになった彼の顔は「この男がウォール街に立ち向かう」とのコメントで飾られていた。そして、いまやそれが現実となったのだ。


二〇一三年の冬は寒さが厳しく、マートマが閉じ込められた氷層は早春まで残っていた。三月八日の朝、急いで仕事に向かっていたサンジャイ・ワドーワは転んで、歩道に頭を打ってしまった。彼は、息子を託児所に預け、遅くなってしまったので走っていたのだ。いつものことである。出血はなかったが、うめきながら立ち上がり、よたよたとオフィスに向かうと、だれかが氷嚢を持ってきてくれた。彼はその日、コーエンの弁護士と重要な電話をする予定があったのだ。彼らは、SEC史上最大となる金銭での示談をしようとしていた。

「本当に大丈夫か」と同僚が尋ねる。

「あぁ、大丈夫だ。終わらせてしまおう」とワドーワは答える。

数週間前、マーティン・クロッツがワドーワに接触してきて、コーエンがマシュー・マートマとマイケル・スタインバーグのトレードに関する件を「示談」としたいと考えていると伝えてきた。彼は、将来告訴されることを心配する必要もなく、事を終わりにすることを望んだのだ。コーエンにしてみれば、例えばマートマが転ぶような、事態が悪化する前に問題を解決してしまったほうがよいのだ。そのようなことはなきにしもあらず、なのだ。

　クロッツが行った取引は、不正取引に対する法人としてのＳＡＣの責任を解決しただけである。コーエン自身や本件にかかわるほかの個人は、いまだ免責されてはいない。それでも、コーエンは前に進めたかった。

　ワドーワは、頭に氷嚢を当てながら受話器を取った。ＳＥＣは罰金として、エランとワイスの取引に六億一七〇〇万ドル、デルの取引に対して一三九〇万ドルを提案していた。罰金の金額は、ＳＥＣが見積もったそれぞれの取引での不正利益、エランとワイスで二億七五〇〇万ドル、デルで六四〇万ドルを基準にしたものである。合計すると、ＳＥＣがこれまで引き出したなかでも最大の和解金であり、ラジ・ラジャラトナムが支払いを命じられた額の実に四倍となる。ＳＡＣの単独所有者として、コーエンはこの罰金を自分で支払わなければならないのだ。

　ワドーワが自分たちが提案する罰則のあらましを説明すると、クロッツは自分の依頼人は同意するだろうと言う。法的環境を考えれば、お金を払ってしまったほうがよほどよいことを彼は知っていたのだ。ワドーワは電話を切り、書類を作成する準備を始めた。

　二年間にわたり、コーエンは、インサイダー取引を撲滅せんとする政府の本当のターゲットであることをほのめかすメディアのリークやニュースの報道にさらされてきた。彼個人が刑事罰に処されるかどうかが話題の中心であった。しかし、今や彼は小切手を切ることで、法的問題を免れようとしている。しかし、彼がＳＡＣの評判を回復し、これまで以上に強力なものにしようと計画を練り始めるやいなや、彼に対するその他事件がまた勢いを持ち始めたのである。

ＳＥＣの別の弁護士チームは、ジョン・ホルバートからマイケル・スタインバーグに送られたデルの業績に関する「転送」メールに関してできるかぎりの情報を集めようと躍起になっていた。デルのトレードでは、その株式を取引した個人を告訴できる可能性があったのだ。ＳＥＣの弁護士たちは、集めた情報に基づきスタインバーグをインサイダー取引で訴えることができるとの確信を強めていた。これは大きな進展であり、コーエンに近い人物の一団に踏み込む新たな機会である。

ＦＢＩが強制捜査したヘッジファンドトレーダーのアンソニー・チアソンとトッド・ニューマンの二人は、去る一二月にインサイダー取引で有罪判決を受けていた。ジョン・ホルバートは転び、政府がスタインバーグを告訴する手伝いをしていた。スタインバーグはまだ告訴されていないが、それも時間の問題である。

デルの件を担当していたＳＥＣの弁護士は、業績発表が行われる直前の二〇〇八年八月、スタインバーグと同じタイミングでコーエンがデル株をトレードしたことを把握していた。スタインバーグのトレードは、ホルバートが彼に話したことがきっかけとなっていたようで、それがインサイダー情報に基づくものであるとＳＥＣは確信していたのだ。問題は、コーエンがどうしてデルをトレードしたのか、である。

二〇一三年三月一三日水曜日、エランに関する六億ドルの和解がコーエンとＳＥＣとの間で交わされる予定の二日前、ワドーワはデスクに座り、これから起ころうとしていることを考えていた。彼は午前一時まで働いていたので、疲れ果てていた。彼らはSACとの取引で歴史を作ろうとしており、それが注目されるだろうことを期待していた。そして、今回は、米連邦地検は関係ないのである。この成功を横取りするものはだれもいない。そのとき、電話が鳴った。マーティン・クロッツである。「やぁ、サンジャイ。君が求めた最新の書類を探していたんだが、あるものを見つけてね。できるだけ早く伝えようと思って……」とクロッツは言う。クロッツは、SECが直近で発行した召喚状のことを言っているのだ。彼の声は次第に小さくなる。長く、痛ましい沈黙があった。「デルに関するeメールが実際にスティーブにも届いてたことが分かった」

ワドーワは、いまやはっきりと目を覚ました。彼らは、SACの古いeメールを見られるよう何週間もクロッツと交渉してきたのだ。SECは二〇〇八年八月二六日の「転送」メールを指定し、社内のだれがそれを受け取ったのかを明らかにしようとしてきたのだ。SACのトレード記録によれば、ホルバートが、デルの業績が予想を下回るものになることを伝えるメッセージをスタインバーグやほかの者たちに送った前後で、複数のトレーダーがデル株を売買していることが分かっていた。

SACは、eメールを見つけられなかった理由についてさまざまな言い訳をしていた。会社の方針として、SACは二〇〇八年九月までeメールのコピーをサーバーに保存していなかった。SECの弁護士たちは、SACほどの規模があり、毎日、巨額の取引を行っている企業が万が一に備えて記録を取っておかないことを当初から奇妙に感じていた。クロッツは、バッチ処理されたメール群のなかから新しいバックアップテープを見つけてきていた。毎回、時間がかかるのにはさまざまな理由があるように思われた。二〇〇八年に行われたトレードに関して、政府が起訴に持ち込むことができる期限が迫っている。彼らに時間が残されていないことをクロッツは分かっていたのだ。

いずれにせよ、クロッツは、コーエンに届いたデルに関するeメールは重要でない理由を説明し始める。それはまるで、ワドーワの心を読んだかのようであった。

「スティーブがそれを見ていないであろう理由はたくさんあると考えています。ちょうど夏の盛りで、彼はハンプトンにいたのです……」とクロッツは言った。

ワドーワは叫びそうになった。重大な和解を行うたった二日前になって、決定的な情報の一部を公開するといった離れ業をしてのけようとは、SACは自分たちをバカにしていると思った。腹立たしいことである。彼は同僚と討議する必要があるとクロッツに伝え、電話を切った。

このような重大な情報の一部をいつ、どのようにして開示するかというのは微妙な問題である。もしそれに触れず、またコーエンが事を進め、六億一六〇〇万ドルに及ぶSECとの和解に合意すれば、SECの職員はその後、自分たちでeメールを見つける可能性が十分あり、そうなれば彼らは当然ながら怒り心頭し、二度とコーエンを信用しなくなるであろう。将来、より大きな問題となるのだ。和解の準備に多大な労力を払ったあと、その直前まで事を明らかにしないというのはある意味では優れた方法である。クロッツはその情報を彼らに伝えることである種の信頼を得ることになる一方、彼らには和解を進めることを決断するための時間がほとんど残されていないのだ。クロッツの目的はいつもどおり、コーエンにとって最良の結果を得ることにある。

その夜、ＳＥＣの弁護士たちは、新しい情報を踏まえて合意を進めるべきかどうか議論を行った。クロッツは、逃げ切ろうとしているように思われた。

もちろん、ＳＡＣがウォール街史上最大の証券詐欺に関する和解を行おうとする直前に、これまでだれも確認してこなかったバックアップサーバー内で、デルに関するインサイダー情報が含まれている可能性があるｅメールがコーエンに届いていたことを発見した可能性はある。信じられない偶然ではあるが、可能性がない話ではない。

いずれにせよ、和解をしても、ＳＡＣの職員個人を、ＳＥＣが交渉を通じてけっして譲ることのなかった何らかの理由をもって起訴できる可能性は残る。和解によって解決されるのは、エランとワイス、そしてデルのトレードに関する法人としてのＳＡＣの責任だけである。合意書には関係した特定の個人名は記載されず、ただ会社名があるだけだ。企業の所有者はコーエンだけであり、彼がすべてを決定しているのであるから、彼の名前が載らないのは奇妙ではあるが、ＳＥＣにとっては、これは第一歩にすぎないのだ。彼らは事を進め、和解をすることに決めた。

SECの法執行官であり、デルを担当する主要メンバーであるマシュー・ワトキンスは、木曜日の間、一〇枚に及ぶ合意書に目を通し、手書きで最後の修正を行っていた。翌二〇一三年三月一五日の朝、SECは一枚のプレスリリースを公表した。そこには「CRイントリンシックは、インサイダー取引に関する史上最大の和解として、六億ドルを超える支払いに合意した」とあった。

ワドーワと彼の同僚たちは、SECの仲間やヘッジファンド業界で働く友人たちからのお祝いのメールや電話に終日対応し、業界の多くの人々が長年にわたりルールを無視していると疑っていた企業をやっと懲らしめられたことを感謝していた。しかし、事件にかかわるだれもが、自分たちが行っていることを止める時間はないことを知っていた。彼らはいまや、コーエンとインサイダー情報とを直接つなぐeメールの存在を知ったのである。彼らはコーエンから多額の罰金をまき上げたが、目標はコーエン自身を起訴し、彼を永遠に業界から追放できるかどうかにある。彼らは当初、発表後にお祝いの昼食に出かける予定であった。しかし、SECのチームは、事務所が入るビルの一階にあるP・J・クラークスでビールで乾杯しただけで、すぐに自分たちのデスクに戻っていった。やるべき仕事はまだまだあるのだ。

その夜の午後七時三三分、コーエンに届いていた「転送」メールがワシントンのSECの中央処理装置に到着した。SECの弁護士たちが最初に知りたかったことは、コーエンがeメールを受け取ったタイミングが、彼がデル株を売却したときと合致するかどうかだった。彼がeメールを受け取る以前に売却しているのであれば、言うまでもなく、すべては無意味となる。

eメールのメタデータによれば、SACのアナリストであるジョン・ホルバートが二〇〇八年八月二六日午後一時九分にマイケル・スタインバーグとガブリエル・プロトキンに向けて送信している。SECの弁護士のジャスティン・スミスはチェーンメールのなかに新しい名前を見つけた。アンソニー・バッカリーノである。プロトキンは、ホルバートが送信した四分後の午後一時一三分にバッカリーノにメールを転送している。スミスは同僚にあてたメッセージを興奮気味に作成して、この新たな事実を伝えた。

SECはアンソニー・バッカリーノについては知らなかった。スターファンドマネジャーであり、巨大な消費財企業に関するトレードアイデアではコーエンも頼りにしていたプロトキンについては知悉していた。バッカリーノは、SACの職員名簿には「リサーチトレーダー」と記されている。彼はコーエンの直属だったのだ。午後一時二九分、バッカリーノはデルに関するeメールを、コーエンの個人と会社のアドレスに転送していたのだ。

SECは急いでバッカリーノの通話記録を入手した。そして、午後一時三七分にバッカリーノがコーエンの携帯電話に電話をかけていたことが確認された。それは一分に満たないものであった。その二分後、コーエンはデルを二〇万株売っている。そして、午後の間、売り続け、その日のうちに、五〇万株すべてのポジションをマルにしてしまったのだ。二日後、デルはホルバートが予言したとおり、期待外れの業績を発表する。

ＳＥＣは電話代の明細書を見ただけであるから、バッカリーノが午後一時三七分にかけた電話にコーエン自身が出たのかどうかは不明なままであった。おそらくは、バッカリーノはコーエンにデルに関するeメールについて連絡し、それを確実に見るよう伝えたのであろう。請求書は電話があったことを示しているが、四八秒というのは長い時間ではない。コーエンは自分は電話に出ていないと容易に言い張れるであろう。数日間、ＡＴ＆Ｔを問い詰めたあと、ＳＥＣは応答された電話にだけ課金するという会社の方針を確認する書状を受け取った。ＡＴ＆Ｔは問題となった電話のすべてを、秒単位で示すエクセルのシートを送ってきた。

ＳＥＣにはさらなる疑問があった。だれかほかの者がデル株の売却を指示することは可能であったかどうかだ。コーエンは午後一時二九分以前に売り注文を出すことができたか。発注から執行までに遅延はあったか。ＳＥＣはあり得そうなシナリオを仮定してみた。ホルバートはデルの業績について重要な情報をジェシー・トートラから教えられる。そして、ホルバートはスタインバーグとプロトキンにそのニュースをeメールで伝える。そしてプロトキンはそれをバッカリーノに伝え、そして彼がコーエンに報告した。その後、コーエンは悪いニュースが公表される前にすべての持ち株を売却した。それ以外のシナリオでは、より複雑な仮説が伴うことになる。再び、オッカムのカミソリ、である。

ＳＥＣがコーエンについて学んだすべてによれば、彼は株については狂信的なところがある。彼はＳＡＣを金融界でもっとも洗練され、もっとも強力な情報収集機関に仕立て上げた。彼は驚くほどの記憶力を持ち、自らをトレードにかき立てるような新しい情報を貪欲なまでに求めたのだ。コーエンは、ファンドマネジャーが第一に彼に報告することなく行動を起こすことを嫌った。実際に、彼がそのような行動を取った人間をトレーディングフロアで叱りつけることはよく知られていたことだ。スタインバーグのようなファンドマネジャーがデルのポジションで行っているすべて、そしてその理由をコーエンにそのときどきで説明していることは確かなのだ。

それでもまだ、クロッツはコーエンは必ずしも「転送」を見たとは限らないと主張した。彼は時間を稼ぎ、ＳＥＣを惑わし、そして時間を無駄にさせるべくあらゆることを行ったのだ。

スティーブ・コーエンは身を隠すようなことはしなかった。彼は投資家たちの信頼を回復し、ＳＡＣの将来について安心させたかった。そして、二〇一三年最初の数カ月、彼は努めて自らの存在を示すようにした。一月にはダボスで開催される世界経済フォーラムに参加し、パームビーチで開かれるヘッジファンドの会議にも珍しく出席した。そうすることで、ＳＥＣに譲り渡すことを合意した巨額の支払いを行ってもひるんでいないことを世界に示そうとしたのだ。

三月末、彼はアートディーラーのウィリアム・アクアベラから電話をもらった。カジノのオーナーで、膨大な美術コレクションを所有するスティーブ・ウィンがピカソの「夢」を売却しようとしていたのだ。ウィンの高くついたおっちょこちょいでキャンセルせざるを得なくなった取引から七年が経過していた。その間、ウィンは巨額の資金を投じて絵画の修復をしていた。コーエンはまだ購入に興味があるのだろうか。コーエンと彼の美術アドバイザーは翌朝アクアベラのギャラリーに押しかけた。

コーエンの美術コレクションは世界的にも有名であった。二〇〇五年、彼はいくつか高額な買い物をした。ゴッホやゴーギャンの絵画で、一億一〇〇〇万ドルを投じたとも言われていた。二〇〇六年、彼はデクーニングを一億三七五〇万ドルで購入した。二〇一二年には、一億二〇〇〇万ドルを投じ、アンリ・マティスの銅像を四体入手する。それ以外にも、ポロックやモネやマネの絵画など、たくさんのマスターピースを所有している。最高の作品を取得するためにはお金に糸目をつけない彼をギャラリーのオーナーたちは愛した。人生のほかの分野でも同じように、彼は求めるものはたいてい買うことができた。しかし、これまで、「夢」だけは彼の手に落ちなかった。

事故の後、ウィンは「夢」をテレンス・マホンのもとへ送った。絵画の価値を毀損することなく、修復する能力がある美術修復家が全米で二人いるとされるうちの一人である。マホンは、パークアベニューサウスにある彼のスタジオでカンバスの糸を調整し、針治療用の針を使って縫い合わせていった。そして、新たに縫い合わせた糸の上に丁寧に絵の具を乗せていった。

「幸いにして、傷口さえ修復してしまえば大したダメージは残っていなかった。絵の具の欠落も最小限で、まるでカンバスに穴も傷もないかのようだった。新たに絵の具を乗せなければならなかった箇所は、鉛筆の先ほどの大きさしかなかった」とマホンは言う。

宝石職人のような目と血管外科医のような手を必要とする仕事である。マホンは二〇〇六年一二月一一日に修復を終え、総費用は九万四九三ドル一二セントとなった。その後、絵画は悪い評判を払拭すべく、東七九丁目にあるウィリアム・アクアベラのギャラリーに展示された。そして、アクアベラはコーエンに電話をかけたのだ。

「三分後には契約成立さ。一〇年近くスティーブの心をとらえていた絵画だよ」とコーエンの美術アドバイザーは言う。

「あの前に立ったら、だれでもうちのめされるさ」と、絵画を評してコーエンはそう言った。

一億五五〇〇万ドルで購入したニュースは、数年間にわたってコーエンに対する訴訟を組み上げようとしていた検察官やFBI捜査官やSECの弁護士たちの目にとまった。犯罪捜査が進行しているときに、被告側の弁護士は依頼人がこれ見よがしの買い物をすることを許したのだろうか。まるで政府を敵に回そうとしているかのようだ。

ピカソの取引のあと、プリート・バラーラの部下であるリチャード・ザベルはオフィスでコーエンの美術コレクションのジョークを言い始めた。「俺もあいつの酢漬けの鮫が欲しいな」と言う。コーエンが所有する八〇〇万ドルのダミアン・ハーストの「インスタレーション」のことだ。「奴の鮫をオフィスに飾りたいね」

コーエンは、政府による捜査はまだまだ終わりそうにないなかでも、祝福された人物のように振る舞った。SECに支払った六億一六〇〇万ドルなど痛くも痒くもない、とコーエンは言っているかのようだ。そんなものは、マイバッハの座席にいつでも置いてある、と。

第14章 救命ボート

まだマンハッタンに日が昇らない早朝、アッパーイーストサイドの歩道は、豪華な石灰岩作りの建物のロビーから洩れる光で彩られていた。二〇一三年三月二九日午前六時を迎えるころ、東七八丁目とパークアベニューがぶつかる交差点、建物の入り口付近には武装したＦＢＩ（米連邦捜査局）の法執行官の一団が集まっていた。

コープアパートの八階でマイケル・スタインバーグは膝に手を置き、カウチに座っていた。通常、ＦＢＩは捜査官が人々を拘束するときは彼らを驚かせるのを好むのだが、スタインバーグの弁護士であるバリー・ベルケはその日に自分の依頼人が逮捕されることを前もって知っていた。スタインバーグは春休みに妻の親族を尋ね、そのまま家族をフロリダに残して、自分だけニューヨークに戻ってきたのだ。クラマー・レビン・ナフタリス・アンド・フランケルの訴訟部門の長であるベルケは午前五時にスタインバーグのコープアパートに来ていた。彼らは可能なかぎりスムーズに逮捕されようとしていたのだ。スタインバーグはカーキのズボンに、紺色のVネックのセーターを着て、自殺の道具となるベルトや靴紐などはあえて身につけていなかった。それらは連邦拘置所では認められないとベルケがアドバイスしていたのである。スタインバーグは玄関の鍵を外し、ベルケとともに待った。

午前六時、ＦＢＩ捜査官がドアを叩いた。

スタインバーグは立ち上がり、捜査官たちがアパートのなかに入って、すべての部屋を物色し始めるのを眺めていた。彼らはすぐに、ほかにだれもいないことを確認する。そして、スタインバーグに手錠をかけ、建物から出ると、グレーのフォードの後部座席に押し込んだ。外はまだ暗かった。スタインバーグにとって唯一の驚きは、その朝、ウォール・ストリート・ジャーナルの記者が通りに立って、スマホで事の成り行きを記録していたことである。情報を事前につかんだのはスタインバーグだけではなかったのだ。

スタインバーグの弁護士たちは、何週間にもわたり出頭を受け入れるよう交渉していた。彼らはスタインバーグが逮捕される可能性が高いと考えていたので、自首させると申し出ていたのだが、ＦＢＩはスタインバーグはほかの容疑者と同じように扱われるべきだとして譲らなかった。もちろん、スタインバーグも妻や子供たちの前で屈辱的なトラウマになるような場面が繰り広げられるのは避けたかった。ベルケは、デルの事件の主席検察官であるアントニア・アップスに電話をかけ、依頼人は毎朝五時にはホテルにチェックインし、ＦＢＩが逮捕を執行する通常の時間である午前七時までそこで待つので、彼を捕まえに来てほしいと伝えた。「あなたやご同僚が明日の朝マイク・スタインバーグを捕まえるおつもりなら、ホテルと部屋番号をお教えします」と、ベルケは彼女にそう伝えた。

「ありがとう、でも今週はその情報はいりませんよ」とアップスは答えた。彼女は少しためらいつつも、「来週お電話ください」と言った。

そのようなやり取りが六週間続き、ベルケは「マイクのホテルの情報が必要か」どうか、つまりその週に逮捕されるのかどうか確認の電話をかけ続けた。そして、三月末、アップスが電話をかけてきた。「金曜日はその場にいてほしい」と彼女はそう言うと、すぐに電話を切ってしまった。スタインバーグもベルケも休暇に出ていたが、すべてを中止し、急いでニューヨークに戻ったのだ。

金額面だけ取り上げれば、スタインバーグの事件は極めて小さなものにすぎない。通常の環境下なら、政府は彼を起訴するような面倒なマネはしなかったであろう。彼が不正なトレードで稼いだとされる金額はたった一四〇万ドルにすぎず、マートマの事件の二億七六〇〇万ドルに比べたら、微々たるものにすぎない。だが、この逮捕で重要なメッセージを発することができる。コーエンに近い人物が手錠をされて自宅から連行されるのは、これが初めてなのだ。このときまでに起訴されたほとんどの人物とは違い、スタインバーグはコーエンの息子同様の存在である。

「お前の子供はとらえたぞ、次はお前だ」と、プリート・バラーラがコーエンにそう語っているかのようである。
スタインバーグは、フェデラルプラザ二六番地に移送され、手続きを行う。指紋を取られ、裁判前の送達の面接を受ける。起訴内容が伝えられ、彼は共謀ならびに証券詐欺で告訴された。パスポートは停止され、三〇〇万ドルの保釈金を支払い、自宅アパートでの待機となった。すぐに、捜査の協力を行うよう圧力がかけられる。アップスは、起訴が行われるやいなやベルケに電話をかけてきた。

「スタインバーグはわれわれに話をすべきだと思います。SACの上司について彼が語らなければならないすべてにわれわれは強い興味を持っています」と彼女は言った。

彼女がコーエンのことを言っているのは、ベルケにも明らかだ。米連邦地検がコーエンを起訴したがっていることはだれもが知るところなのだ。しかし、ベルケにしてみれば、捜査への協力は選択肢にはなかった。スタインバーグは自身の無実を主張して譲らないし、協力するには有罪答弁が前提となる。

ベルケはこのような状況に生きがいを見いだすタイプだ。デューク大学からハーバード大学法科大学院へと、一族のなかで大学に初めて通ったベルケは、フィラデルフィアの中産階級に育った。そのころ、彼の父親は度重なる税務調査を受けて、小さなリネン・サプライ会社を失ってしまった。それは当時のベルケにとっては理解こそできなかったが、ひどく不公平なものに思えた。家族はほとんどすべてを失ってしまったが、その経験によって彼は政府を警戒するようになった。ベルケはこの手の戦いに誇りを抱いていたのである。
「彼は取引はできませんよ、だって何も悪いことはしてないんですから」と、ベルケはアップスに言った。

スタインバーグ逮捕の日、ＳＥＣ（米証券取引委員会）でデルを担当していたチームは、米連邦地検のカウンターパートと会うために、セントアンドリュースプラザ一番地に戻っていた。デルの件に関係した検察官やＳＥＣの捜査官たち全員が、緊急会議のために召集されていたのである。ＳＥＣの法執行部門の臨時部長であるジョージ・カネロスは半日しかニューヨークにいなかった。彼のスケジュールに合わせての会議でもあった。

会議の目的は、コーエンがデルに関する「転送」メールを受け取った、という政府が新たに入手した情報を踏まえて、今後どのように捜査を進めていくかを議論することにある。証券詐欺の時効は五年である。エランのトレードが行われたのが二〇〇八年七月であり、デルは同じ年の八月にトレードされていた。それぞれに関する犯罪で、コーエンやほかのだれかを起訴するには三カ月、そして四カ月しか残されていない。彼らには無駄にできる時間などなかった。

カネロスがホワイトカラー犯罪の被告側弁護士の役を演じ、論拠の弱点を指摘していく。彼は、こうして相手側の役を演じることを好んだ。ＳＥＣの外部には、彼は被告に感情移入しすぎるところがあるため、時に積極的に起訴したがらないとの批判もあった。しかし、同僚たちは彼の理屈っぽいやり方は有効であると感じていた。和解の場や法廷に入ってから、予想もしていなかった弁護を相手が行ってきたほうがよほど悪いのだ。ジョージ・カネロスは、被告側の弁護士が焦点を当ててくるであろうことを正確に示してくれるので、頼りになる存在だった。

だれかがコーエンにeメールを送ったからと言って、それをもって、彼が実際にeメールを読んだとは限らない、とカネロスは指摘する。さらに、そもそも「転送」とはどういうことなのか。確かに、ホルバートからeメールを受け取った者はだれでも、それが意味するところは正確に理解できるであろう。しかし、それだけを取り出してみれば、言葉はいかなる解釈も可能であり、コーエンの弁護士はその点を最大限利用しようとしてくるに違いない。

彼らは自分たちが話をしたい相手、デルのeメールに関連するSACのすべての職員と、SACの経営幹部やコンプライアンス担当の職員全員のリストを作成した。彼らには時間がなかったので、優先順位を決める必要があった。社内でどのように物事が進むのか、トレードに青信号を出す権限はだれが持っているのか、また重要な株式の情報がコーエンに知らされることをだれが確認しているのか、知らなければならないことはまだまだあった。彼らは、さまざまな幹部に召喚状を発行することと、面会に応じるよう要請することの損得を話し合った。彼らは裁判で自分たちの主張を証明するために、必要となるすべての証拠を精査することにした。

刑事検察官にとって、討論はイラ立たしいものであった。SACとインサイダー取引とを結びつける大量の証拠があるにもかかわらず、より厳密な証拠、理想を言えば、コーエンが自分がやっていることを正確に把握していたことを証言する証人がいなければ、コーエン自身を成功裏に起訴することができないかもしれないのだ。プリート・バラーラは全米のほかの上級検察官たちと同様に、大きな事件、特にたくさんのメディアの注目を集める事件で負ける可能性があることには臆病になってきている。アイビーリーグの法科大学院を卒業した野心あふれる若き検察官たちは、自らのキャリアと評価を築き上げようとしているときに目立った失敗に連座することを避けようとする。バラーラは数年前の二〇〇九年、ベア・スターンズのヘッジファンドで働いていた二人のトレーダーに対する証券詐欺事件で、東部地区の検察官が敗訴したことを目にしていた。その事件も、勝訴は確実と思われていたものである。その事件は、金融危機を発端として発生した最初の大きな刑事事件の一つであり、二人のファンドマネジャーはほんの六時間後には無罪放免となったのである。政府は第一にその事件を取り上げたこと、そしてその対応方法を厳しく非難された。それはまさに災難で、ウォール街の犯罪を追及するときには大きな裁判で負けるリスクを負うよりも、確実と思われるより安全な事案を取り上げるべきだというメッセージを司法省に伝えることとなった。裁判で負けなしのコーエンに対する刑事裁判を起こすためには、彼をデルやエランのトレードと明確につなぐ証人や盗聴記録、コーエンが自分がインサイダー情報に基づいてトレードを行っていることを知っていた事実を示す、疑うべくもない何かが必要になると、地検の検察官たちは考えていた。まずは、スタインバーグかマートマを寝返らせなければならない。

そうなるのを期待し、待っている一方で、彼らはSACを法人として起訴することを検討していた。検察側はスタインバーグとマートマという二人の上級職員を押さえており、SAC全体の文化が腐敗していると主張できるだけの証拠は集めてある。

SECの議論は困難を極めた。民事訴訟に関する当局のより低い基準を前提とすれば、コーエンを起訴することは実行可能ではある。しかし、彼らはコーエンを業界から追放したいのだ。SECの捜査官たちは、コーエンがデル株を売却したときには、彼の受信箱に「転送」メールがあったことを知っている。実際には、それだけで十分なのだ。SECの規則では、インサイダー情報を入手したうえで株式をトレードすることを明確に禁じている。ワドーワは、すべての話を総合すれば、陪審員を説得することはできると確信していた。「やつを捕まえよう」と彼は思った。

スティーブ・コーエンの弁護士たちはすでに四年間も、召喚状と資料請求とメモの整理と戦略会議に没頭してきていた。早春、彼らは新しいプロジェクトに乗り出し、米連邦地検向けの弁護用の資料を作成することにした。彼らが作成したプレゼンテーションは一三〇ページにもわたり、黒いバインダーで綴られていた。彼らは救命ボートを作るためにそれを用いるつもりなのだ。

二〇一三年四月二五日、木曜日の朝、黒いスーツに身を包んだ男女が、セントアンドリュースプラザ一番地の八階にある大きな会議室に列をなして入っていった。席順がこの面談に出席した者たちの序列を示していた。プリート・バラーラの部下であるリチャード・ザベルが長い机の「政府」側の中央に座る。彼を囲むように、検察官、証券部門長、財産没収部門長、そして刑事課長が席に着く。デルとエランの事案を担当していたSECの弁護士とともに、何人かのFBI捜査官もいた。総勢一七人と政府側の弁護士がたくさんいたので、ホールから椅子を持ってこなければならない者もいた。

数週間前、この瞬間を待ち望んでいたバラーラは、政府が入手したコーエンに対する証拠のすべてを説明する詳細なメモを準備するよう部下の検察官に指示していた。メモには、コーエンがデルとエランのトレードに関与していたこと、さらには彼を告発するときに利用できそうなほかの事案に関するあらゆる証拠も含まれていた。アントニア・アップスとアルロ・デブリン・ブラウンは一週間かけてメモを作成した。デルとエランの件に関する証拠に加え、コーエンがトレーダーやアナリストからインサイダー情報と思われる報告を受けながらも、その情報が公正なものかどうか確かめもしなかったという例も挙げられていた。コーエンの部下たちは彼にインサイダー情報を喜んで渡していた、と検察官たちは考えていたのだ。それが自分たちの職務の一環だとFBIに語った者もいた。そして、コーエンが従業員による疑わしい取引の事例についてSECに語ることはなかったことを検察官たちは気づいていたのだ。

メモが完成し、バラーラに提出されると、彼はそれを注意深く見直した。そして、彼とザベルは、アップスとデブリン・ブラウンとともに数時間にわたって詳細に確認していったのだ。彼らはあり得べき被告側の弁論を洗い出し、それらの主張にどのように対応するか検察官たちに尋ねた。コーエンを起訴するための証拠が山とあることにはだれもが同意したが、裁判で確実に勝訴するためには不十分であった。彼らが勝てる可能性は五分五分にも満たない。状況証拠にすぎないのだ。

一方、SACに対する刑事訴訟は容易に勝てる事案である。彼らは、マートマが正気にもどり、協力する決心をするのを待つ一方で、こちらの事案を進めることにした。マートマには若い家族がおり、将来長い懲役刑が待っている。彼の裁判の日が近づくにつれ、政府に協力するメリットがより明白となり、コーエンと戦うために必要となる情報を提供するようになることを期待していた。

次の段階は、コーエンの弁護士との面会を要求することである。彼らの考え方を知り、また法廷以外で彼らに政府と話をする機会を与えることは重要である。また、コーエンの弁論がどのようになるかを下見する機会でもあるのだ。これは、マーティン・クロッツと時給一万ドルのコーエンの弁護団が、自分たちがどれほど賢いかを証明する場でもある。

クロッツはいつもどおり若干だらしない身なりで現れた。ウィルキー・ファー・アンド・ガラハーでの彼のパートナーであるマイケル・シャクターが彼の隣に座る。ポール・ワイスのパートナーであるダニエル・クラマー、マイケル・ゲルツマン、マーク・ポメランツがその隣に座る。ポール・ワイスのスター法廷弁護士であるテッド・ウエルズも参加していた。彼は口を開かなかったが、そのメッセージは明白だ。もしこの事案が裁判所に持ち込まれることになれば、最終弁論でわめきちらすことで知られるウエルズが相手になる、ということだ。

クロッツが主導して説明を行う。彼の役割は簡潔である。スティーブ・コーエンを刑務所送りにしないことである。彼は、コーエンが肉親であるかのように真剣にこの任にあたった。

一九八八年、マイケル・ミルケンの弁護士たちが同様の法的圧力に直面したとき、彼らは、ミルケンはアメリカ経済に燃料を送り込んだジャンクボンド帝国を築いたアメリカの英雄であるとする、皮肉とも言える方針を取った。彼らは、ミルケンを「国の宝」「天才」、そして「国家資産」と形容し、ミルケンが築き上げたジャンクボンド市場によって全米の企業やコミュニティに価値がもたらされたのだと公然と主張したのだ。この主張には一定の正当性もあった。ミルケンは企業に新たな資金調達方法を導入し、規模が小さすぎたり、リスクが大きすぎて伝統的な借り入れができない企業を成長させたのだ。彼がもたらしたイノベーションは経済成長に寄与したのであり、今日のヘッジファンドにはまったくないものであった。ミルケンはまたインベスターリレーションの活動を始め、彼が友好的だと考える報道機関のインタビューに応じた。コーエンとミルケンは多くの点で類似している。中産階級の出身で、規制当局が違法であると疑う方法を通じて、その時代のウォール街の寵児となった金融マンなのである。ミルケンの場合、彼の弁論は重大な見込み違いとなり、その尊大な表現は彼を打ち負かそうとする検察官たちの決意を固くしただけであった。

コーエンの弁護士たちは、この二の舞を演じるほどバカではない。彼らは、コーエンが聖人であるとか、雇用を創出したとか、アメリカの人々を勇気づけたなどとは言わなかった。むしろ、彼らは政府の弱点、つまり敗訴することの恐怖感に焦点を当ててきた。クロッツが狙ったのは疑念を持たせることである。彼と彼の同僚たちは、結局のところリスク評価と虚栄心が何にも増して政府の損得勘定には重要であることを抜け目なく見抜いていたのだ。クロッツは、裁判で惨めな敗北を喫したらどうなるかを検察官たちに真剣に考えさせようとした。そのようなことになれば、プリート・バララに関する新聞の見出しは、「この男がウォール街に立ち向かう」から、かなり辛辣なものに変わってしまうだろう。

ウィルキーの助手があらかじめ用意した黒いバインダーを部屋にいる全員に配布した。そのなかに閉じられたプレゼンテーションは、「プロトキン」「コーエン」「エラン」と三つのセッションからなっていた。クロッツは全員の顔を睥睨する。「本日、このようにみなさんにお話できる機会を与えていただきありがとうございます」と、彼は重々しい調子で言った。そして、話を始め、およそ四時間話し続けた。トレードの記録やeメールのページを次々に進んでいく。出席した政府の役人たちは今までにこれほど我慢したことはなかった。

デルに関するクロッツの主張は三つの要素からなっていた。まず、コーエンがデルに関する「転送」メールを読んだ可能性は極めて低い。次に、彼がそれを読んでいようがいまいが、無関係である。最後に、コーエンがeメールを読み、その内容に基づいてトレードをしていたとしても、コーエンはもともとその話がどこから出たものなのか知りもしないのであるから、それをインサイダー取引だとするのは理屈に合わない。

クロッツの主張は一見、シンプルに見える。彼は、コーエンが保有するデル株を売却する独自の正当な理由があったとは言っていない。むしろ、コーエンの弁護士は、当代もっとも成功したトレーダーは毎日、即興でトレードしていると言っているのだ。問題となったeメールを彼は読んでいるかもしれないし、読んでいないかもしれない。そのようなことはだれにも分からない。コーエンは深遠な情報の海のなかに生きているので、たった一通のeメールを読み、それに基づいて行動したかどうかなど証明する術がないのだ。彼は、高給をはむ部下のアナリストや専門家たちから独立して、自分自身の直観にしたがって判断を下しているのだ。彼のやり方にはもともと方法論など存在せず、すべては混沌のなかにあるのだ。

「スティーブが『転送』メールを読んだ証拠も、彼がそれについてだれかと話をした証拠もありません」とクロッツは続けた。「eメールについてスティーブと議論したことを証明する証人は一人もいません。スティーブが届いたeメールに目を通す確率などなきに等しいのです」と付け加えた。

彼は、コーエンの受信箱を写した写真を取り出した。コーエンは、スパムメールをフィルターにかけ、膨大な量のeメールから迷惑メールを除外しているが、それをしたあとでさえ、彼は月に二万通ものeメールを受け取っており、営業日一日で一〇〇〇通にもなる計算だ。彼が目を通すのはそのうち一〇％程度である。コーエンに「転送」メールを送ったリサーチトレーダーのアンソニー・バッカリーノから届くeメールのうち、彼が読むのは二一％である、とクロッツは付け加えた。クロッツが示したマイクロソフトアウトルックのコーエンの受信箱には、ゴルフのスケジュールに関するウェイン・ホールマンからのメッセージや、さまざまな証券会社から届く原油価格やＦＲＢ（米連邦準備制度理事会）の議事録に関する調査リポートなども含まれていた。

写真のなかほどに、バッカリーノからのメッセージが見て取れた。それは太字で「FW:DELL」とあった。

政府の弁護士たちは、そのデルに関するメッセージのすぐ上に、「美術雑誌が最大六〇％オフ」とうたうアマゾンからの営業メールがあることに気づいたが、笑いをこらえようとした。スパムのフィルターが機能しないことがあるのは明らかである。

コーエンは毎日、同程度の量のショートメールを受け取るとクロッツは指摘した。コーエンのデスクにはモニターが七台ある。彼のマイクロソフトアウトルックは一番左のスクリーンに表示され、ほかの多くのスクリーンの陰になっているので、彼がデルのメッセージを読んでいない可能性はそれだけ高いことになる。コーエンは、「七台あるスクリーンの一番左まで向き直り、コンピューターのプログラムを一つ二つ最小化し、eメールをスクロールし、『転送』メールを開くためにダブルクリックして、その内容を見るために三件の転送分の文面を読み下していく。これをデル株の売りを発注するまでに行わなければならない」。クロッツによれば、このすべてが三〇秒以内に行われるという。

コーエンがそのような行き当たりばったりの方法で事業を進めることができるとは、部屋にいた捜査官のほとんどが信じていなかった。彼らは六年間にわたりコーエンの研究をしてきており、彼が貪欲に情報を求めていることは理解していたのだ。SACは、部下のファンドマネジャーや攻撃的かつ野心的なチームのメンバーが集めてきたありとあらゆるトレードデータにコーエンが確実に触れられるよう組織立てられていると彼らは考えていた。コーエンが支配し、そして求めているのだ。重要なマーケット情報を知らせることが唯一の仕事である、部下のリサーチトレーダーからのメッセージの八〇%も無視しているという話はバカげている。

しかし、コーエンが行うであろう弁論を垣間見たという意味では、重要であった。

クロッツは、「転送」メールがコーエンに送信されるまでにあちこちを経由してきたことを部屋にいる全員に言い聞かせた。「スティーブは読んだ記憶がないし、おそらく彼は読んでいないのだろう」とクロッツは言う。

そして、クロッツはメール送信にまつわる、いくつかの事実を振り返る。二〇〇八年八月二六日、デルが業績を発表する二日前、コーエンは五〇万株を保有していた。一方、スタインバーグはデル株を空売りしていた。スタインバーグは、コーエンがデルを買っているのを知るやいなや、自分たちが反対に賭けていることをコーエンに伝えるべきか、またどのようにして伝えるかをホルバートと議論した。業績発表を二日後に控えたその朝、スタインバーグはデル株に対する自分たちの異なる見方についてコーエンと話をした。そして、スタインバーグは、これまでデルを買っているゲイブ・プロトキンに、自分の調査についてeメールでホルバートと議論するよう勧めた。午後一二時五四分、プロトキンとコーエンは電話で七分間会話をしている。その直後、ホルバートは「転送」メールを送信し、プロトキンがそれをバッカリーノに転送し、そして彼がコーエンに送信した。

それから、バッカリーノはコーエンに電話をかけたが、それは一分にも満たないものであった。午後一時三九分、電話を切った直後、コーエンは売り始める。その午後、市場が閉まるまでに、彼は保有していたデル株五〇万株のすべてを手放している。

八月二八日午後四時を過ぎると、デルが業績発表を行った。株価は下落する。コーエンは一五〇万ドルにも上る損失を回避したのだ。

そして、クロッツは本件の法的根拠を攻撃し始めた。スティーブが「転送」メールを受け取ったあとで行ったトレードはインサイダー取引にあたらない、と彼は主張したのである。デルの情報は同社のインベスターリレーションの担当社員から、サンディープ・ゴヤールという別のトレーダーにもたらされ、それがジェシー・トートラ、ホルバート、スタインバーグ、プロトキン、バッカリーノ、そしてコーエンへと伝えられた。クロッツと弁護士たちは、コーエンはもともとの情報から離れすぎており、その状況をまったく知らないのであるから、いかなる証券詐欺の刑事責任も問われる立場にもないと考えていたのだ。

「私が会話をした多くの人々が、これはインサイダー取引には該当しないと言っております」とクロッツは言った。

「そのなかに連邦判事はおりますか」と、会議に参加していた司法省のメンバーでもっとも上位の立場にあったリッチ・ザベルが尋ねた。「勘弁してほしいね」

灰色のひげをたくわえ、どこか狼のような風貌のザベルは、ヘッジファンド業界の陰で成長した人物だ。彼は、多くのヘッジファンドを顧客に抱える法律事務所シュルテ・ロス・アンド・ザベルの創業者であるウィリアム・ザベルの息子である。彼は、ヘッジファンドのプレーヤーたちがどれほど資金を持って活動しているかを承知しており、彼らの動機について皮肉な意見を表明することを恐れてはいなかった。しかし、彼の皮肉はいつも失笑を買うようなものなので、気まずい沈黙があるばかりである。彼らは認めたくなかったが、デルの情報漏洩からコーエンが遠く離れた立場にあったことは大きな弱点であることを政府の弁護士たちも知っていたのだ。

その後、クロッツは家電チェーン店のベスト・バイで働く自分の義理の息子に関する仮定の話を始めた。「『フラットスクリーンのテレビはどのようにして売られているか』と彼に尋ねれば、彼はどのようにして売られているか説明するでしょう。これは、『企業内のだれかからの情報』となりましょうが、完全に合法ですね。このデルに関するeメールと私の義理の息子の話には何の違いもありません」

クロッツは、自分を取り囲む政府の弁護士たちの顔を見た。彼らは冷静なように見えた。しかし、検察官たちは内心、彼が核心を突いてきたことを理解していた。eメールだけを根拠にコーエンを有罪とするのは困難なのである。

三時間が経過し、クロッツはエランの話題に移った。バインダーのなかではもっとも分量が少ない。これはマートマが協力しないことを前提とすれば、この取引がもたらす危険性は少ないとコーエンの弁護士たちが考えている証拠である。コーエンが保有するエラン株を売却するには合理的な理由がたくさんあり、それはマートマが入手したとされるインサイダー情報とはまったく関係のないものである、というのがクロッツの主張の核心であった。彼は、三月の一九ドルから七月には三〇ドルを超えたエラン株のチャートを示した。これだけ見ても、売却することが得策であると彼は言う。その月、株価はピークを付け、売却すべきときだとするリポートを複数のアナリストが発表している。SACの未実現利益はおよそ八〇〇〇万ドルにもなっていた。そのときコーエンはマートマから電話をもらい、エラン株を買い持ちしていることが「もはや適切ではない」と告げられたのだ、とクロッツは説明する。売却が、唯一、良識的な行動である。

クロッツが話を終えると、ザベルは頭を振った。部屋にいる多くの人々の考えを反映するかのように、「申し訳ないが、私なら買うことすらしないね」と言う。

この手の面会において、被告側の弁護士は通常、自分たちの一番強い主張を行うものだが、それがザベルには弱いように思われた。クロッツの主張は抽象的で、何らかの具体的な事実に基づいたものではない。コーエンはｅメールを読んでいない、かもしれない。彼には、それに対応する時間がなかった、かもしれない。ザベルにしてみれば、「銀行にいたかもしれませんし、マスクをしていたかもしれません。拳銃を持っていたかもしれませんが、銀行を襲ったとは限りません」と言っているようなものなのだ。

しかし、クロッツが陪審員に示そうとしているすべてを聞くと、厳しい現実が見えてくる。何年にもわたり苦労をしても、スティーブ・コーエンを有罪とするために必要な証拠がまったく手に入らなかったのだ。刑事事件についてはなおさらである。何十人にも及ぶＦＢＩ、ＳＥＣ、そして米連邦地検の人々が十年近くをかけて小さな針を並べてきたのに、クロッツはそのすべてを蹴散らしたのである。彼らに残された望みは、スタインバーグかマートマが協力してくれることだけである。

クロッツは資料をまとめ、立ち上がった。彼はその夜もぐっすり眠れることであろう。

「この機会をいただき、ありがとうございました」と彼は言う。

ザベルは、経過を報告するため、急いでバラーラのオフィスに向かった。

面会の場をあとにした二つのグループは、今、行われたやり取りにそれぞれ異なる印象を覚えていた。コーエンの弁護士たちは、自分たちの依頼人の刑事告発に対して強力な攻撃を加えたと考えていた。彼らの自信は根拠のないものではない。面会に出席した刑事検察官たちは、自分たちがコーエンを証券詐欺で起訴するために必要な証拠をこのときまでに入手していないことをこれまで以上に痛感した。そこで、彼らはプランBに移行し、コーエン自身ではなく、コーエンの会社を告訴することに目を向けた。法律では、企業の従業員がその職務のなかで罪を犯した場合、その罪はその者が働く企業に帰することができるのだ。SACを起訴することは満足いく結果ではないが、検察官にはそれができるし、マートマが転び、やがてはコーエンを起訴できる可能性は残るのである。

米連邦地検は不正を働いたウォール街の企業を罰しないことでしばしば批判にさらされるが、バラーラはSACを起訴することでその批判への回答を示すことができる。さらに、マートマに対して、自分の立場を変える時間はもはや限られているという強力なメッセージを発することになる。数日後、アップスとデブリン・ブラウンは大陪審の召喚状を送付し始めた。一通はコーエンに宛てたものであり、その他はSACの幹部に宛てたものである。これは、捜査がすぐに完了することを示すものではない。むしろ、事件は勢いを増し、新たな、より深刻な段階に入ったことを示すのだ。検察官たちは、最終的に二つの歴史的な起訴、一つはコーエンに、もう一つは彼の会社に対する起訴を行うことを期待していたのだ。

クロッツは、連邦地検南部地区の証券部長に電話をかけ、召喚状に対してコーエンは黙秘権を行使するつもりだ、と伝えた。戦争突入、である。

大陪審による召喚のニュースが新聞紙上で伝えられると、数年間、その兆候を無視していたSACの投資家たちはやっと資金を引き揚げ始め、資金が激流のようにドアから流れ出ていった。年初以来、コーエンや従業員たち以外が拠出したおよそ六〇億ドルの運用資金のうち、二〇億ドルほどが償還されていた。SACの最大の外部投資家は、億万長者のスティーブ・シュワルツマンが運営している巨大プライベート・エクイティ・ファンドのブラックストーン・グループである。ブラックストーンはSACに五億五五〇〇万ドルを投じていた。同社の経営陣は捜査の進展を見ながら、どうするべきか議論していたのだ。シュワルツマンは政府に対し強気な見方をしていた。彼は、オバマ政権はやがてウォール街を非難することをやめると考えており、政府が追い回しているからといってコーエンを見捨てる気にはなれなかったが、コーエンが司法省と争う準備をしていることを知ると、ブラックストーンとしても償還請求を出さざるを得なかった。自分たちの資金が訴訟で拘束されるリスクはあまりに大きすぎて無視できないのである。

国内の大投資家、富裕層、主要な年金基金、大学基金も正気を取り戻したようだ。彼らは資金を引き上げることで、何年にもわたりSACがもたらしてきたリターンはできすぎた話だということを認めたのである。

ＳＥＣ内部では、法執行部門の弁護士や彼らの上司たちが自分たちの事案をどうするべきか議論していた。刷新された委員会の法執行部門を指揮するのは、デベボイス・アンド・プリンプトンの元パートナーで新任のアンドリュー・セレスニーと、長年法執行官を務めたジョージ・カネロスである。クロッツとコーエンの弁護団はバインダーを持って現れ、米連邦地検で行ったのと同じプレゼンテーションを行い、委員会は起訴を行うべきではないと主張した。

過去三年間、デルの件を調査していたＳＥＣの弁護士は、コーエンをインサイダー取引で告訴するに十分な証拠を持っていると考えていた。ＳＥＣが満たさなければならない立証責任は、合理的疑いの余地なく証明しなければならない刑事検察官たちのそれよりも軽いのだ。民事訴訟では、ＳＥＣは真実らしいというだけの圧倒的な量の証拠さえ示せばよいのである。目の前にある状況を見て、彼らの上司、カネロスとセレスニーは事を進めるべきだと確信した。二人が同意すれば、職員たちはＳＥＣの五人委員会に出向き、事を進めることで過半数を説得しなければならない。

起訴をすべきだとセレスニーの直観が言っている。カネロスはそれよりも慎重で、自分たちは勝訴するだけの証拠を持っていないと主張した。セレスニーは興奮した子犬のようであったが、一方、カネロスは控えめなそれであり、世界でもっとも有名なヘッジファンドのマネジャー相手に敗訴でもしたら、どれほど委員会の面目が丸つぶれになるか心配していたのだ。ＳＥＣの二人の法廷弁護士のうち、一人は自分たちが持っている証拠は多分に状況証拠にすぎないという問題点を指摘した。コーエンの弁護士たちは、デルに関する「転送」メールを送信してから、コーエンと部下のリサーチトレーダーとの電話に至る一連の出来事の結果、コーエンが持ち株を売却するためのすべての手続きを済ませる時間は残されていなかったと主張するであろうと、彼らは言うのだ。

クロッツと彼のパートナーであるシャクターは、米連邦地検で取り上げたのと同じ主張、つまり、コーエンが必ずしもeメールを読んだとは限らないと繰り返した。コーエンは戦うつもりなのである。裁判にかけられるのだ。SECには、コーエンの立場を否定する証人は一人もいない。シャクターは、SECが入手し、コーエンがデル株を売却する直前にバッカリーノと会話をしたことを示すAT&Tの通話記録の正当性も攻撃した。つまり、コーエンが実際に電話に出たことを証明する術はないと主張したのだ。SECは何カ月もかけて、電話会社の専門家と相談し、彼が電話に出たことを証明してきたが、それでもシャクターはそれについての議論に彼らを巻き込むことで、貴重な時間をなんとか浪費させようとしたのだ。

SECの職員は戦没者追悼記念日の週末を、どのように進めるべきか上司たちとの議論に費やした。サンジャイ・ワドーワは、妻と三歳になる息子とともに、ロードアイランド州のプロビデンスまで車を走らせていた。マット・ワトキンスはウェストバージニア州に住む親戚を訪問していた。ジャスティン・スミスはマサチューセッツ州で長い週末を過ごしていた。彼らはみんな、かなりの時間電話にかかりきり、上司たちが見たがる資料を整理しようとした。長文のｅメールがやり取りされたあと、電話で白熱した議論が行われた。

ＳＥＣの弁護士たちは、セレスニーの考えがゆっくりと変化していることに気づいた。彼が揺らぎ始めたのだ。

だれも認めたくはなかったが、ここ数週間でコーエンの弁護士たちが行った主張には一定の効果があったようだ。戦没者追悼記念日の週末が終わるまでに、突如、セレスニーは自分たちには確たる言い分があるとは考えなくなったのだ。ＳＥＣ自慢の法執行部門の長は訴訟に関する確たる自信を失い、撤退モードになっていたのである。

ＳＥＣの弁護士たちは、コーエンを起訴しない見通しに落胆していた。彼らは、最終的に自分たちの上司が退却しようとしていることが信じられなかった。彼らはコーエンを罰することができる別の道を探し始めた。コーエンの会社は腐敗しており、コーエンを市場から追放しなければならないと考えていたのだ。インサイダー取引以外にも、職員の監督不行き届きなど、違反行為はほかにもあるのだ。ＳＡＣを叩き潰す何らかの仕組みがあるはずである。

ロウアーマンハッタンのセンターストリート、米連邦地検の前に列をなした黒塗りのＳＵＶから、ＳＡＣの幹部が次々と降りてきた。そのうちの多くは、アルロ・デブリン・ブラウンとアントニア・アップスと面会し、ＳＡＣがどのように運営されているかについての詳細な質問に答えるためにやってきたのだ。検察官が召喚状を送った全員が話をしに来たのだ。コーエン以外の全員、である。

彼がいなくても、プロセスは明らかとなる。検察官たちは、SACで疑わしいトレードが行われている多くの状況を学んできている。上場会社のCFO（最高財務責任者）と一緒にサマーハウスを借りており、同社の四半期の業績を正確に予測してきたので、SACで働くことを勧められたトレーダーもいる。別の例では、メディシス・ファーマスーティカルと呼ばれる企業に関する否定的な調査リポートが公表されることを知り、そのリポートが発表される前に空売りしたファンドマネジャーもいた。SACのコンプライアンス部門がインサイダー取引で社員に制裁を下すことはほとんどないことも検察官たちは知っていた。社内の罰則とは、罰金、である。

SACのコンプライアンス部長であるスティーブ・ケスラーにインタビューしたことで、検察官たちはSACの運営方法について自分たちが学んでいたすべてのことを納得した。ヘッジファンドのコンプライアンス部というのは、規則を執行するのが役割であるのだから、重要な部門である。これまでに会ったソル・クミン、トム・コンヒーニーやSACのほかの幹部たちとは異なり、ケスラーは洗練された人物とは思えなかった。最後に部屋に入ってきた彼は席に着くやいなや、SACのコンプライアンス部とその堅実さに関するプレゼンテーション資料を使いながら話を始めた。SACでは特定のキーワードによって社内のeメールを検索し、不適切なトレードを把握するためのパイロットプロジェクトを開始したことを自慢げに語ったが、それは政府が注目してきたトレードが行われてから四年が経過したあとに始められたのだ。質問に答え始めるや、ケスラーは精彩を欠いてしまう。

「SACでのインサイダー取引が疑われる行動について、これまでに法の執行機関に報告したことは何回ありますか」とデブリン・ブラウンが尋ねた。

「ゼロ回です」とケスラーが答える。

やり取りを通じて、コーエンの企業経営方法が少しばかり明らかとなった。ケスラーとSACの相談役であるピーター・ヌスバウムは物静かでおとなしい人物であり、彼らの声は容易にかき消されてしまうのだ。一方、同社の会長、採用担当者、トレーダーの長たちは、いかつく、肩幅の広い、ひょうきんで自信に満ちあふれたタイプの男たちで、おそらくはコーエンが理想とする者たちである。検察官たちは、コーエンは子供のころいじめられていただろうと考えていた。いまや、彼は圧倒的な金持ちで、だれに対しても威張りちらすことができる。検察官が見たところ、コーエンがもっとも手荒に扱うであろう人々はコンプライアンスや法務の担当者たちである。

SECでは、デルとエランを担当しているそれぞれのチームが集まり、それぞれが捜査の過

程で集めた証拠を一つにまとめ、ＳＡＣを打ち倒せるかどうかを検討していた。それぞれの事案にはいくつか似た点があることが分かった。デルの状況と、エランとワイスのトレードは、コーエンの直接的な指示の下で行われている。コーエンは、部下のトレーダーたちがもたらした情報が違法である兆候を進んで無視する傾向があることが明らかとなった。

ワドーワは、セレスニーとカネロスに一つのアイデアをぶつけた。インサイダー取引にこだわるのはやめて、部下のトレーダーたちを適切に監視しなかったことで「監督不行き届き」としてコーエンを起訴できないだろうか、と。インサイダー取引よりは起訴内容としては弱いが、最終的にコーエンを証券業界から追放できるのであれば、十分なのだ。ワドーワのスタッフは、起訴を支持するに十分強力な証拠を持っていると考えていた。さらに、裁判に負けるリスクを負うことはないのである。リスクのより低い、ＳＥＣ内部での解決へと持ちこむこともできるのだ。この時点で、ＳＥＣの上層部はいかなる起訴も行わない方向に傾いていたが、監督不行き届きは何もしないよりましである。

セレスニーとカネロスが「イエス」と言ったことで、ＳＥＣの職員たちは大いに安心した。ワドーワがクロッツに電話をかけ、自分たちが計画している内容を伝えると、クロッツも安心したようだ。

「分かりました」と答え、コーエンが従業員に知らせるために時間をもらえないかと尋ねた。コーエンは、そのニュースをトレーダーがブルームバーグの画面で読むのは避けたかったのだ。

SECの法執行部長は、米連邦副検事のリッチ・ザベルに電話をかけ、自分たちの計画を伝えようとした。しかし、ザベルは彼らを祝福するどころか、イラ立ったようだ。彼は、SECが自分たちを待つことなく、独自の訴訟を推し進めようとしていることに憤慨し、実際にそう言ったのだ。SECが何らかの訴訟を行えば、コーエンの弁護士たちは政府が持っている証拠に関する情報を引き出すことができる。バラーラはいまだにSACキャピタル・アドバイザーズをインサイダー取引で起訴しようとしていた。検察官たちはそのための書類を準備していたのだ。もちろん、コーエンはいまだ捜査の対象であるし、マートマが転ぶ可能性もまだ残っていた。過去に、刑事検察官とSECは、互いに干渉しないよう、それぞれの起訴のタイミングを調整しようとしてきた。統一戦線を維持することが重要なのだ。SECは協力し合うという暗黙の合意を破ろうとしているだけでなく、インサイダー取引ではなく監督不行き届きという弱い事案を進めようとしているのだ。

「理解できないね。われわれは足並みをそろえていたと思うのだが、どうしてそんなことをするのかね」とザベルは言った。

SECの法執行部長は、数日しか残されていないエランのトレードに関する時効を心配していると自己弁護した。彼らは独自の計画を進め、コーエンを社員の監督不行き届きで起訴した。SECがニュースリリースを通じて起訴を公表すると、メディアは殺到した。

六日後の七月二五日の朝、米連邦地検から報道機関に通知が発せられた。「午後一時、証券詐欺に関する記者会見を行います」。バラーラは、このような重大な訴訟にはふさわしい式典や演出をもって、SACキャピタル・アドバイザーズに対する告訴を発表するつもりだ。昼時になって、カメラクルーはセントアンドリュースプラザ一番地、一階のアトリウムの後壁にそって三脚を並べ始める。部屋は混み合って、通路に立たなければならない者もいた。午後一二時五九分、プリート・バラーラは濃い色のカーテンから現れ、お馴染みの演台に立つ。「本日、ヘッジファンド、SACグループに関連した三件の法的措置を発表します」と、カメラのフラッシュに向かって語り始める。バラーラは、コーエンの会社に対する三つの起訴を説明する。インサイダー取引と有線通信不正行為、違法なトレードに関する資産の没収を目的としたマネーロンダリングの民事訴訟、リチャード・リー（C・B・リーとは別人である）というSACのもう一人のファンドマネジャーによる有罪答弁。これまでに八人のSAC社員がインサイダー取引で起訴されている。

「一つのヘッジファンドで、それほど多くの人々がインサイダー取引に関与しているとすれば、それは偶然ではない。むしろ、組織ぐるみで不正を行っていると言っても差し支えないかもしれない。SACは、ヘッジファンド史上、類を見ない規模でのインサイダー取引を行っている」とバラーラは言った。この起訴によって、コーエンと彼の会社の印象は壊滅的に悪化する。バラーラは、SACによる違法取引を「深く」「広い」規模のものであるとし、その期間も一〇年以上に及び、少なくともさまざまな業界の二〇を超える銘柄が取引され、その結果としての違法利益は「少なくとも」数億ドルに上る、とした。

しかし、肝心の問題にはまだ触れられていない。コーエンはどうなのか。バラーラにとっては、SACを起訴することで重要な点が浮かび上がることになる。いまや、これまで以上にマートマの協力が不可欠なのだ。この時点では、それが、すべてに責任を有する男を収監するための唯一の手段なのだ。

準備した声明を読み終えると、バラーラは部屋にいる多くの記者からいくつか質問を受けるといった。「スティーブ・コーエンを刑事告訴する予定はありますか」と女性が叫んだ。

バラーラの顔にイラ立ちが浮かんだ。メディアがSACキャピタルを相手取った訴訟での勝利よりも、コーエンに対する起訴が行われていないことにこだわることは、もちろん彼も分かっていた。報道機関は「大物」を釣り上げるというお馴染みのシナリオを持っていたし、記者たちはSACを起訴したことを誤りだとしたいのである。バラーラは、まだ実行していないだけだ、ということを明確にしようとした。スティーブ・コーエンはいまだターゲットであり、捜査を継続し、やがては裁判にかける計画である。「本日は、ただいまお話しいたしました起訴を行いました。明日何を行うか、または行わないかを申し上げるつもりはありません」と、バラーラは答え、自分の考えをはっきりさせようとした。

次に、二人目の記者が本質的には同じ質問をした。「一つの起訴を行うことで、将来別の告訴への扉が開かれることがあります。経過をご覧ください」とバラーラは答えた。

ＣＮＢＣで生中継されたバラーラの記者会見が終わると、ＳＡＣのトレーディングフロアにいた全員がコーエンを凝視した。彼は、まるでいつもと変わらない取引日かのように振る舞った。「スティーブは逃げ切るつもりだと多くの者が考えていた。アシスタントたちは、私物を箱に詰めるかどうか聞いていたよ」とその場にいた一人は言う。

コーエンは社内の拡声装置を使ってアナウンスした。「われわれは問題ありません。この事態を乗り越えるつもりです」と言い、安心させようとした。

しかし、コーエンは個人的には衝撃を受けていた。週末、彼はアレックスと下の四人の子供たち、大学から帰省していた一番上の子供と一緒にイーストハンプトンに引っ込んだ。捜査の過程でも、アレックスはニュースの報道から子供たちを守ろうとし、家でそのことを語ることも禁じた。コーエンは、メディアが面白おかしく自分を書きたてていることに子供たちがどう反応するかおびえており、彼らにその話をすることを避けていたのだ。しかし、今や、マンハッタンの米連邦地検が全世界に向けて、自分たちの父親は金融界のアル・カポネだと報道してしまったので、もはや隠しておくことはできなかった。

七ベッドルームの建物の二階、コーエンが終始トレードステーションを眺めて過ごすオフィスがある場所で、彼の娘たちと話をした。

「お父さんに関する面白くもない多くのことを目にし、また聞いていることだろう」とコーエンは彼女たちに話し始めた。彼は何を言うべきか悩んでいた。彼は、今起きていることを苦々しく思っていたのだ。彼の友人たちは笑い話にし、「縞柄の囚人服がお似合いだ」と言ったが、それも面白くなかった。

「人それぞれ意見は違うし、真実ではないこともある」とコーエンは娘たちに言った。

少女たちが心配したのも当然である。自分の父親は問題に巻き込まれているのか。父は何か間違ったことをしたのか。

「会社の人々が間違ったことをして、彼らはその行いの報いを得ることになるけれど、お父さんは何もやましいことはやっていないよ」とコーエンは話した。

パート 4

第15章 正義

その後、夏の間、スティーブ・コーエンは、ウイークデーの朝は黒塗りのマイバッハの後部座席に身を沈め、グリニッジの自宅からスタンフォードにあるＳＡＣのオフィスまで二三分かけて向かった。いつもどおり、午前八時には到着するようにしていた。彼は、何も変わらないかのようにスクリーンの前に座る。そして、自分ができる唯一のことを行う。トレードだ。モルガン・スタンレーやＪ・Ｐ・モルガン、ゴールドマン・サックスなど、一〇年以上にわたりコーエンから手数料として何億ドルも稼がせてもらっている大手投資銀行は、暗黒時代にあるコーエンを見捨てることを拒み、たとえＳＡＣが不法な会社との烙印を押され、コーエン自身が刑事訴追を受ける危険性があったとしても、彼がトレードを行うことを認めていたのである。金融界では前例のないことと言ってよい。ウォール街は、自分たちの分野における法と秩序と道徳とを支持する当局と、これまで仕事をしてきたなかでもっとも稼いだトレーダーとを見比べ、そしてコーエンを指さしてこう言ったのだ。「われわれはあなたを選びます」

ニューヨーク南部地区連邦地検がSACを「市場に巣くう詐欺師の集まり」であり、同社はヘッジファンド史上「類を見ない規模でのインサイダー取引を行っている」と宣言した数日後、ゴールドマン・サックスのゲーリー・コーン会長は、「彼らはわれわれの重要な顧客である。素晴らしい取引相手だ」と言ったのだ。

SACを起訴する前にコーエンや弁護士たちと行った議論のなかで、米連邦地検は、問題を解決するためにはコーエンは自分のヘッジファンドを畳まなければならなくなるだろうと明言した。しかし、コーエンはまだ一〇〇億ドル近い個人資産を有しており、プライベートのファミリーオフィスとしてトレードや投資を行うことは可能なのだ。有罪判決を受けるまでは、コーエンと部下のトレーダー部隊はウォール街の大手投資銀行からも信頼され、最高のIPO（新規公開株）の割り当てを受けることになるのだ。一〇〇億ドルという数字はコーエンにとって重要なものである。世界に向かって、何も変わらないことを示すことができるのだ。

その後、九月の第二週、コーエンの弁護士は米連邦地検証券部門の共同代表であるアンジャン・サニーから電話を受けた。サニーと彼の同僚たちは、SACとの和解について話したかったのだ。起訴されたあと、八月の間は特に何も起こらなかった。しかし、検察官たちは、SACの事業がまるで何も異常がなかったかのように展開されていることに気づいたのだ。市場で危機に陥ることも、レイオフも、追証もない。ウォール街は世界最大のヘッジファンドに対する刑事訴追を、まるで何事もなかったかのごとく受け流してしまったのだ。

和解が唯一合理的な解決策である。裁判になれば双方がリスクを背負うことになるのだ。政府にとっては、ＳＡＣとの裁判で敗訴すれば恥をかき、オフィスの士気にも大いに影響する。マシュー・マートマの裁判の日が近づいていた。ＦＢＩ（米連邦捜査局）はいまだに彼が協力する決心をしてくれることを期待していたが、その場合、検察官たちは立件するために持てるすべてを投じなければならなくなる。

コーエンにとっても、損得は同じである。たとえ義務ではないにしても、自分と従業員たちが何カ月にもわたって証拠開示手続きを行い、自分たちのトレードについて宣誓のうえ、尋問に答えなければならないというのはバカバカしい。彼は図太いトレーダーではあるが、彼のすべての秘密を暴露されかねない、長くて、退屈な法廷闘争を行うリスクなどとりたくもない。さらに、最終的に彼自身が起訴されることにでもなれば、自らを守るために持てるすべての法的武力を導入しなければならなくなる。結局のところ、すべてを勘案すれば、ＳＡＣキャピタルに対する起訴は、それを終わらせるためにコーエンがどれほど巨額の小切手を切らなければならないのか、という問題に行きつくのだ。

コーエンの弁護士たちは、まず一億から一億五〇〇〇万ドルを提示した。バラーラは本気で受け取らなかったが、彼が考えていた金額とはかけ離れていた。証券部門の共同代表は、クロッツとほかの弁護士たちに、二つの密接に関連した裁判が近く行われることを指摘した。一一月に始まるマイケル・スタインバーグの裁判と、一月に始まるマートマの裁判である。もしコーエンが二人の裁判で有罪判決が下されるまで交渉を長引かせるならば、和解費用は大きくなるばかりである。サニーは、それまでに二人のうちのどちらかが協力する決心をするかどうかという分かりきった問題には言及しなかったが、主張はより強硬なものとなるであろう。

二カ月後の一一月四日、バラーラは取引を行ったことを発表する。和解条件は重大かつ徹底したもので、ウォール街が法の範囲外にないことを示す強力なメッセージを伝えようとするものであった。金融業界が経済を支配した二一世紀にあっても、ウォール街の行きすぎは代償を伴うものであり、最強の犯罪者が法に歯向かっても、勝利するのは法であることをSACの裁判が証明することになった。SACは有罪を認め、一八億ドルを支払った。SACはすでにSEC（米証券取引委員会）に支払うことになっている六億一六〇〇万ドルを有効とさせることができたので、実際には新たな罰金は一二億ドルである。和解条件には、SACによる裁判所での有罪答弁も含まれ、同社は政府が非難したすべてを認めたのである。

あらゆる点でコーエンの先人と言えるマイケル・ミルケンと改めて比較してみればよいだろう。一九八九年、ミルケンの会社のドレクセル・バーナム・ランベールは証券詐欺の有罪を認め、罰金六億五〇〇〇万ドルを支払うことに合意した。SACの取引も同様に印象深いものである。二〇〇八年の金融危機へとつながった犯罪にだれも責任を取らないことに困惑し、また怒ってもいたアメリカ人にとって、コーエンの会社に対する起訴は格別なものであった。正義と公平さの、明らかな、絶対的な勝利である。

少なくとも、そう考えられた。

あとはSACが数日後に連邦判事に対して有罪答弁を行うだけである。テレビのニュース番組が和解のニュースを世界中のトレーディングフロアに流しているころ、コーエンはスタンフォードでデスクに座り、しかめっ面をしていた。彼は結果に満足はしていなかったが、この日がやがて来ることは理解していた。また、バラーラが声明を発表するや、PR会社を通じて積極的な反撃に出た。「ごくわずかな者が行った不正行為は、過去二一年にわたり当社で働いてきた三〇〇〇人の正直な男女を代表するものではありません」。SACの広報担当者は声明で述べた。最後の一行には次のようにあった。「SACは、インサイダー取引を奨励したことも、推進したことも、容認したこともありません」

バラーラはそれを読んで信じられなかった。SACは、現実にインサイダー取引が文化として根づいていたことを認める有罪答弁に署名したばかりなのだ。コーエンは、和解条件の一つとして、SACが一〇年以上にわたり証券詐欺の文化を育んできたことを認めたのだ。証券部長はコーエンの弁護士に電話をかけ、声明を撤回するよう命令し、彼らもそれに応じた。その後、新しい声明が発表される。「われわれはこのような事態になったことを遺憾に思います」

一一月八日、全米でもっとも費用のかかった弁護団が最高のピンストライプのスーツに、キラキラ輝くカフスを付け、ロウアーマンハッタンはパールストリート五〇〇番地にある法廷に列をなして入ってきた。傍聴席は、記者や検察官やSECの弁護士やFBI捜査官や法学部の学生ややじ馬でいっぱいとなり、みんな、列車の乗客のようにベンチシートにすし詰めになっていた。タブロイド紙のカメラマンは建物の外にたむろしている。信じられないことに、コーエン自身は出廷しなくてもよかったのだ。彼は、一八億ドルを自分の資金から支払ったが、お金がなくなったとはまったく感じていなかった。

ローラ・テイラー・スウェイン判事は、自分のデスクにステンレス製のコーヒーカップを置き、眼下に居並ぶ弁護士たちを見下ろした。法廷が静まりかえる。

「ミスター・ヌスバウム。私の理解では、あなたは本日、席に着いたままとされるのですね」と、眼鏡越しに彼女は言った。

たくさんの顔がSACの法律顧問であるピーター・ヌスバウムに向けられる。彼は被告側のテーブルに不快そうに座っていた。

「はい、私もそう望んでいます。裁判長」と、少し顔をしかめながらヌスバウムは答える。三週間前、彼は極度のストレスで悪化した急性虫垂炎でうずくまってしまったのだ。宣誓のために立ち上がり、半分ほど歩を進めると、自分がコーエンの代理としてその場に来たことを宣誓する。

「あなたはSACキャピタルが有罪答弁をした罪状を理解していますか」と裁判官が尋ねた。

「はい」

「薬物やアルコールの影響はありますか」

「体調を考えて、抗生物質を少々取っております」と答える。

「訴状を朗読しましょうか」と、スウェインは四〇ページにわたる資料を手に尋ねる。

「いいえ、結構です。裁判長」とヌスバウムが言う。

笑いが傍聴席に広がった。一瞬にしてスウェインはこの儀式全体がどれほど奇妙なものであるかを浮き彫りにしたのだ。遺体なき埋葬なのである。

ヌスバウムは罪状を暗記していた。彼が一三年働いている会社は一〇年以上にわたって犯罪帝国のように運営され、何億ドルもの不正利益を蓄え、創業者を地上でもっとも裕福な人物の一人にしたことを認めようとしているのだ。

スウェイン判事は、同意済みの罰金について説明する。刑事罰に九億ドル、民事の財産没収で九億ドル、さらに五年間に及ぶ執行猶予と、その間の司法省によるファンドの活動への順守監視である。ヘッジファンドは閉鎖されることになる。

ヌスバウムはため息をつき、裁判官を見上げた。「ＳＡＣを代表して、ＳＡＣに勤務している間に法を犯した個々人の不正行為に対し、深い悔恨の意を表します。それはわれわれの監督の下で行われたことであり、われわれはその不正行為に対して責任を有するものであります」と言った。

「われわれはすでにその報いを受け、また大きな報いを受けるつもりでおります。われわれはこの経験を悔やんでおりますが、そこに学び、より良い会社として再生する決意であります」とヌスバウムは続けた。

裁判官がヌスバウムを見つめる。彼のおでこにはいくつか汗が浮かんでいた。

「SACキャピタルはどのように答弁しますか」と彼女が尋ねる。

ヌスバウムは椅子から半分ほど腰を引いた。

「有罪です」と答える。

「被告は有罪であるからして、有罪答弁を行うのですか」と判事が尋ねる。

「そのとおりです、裁判長」

小づちを打ち、スウェイン判事が言った。「休廷といたします」

法廷に詰めかけた二〇〇人ほどの人々が、背後の一つのドアから出ていくのにしばらく時間がかかった。法廷の外ではSACの弁護団が待っていたが、彼らが乗るはずの黒いエスカレードが見当たらなかった。カメラマンやテレビのリポーターの一団がまるでハチのように群がり、コメントを得ようと押しかけたので、身動きが取れなくなってしまったのだ。

弁護士たちはやっとのことで車を見つけ、駆け寄り、乗り込み、ドアを閉めて、走り去っていった。

建物から出てきたリュックサックを背負った男が彼らを見て、あきれたように言った。「連中が追いかけてる悪党はだれだ」

およそ二週間後の一一月二〇日、マイケル・スタインバーグの裁判が始まった。検察官たちは、彼が協力する道を選ぶかどうかまったく自信がなかった。というのも、第一にコーエンに対する彼の忠誠心は極めて強い。さらに、彼が行ったトレードは小規模であるため、彼に対する政府の圧力は弱いのだ。それでもなお、道義心や公共心、または彼の妻の泣き落としか何かで、自分たちの味方になりはしないかと期待していたのだ。

しかし、裁判初日、アントニア・アップスが法廷に足を踏み入れ、検察側のテーブルに着いたとき、そうとはならないことがはっきりした。検察官たちは、スタインバーグを罰することだけに集中することにした。アップスは陪審員席に座る十二人の男女に向き直る。

「陪審員のみなさん、マイケル・スタインバーグは事業の情報を盗み、その情報を用いてお金を稼ぎました。株式市場でトレードを行うことで、大金を稼いだのです」と切り出した。被告席に弁護士とともに座っているスタインバーグは無表情なままである。「彼は企業内部の人物から、公表される前の機密の財務情報を入手しました。彼は、規則にしたがって活動する一般投資家に対する不法な競争優位を獲得するために、そのようなことをしたのです。そして、マイケル・スタインバーグは違法であるインサイダー情報に基づいてトレードを行ったことで、法を犯したのです」

アップスは同僚と飲みに行くか、裁判の準備で残業するかと問われれば、常に後者を選ぶような人物との評判だった。背が高く、壮健な彼女は、フィギュアスケートの元全米チャンピオンで、名門弁護士事務所での高給な職を投げ打って、米連邦地検で証券関連事件を追う道を選んだ。彼女はそれを望んだのだ。

複雑極まる事件を、できるかぎり簡潔なストーリーにまとめあげるのが彼女の仕事である。マイケル・スタインバーグは不正を働いた、ウォール街のお金持ちである。「彼は、自分自身、そして働いていたヘッジファンドのために大金を稼ぎたいと考えていました。みなさん、これはインサイダー取引と呼ばれるもので、証券犯罪にあたります」と彼女は言った。

一般人がウォール街に対して漠然としながらも、強い怒りを抱いている環境では、スタインバーグはおいしい標的なのだ。特権階級に属し、傲慢な彼は、ほとんどのアメリカ人からすれば異邦人なのだ。彼はスティーブ・コーエンではなかったが、同じようなものである。

スタインバーグがそう特徴づけられないようにするのは、彼の弁護士であるバリー・ベルケの仕事である。アップスは入念に準備をするが、ベルケは愛嬌の振りまき方を知っている国会議員のように、出たとこ勝負をいとわなかった。ベルケはハーバード大学法科大学院に在学中、学生ながら不当な有罪判決の弁護を行ったあと、法廷に居並ぶニュース番組のカメラのフラッシュを目の当たりにしたときから、被告側弁護士になりたいと考えていた。

彼は、スポットライトを浴びるその瞬間を愛した。「私が担当した事件にカメラが向けられる良い機会だ」と、彼は考えていた。

ベルケはネクタイを緩め、演台の端をつかみながら、陪審員のほうを向いた。自分たちの主張を分析するために、ベルケは二度模擬裁判を行い、やり取りを記録して、パートナーたちとともにその成果を分析していた。彼は裁判に出席する陪審員全員の調査を行い、ウォール街や政府に対する彼らの考え方を示すようなSNS上の形跡を探し回った。彼は裁判で取り扱われる事実をだれよりもよく理解していた。マートマの弁護のときと同様に、費用を負担しているのはSACである。

彼は陪審員たちに微笑みかけ、たとえ話を始めた。これはスタインバーグの弁護の要点を明らかにするためである。スタインバーグのかつての部下であったホルバートは、保身のためにスタインバーグを非難する証言を行っていた。井戸に落ちる農夫のたとえ話をすることで、彼が明らかにしようとしたポイントを理解する者は法廷にはいなかったが、彼はかまわず続けた。

「彼は取引をするために、だれかを非難しなければならなかったのです。そこで彼は、マイク・スタインバーグを名指ししたのであります」とベルケはホルバートに言及する。

ベルケの最初の仕事は、ホルバートを非難し、彼は保身しか考えていない不正直な人物であるという印象を持たせることである。彼の次の仕事は、政治的環境を考えれば、微妙でかなり難しいものであった。彼はスタインバーグを人間味あふれる人物に仕立て上げなければならなかった。スタインバーグは寛大で、温かい家庭を持ち、イーストハンプトンで夏を過ごす欲深いヘッジファンドの億万長者たちとは違うのだ、ということを陪審員たちに示さなければならない。これは簡単な話ではない。

ベルケは、スタインバーグは生活のために行ったのだということをできるかぎり簡単な言葉で説明しようとした。「SACはファンドです。投資信託のようなものです……」と、彼は卑屈極まりない声で言う。

法廷内に笑いが起きた。SACを投資信託と同じようなものと言うのは、ニューヨーク・ヤンキースを少年野球のチームと同じようなものと説明するようなものだ。

そして、ベルケは続ける。「彼はファンドマネジャーになるために一生懸命働きました。彼は優秀で、堅実で、そして頼りになる人物として知られるようになります。そして、その対価を手にしたのです」

スタインバーグの妻であるエリザベスは、夫に対する不公平な印象を払拭しようと自ら買って出た。彼女は支持者たちに裁判を傍聴するよう働きかけ、法廷の左側をほとんど埋め尽くした。彼女は、夫に対して裏目に出るような格好をしてこないように指示も出していた。「保守的な服装でお願いします。女性は、毛皮や宝石、ブランドもののスカーフやハンドバックなどはご遠慮ください」と彼女は支持者たちにeメールを送った。

エリザベス本人は、まるでイタリアの未亡人かのように、黒いセーターに、黒いズボン、ペタンコの靴を履き、最前列でスタインバーグの両親と自分の両親との間に座った。彼らの後ろには、地味な服装の男女が何列にも並んでいる。おじ、おば、いとこ、その他多くの友人たち。

彼らのなかには、マンハッタンの社交界でお馴染みの顔も幾人かいた。コーエンの美術アドバイザーで、スタインバーグの幼なじみであるサンディ・ヘラーも、双子の兄弟であるアンディとともに参加していた。アンディは自身でヘッジファンドを運営している。インサイダー取引の被告たちは同じことを試みる。つまり、陪審員に対し、自分たちは不道徳で、強欲なトレーダーなどではなく、慈善活動に資金を投じ、人々から信頼され、愛されている良き隣人であることを示そうとするのだ。

スタインバーグは、自分がこの場に身を置かされているなか、コーエンが自由にやりたいことをやっていることに腹を立てていたとしても、彼はけっしてそれを表に出さなかった。彼は、協力の依頼を何度も断っている。アップスは、政府はそれが重要かどうかにかかわらず、彼が口にするすべてに興味があると明言してきた。しかし、スタインバーグは拒否したのだ。さらに、全米でもトップクラスの刑事弁護士の何人かと会話した結果、彼は無罪を勝ち取れるかもしれないと考えていたのだ。

「今日、ウォール街に対して厳しい見方があることは承知しています」。ベルケは陪審員にそう話し、冒頭陳述を終える準備に入った。「申し上げる必要もないかもしれませんが、ご承知のとおり、本件はウォール街に対する国民投票ではありません。本件の争点はたった一つ、この男、マイケル・スタインバーグについてです」。彼は、すべての容疑でスタインバーグを無罪と評決してほしいと請うた。そして、ベルケは椅子に倒れ込んだ。

三日後、ホルバートが法廷に呼び入れられた。彼はまるで父親のスーツを着てきたような、場違いな格好をしていた。彼は真っ黒に日焼けし、前髪をひさしのように下げていた。スタインバーグの妻は、通りすぎる彼を凝視していた。

このときまでに、スタインバーグはすでに責め立てられていた。裁判二日目、アップスは、二〇〇七年と二〇〇八年にスタインバーグがどれだけのお金を稼いだかを示すスライドを提示した。その年の彼のボーナスは何百万ドルにも及んでいたのである。元郵便局員やモーテルの帳簿係やテニスコートの案内係などを含む陪審員たちにとっては、想像もできないような富である。そして、ホルバートにデルの情報を伝えたジェシー・トートラが二日間かけて、自分がどのようにしてデルで働いていた友人からインサイダー情報を入手し、それをホルバートに伝え、さらにスタインバーグへと伝達されたかを証言した。

アップスは冷静かつ公平な態度で、マイケル・スタインバーグに対する証言を行うことに合意したことで何を望んでいるのかをホルバートに尋ねた。

「私は、懲役を免れたいと考えております」とホルバートは答えた。

裁判八日目、午後三時になろうとするころ、ベルケが待ちに待った瞬間が訪れた。彼はホルバートに反対尋問を行う機会を得たのである。彼はそれを「スニッチクロス（密告潰し）」とひそかに呼んでいた。

これまで、アップスの取り組みは有効であった。ホルバートは同情を得られるような人物ではなかったが、彼は自分が思い出せるかぎりの出来事を説明すべく最善の努力をしているように見えた。彼は密告者であるが、信頼に足る密告者なのである。

弁護士と助手とパラリーガルからなる一大チームが、ベルケがこの準備をする手伝いをしていた。私立探偵がホルバートの友人や家族を追跡する。彼らは、ホルバートのかつての職場から彼の資料を入手する。ベルケの事務所では犯罪科学に関するコンピューターの専門家まで雇い入れ、SACからホルバートが使っていたパソコンを入手し、そこで彼が行っていたグーグル検索を再現した。一例として、彼らはホルバートが逮捕後、書類処理の会社を検索していることをつかんだ。ベルケは、ホルバートが行い得るあらゆる言い訳や説明に反論するため、六〇〇ページにも及ぶ論拠と証拠を準備していたのだ。

ベルケは立ち上がり、演台に向かう。彼はすぐさま、SACでスタインバーグがインサイダー情報を集めて来いと指示したというホルバートの主張に焦点を当てた。

「あなたの証言によれば、彼は『最先端の独自の情報』を集めるよう言ったということですが……。それがあなたの証言ですか」と、ベルケの声には敵意が満ちていた。

「そのとおりです」とホルバートが言う。

「そして何と答えたのですか。何とおっしゃいました」とベルケが尋ねる。

「スタインバーグに返事をしなかった」と、ホルバートは答えた。

彼らは何度かやり取りをしたが、ベルケはホルバートがスタインバーグの指示に対してどう答えたのかと圧力をかけたのだ。彼は、スタインバーグが要求をしたかどうかは不明確であることをホルバートに認めさせようとしたのである。スタインバーグ自身が証言台に立つことはないので、この問題は通常よりも重大である。ホルバートに対する信用だけがスタインバーグの将来を決するのだ。

ベルケは五日間にわたって尋問を行った。反対尋問二日目、彼はホルバートにスタインバーグについて「彼は法を犯してでも働けとは明言しませんでした」と言わしめた。そのとき、スタインバーグは裁判が始まって以来、初めて微笑みを浮かべた。

「あなたはミスター・スタインバーグに言いがかりをつけ、ウソの証言をしているのではありませんよね」とベルケが尋ねる。

ホルバートはうつむいたまま、頭を振った。「違います」

ベルケの尋問が終わるまでに、ホルバートは証人として徹底的に痛めつけられた。アップスは再尋問の場で、いくらかダメージを和らげることはできた。彼女は、ホルバートを裁判の核となる事実に立ち返らせる。スタインバーグは彼に違法な情報を入手するよう指示したのだ。スタインバーグは、ホルバートがもたらした情報はデル社内のだれかから入手したものであることを知っていたのだ。そして、ホルバートは、自分の情報源をスタインバーグに隠すことはしなかったのだ。

彼女の再尋問が終わった一二月一三日、政府はその弁論を終えた。

数日後、陪審員が評議を始めるころには、ベルケはスタインバーグが勝つ見込みは十分にあると感じていた。自分でももっともうまくいった裁判だと考えていた。主たる証人が信頼に値しないことを証明するような、検察側の主張を卑劣な手段で批判することはしなかったが、いくつかの点で弱体化させることはできたと考えていた。スタインバーグが無罪になるという、裁判が始まったときには一笑に付されたようなシナリオも十分にあり得るのだ。

法廷は、スタインバーグ、彼の妻、両親、そして二組の弁護士を残して、だれもいなくなった。ベルケと彼のチームにしてみれば、七六戦全勝というプリート・バラーラのインサイダー取引狩りに初めて黒星をつける可能性があるだけでも、心躍るものであった。

評決を待つ弁護士や家族やニュースのリポーターたちは知る由もなかったが、陪審員室では白熱した議論が行き詰まりをみせていた。審議も二日目の半ばを迎え、二人の陪審員は、スタインバーグはホルバートがデルに関するインサイダー情報を提供していることをはっきりと理解しているとは言い切れないと考えるようになっていた。陪審員たちは裁判中、悪戦苦闘していたのだ。一三人の証人が五週間にわたって出廷し、「エッジ」や「チャネルチェック」または追証といった金融の専門用語が頻発したのだ。ホルバートは「保身」のためなら何でもやってのける不正直な人物だと考えている者もいた。主任陪審員で、マンハッタン出身のマッサージ療法士であるデメスレス・ゴードンは、ホルバートがウソをついていると思ったのは二八回にも及ぶと考えていた。彼女が後に語るように、「彼が言うことはすべて信用できなかった」のだ。

それでも、一〇人の陪審員は、ゴードンや意見を決していないほかの者たちと議論を続け、ホルバートが不正直だという事実が、スタインバーグが何が起きているのか知らなかったということを示すものではないと主張した。

ゴードンは、裁判の間、ずっとメモをとっていた。彼女は人物評価に自信を持っていた。彼女は有罪判決を下すことに抵抗した人物の一人である。彼女はスタインバーグの責任に確信が持てなかったのである。

実りのないやり取りを一時間にわたり行ったあと、一人の陪審員が突然思いついた。この陪審員は立ち上がり、陪審員室のドアを出るようゴードンに頼んだ。これはデモンストレーションの一つである。ゴードンはそれに従った。そして陪審員が言う。「私はドアを出るよう言いましたが、ドアの出方については言明しませんでしたね」

これは二つの線を繋ぐようなものである。ゴードンはどのやり方をはっきりと説明されなくても、ドアの出方は知っている。つまり、「エッジの利いた」情報を集めて来いと言われているのと同じなのだ。ホルバートは、詳しく説明されなくともその意味するところは理解していたのである。

意見を決しかねていたもう一人、七一歳になる女性もデモンストレーションを見て心が揺らいだ。彼女は、スタインバーグが「転送」メールを受け取ったあと、ホルバートに対して情報を「極秘扱い」にするよう指示したことが印象に残っていた。それは、情報が違法であることを明確に理解していたことを示すことのように思われる。これらを総合すれば、有罪となるように思われた。

二〇一三年一二月一八日、午後二時五九分、陪審員は評決を行った。満場一致で有罪に決した。

陪審員が評決を下したことを職員が裁判官に伝える。人々がたむろしていた法廷に突如緊張が走る。双方の弁護士たちがeメールを送り始め、もうじき評決が下されることを知らせる。人々が法廷に流れ込み、空いていた席に座っていく。スタインバーグの兄も急いで最前列の席についた。彼の妻は両親の間に座り、両の手を握りしめていた。

午後三時一五分、陪審員が法廷に入り、陪審員席に座る。すると、どこからともなく悲鳴が聞こえた。スタインバーグが椅子から崩れ落ち、意識を失ったのだ。悲鳴は、彼の妻エリザベスのものであった。彼女は、傍聴席を隔てている重いオーク材の柵を超えて、夫のもとに駆けよった。彼女はすすり泣いていた。スタインバーグの母親も泣き始める。ベルケはスタインバーグを抱きかかえ、彼の頭を支えるようにした。

「陪審員は退廷してください」と、リチャード・サリバン判事は椅子から飛び降りながら言った。

陪審員たちは法廷から退出させられた。彼らはすでに、自分たちの評決が入った封筒をサリバンのスタッフに渡している。検察官たちは打ちひしがれたように見えた。政府にとって裁判は順調に進まず、屈辱的な敗北という予想が頭をもたげてきたのだ。一方、スタインバーグの友人や親族は祈るかのようであった。スタインバーグの母親と義理の母親は最前列で互いに抱き合い、身を揺らしていた。

スタインバーグが裁判所の看護婦に手当てを受けていた数分の沈黙のあと、彼は被告側の席に戻った。陪審員が法廷に戻る。彼らの目は目の前の床に注がれた。

スタインバーグには虫の知らせがあったようだ。陪審員は彼をすべての点で有罪とした。

第16章 判決

クリスマス休暇でもアルロ・デブリン・ブラウンはリラックスしていられなかった。彼はオフィスで証拠書類の準備をし、証人のリストを見直し、午後一〇時まで働き、それから妻と二人の子供と暮らすアッパーウエストサイドの自宅まで重い足取りで歩いて帰っていく。彼は、年が明けたらすぐに始まるマシュー・マートマの裁判に没頭していたのだ。政府に有利な裁判であることは彼も分かっていたが、過信は禁物である。

米連邦地検のだれもが、マートマが協力せず、裁判に持ち込むことになるとは考えてもみなかった。マートマは長い間、大衆の目にさらされる裁判に直面すれば、やがてはプレッシャーに負け、コーエンを起訴する助けを行うようになるだろうと検察官たちは期待していた。

二〇一三年一二月下旬、スタインバーグが有罪判決を受けた数日後にデブリン・ブラウンの電話が鳴った。マートマの弁護士であるリチャード・ストラスバーグからである。ストラスバーグは電話で一つ申し出を行った。検察に真剣に検討してほしいと言う。デブリン・ブラウンはしばらく息をのんだ。おそらくは自分たちが待ち望んだ電話である。マートマが話をしようとしているのだろう。

「マシューが同意したわけではないのだが、五年を上限に371で有罪答弁をすると言ったら興味を持ちますか」とストラスバーグが切り出す。

くそっ、とデブリン・ブラウンは思った。

マートマに協力するつもりはない。「371」とは刑法の共謀罪を指している。ストラスバーグは、マートマにかけられた容疑で一番軽い共謀罪で有罪答弁をさせ、刑期を最大で五年とすることに米連邦地検は同意するかを確認しようとしているのだ。これはマートマが協力するという提案ではない。単に、有罪答弁をするから刑を軽くしてほしいと言っているだけだ。ストラスバーグは裁判に臨みたいと考えていたが、裁判は愛する者を公衆の面前で水責めにするようなもので、マートマの家族を苦しめるものになることも理解していた。彼には分が悪い。土壇場での取引が成立すれば、何週間にもわたるストレスや辱めから彼らを救うことができる。

デブリン・ブラウンは、ストラスバーグがマートマはまだ同意していないと言っている以上、この提案がどれほど真剣なものなのか分からなかった。いずれにせよ、バラーラは受け入れそうにない。これがマートマの最後の申し出であることを知れば、オフィスにいる全員が激しく落胆するであろう。バラーラが望んでいないという事実をさておくにしても、米連邦地検は裁判の前日に被告と有利な取引をすることを望まないのだ。印象が悪いし、裁判官も嫌がるであろう。さらに、個人的にも、デブリン・ブラウンはイラ立ちを覚えた。彼と彼の同僚たちは、何カ月もの間、週に七日間も働き、その年もっとも注目を浴びるであろう裁判の準備をしてきたのだ。どうしてストラスバーグはもっと早くその考えを伝えてこなかったのか。それでも、彼は上司とその申し出について議論をすることで合意する。その午後、彼と証券部長は話し合いを持った。

翌日、デブリン・ブラウンはストラスバーグに電話をかけた。答えはノーである。取引はなし、裁判で勝負である。

二〇一四年一月七日、マシュー・マートマと妻のローズマリーは、運転手付きのSUVで裁判所に現れた。猛吹雪で通りには雪が山と残っていたが、ローズマリーは四インチのハイヒールを履いて、ツルツルの歩道をしっかりと進む。裁判は数週間はかかることが予想されたので、二人は子供たちに学校を休ませ、家族が一緒にいられるようにとタイムズスクウェアそばのインターコンチネンタルホテルのスイートルームを予約していた。マシューとローズマリーが裁判所に到着すると、新聞やテレビのカメラマンたちが殺到した。

二日後、彼らの冒頭陳述が始まる直前、グッドウィン・プロクターのストラスバーグのパートナーであるロベルト・ブラセラスは被告席で裁判官に向かって座り、癇癪を起こさないようにしていた。片手には、その日のニューヨーク・タイムズ紙のビジネス版をつかんでいた。彼の手は震えている。一面には次の見出しが躍っていた。「ＳＡＣの元トレーダーはハーバード大学法科大学院から追い出されていた」

数週間にわたり、二組の弁護士は水面下で激しい戦いを演じていた。それがいま、新聞紙上にすべて書き立てられているのだ。

その朝、政府はマートマがハーバード大学法科大学院を除籍になった証拠を裁判の証拠として認めることを裁判官に申し立てた。除籍そのものではなく、マートマが成績証明書を改竄し、それを繕おうとし、さらに復学を認めさせるため架空の会社まで作ったという浅ましい話が問題なのだ。一見すると、ハーバードの話はこの裁判の本質、つまりマートマが非公開の治験結果を入手するために医師に賄賂を払い、その情報に基づいてトレードを行ったかどうかという問題とは何の関係もない。しかし、検察側の主張には弱点があるのだが、ハーバードの話はそれを補い得る可能性がある。彼らとすれば持っておきたい爆弾の一つなのだ。ＦＢＩ（米連邦捜査局）は、ギルマンがマートマに送ったと証言した治験結果を含むパワーポイントの資料が添付されたｅメールをいまだに見つけられずにいた。それは、マートマがバピの結果を公表される一週間前に入手したことを示す重要な証拠の一部である。デブリン・ブラウンは、マートマがそのメールを処分してしまったと考えていた。ハーバードでメールを改竄しようとした彼の試みが、マートマにその専門知識やそういった気質があること、少なくとも試みた歴史があることを証明するのだ。

ストラスバーグとブラセラスは、デブリン・ブラウンがハーバードの話を紹介する許可を求めていることを知るや、すぐさま独自の反対動議を提出した。また、すべての議論を封印し、訴訟事件表から外すよう別の申し立ても行った。ハーバードの話が表沙汰になれば、マートマの裁判に悪影響を及ぼすことを彼らは理解していたのだ。地方判事のポール・ガーデフがハーバードの資料を公開するとしたら、マートマは大きくつまずくことになる。マートマが人前で恥をかくだけでなく、彼の弁護士にとっても弁護の足かせになるのだ。ハーバードの資料を裁判に持ち込むことは、検察側にとって優れた戦略であることはストラスバーグですら認めざるを得ないのだ。マートマにパワーポイントを送ったとギルマンがウソをついていると主張したとしても、陪審員たちはハーバードの話を聞くことになるのだ。これでは、手錠をかけられているに等しい。

「裁判長、想像どおり、テレビや新聞でも多くの記事が紹介されております」とブラセラスは言った。彼は、デスクに置かれた新聞の束を指さした。そこにはセンセーショナルな見出しを掲げたニューヨーク・ポストもあった。ブラセラスは、ガーデフに陪審員のなかでハーバードに関する記事を読んだ者がいるかどうか確認してもらおうとしたのだ。

ブラセラスはストラスバーグのパートナーで、グッドウィン・プロクターのボストン事務所に所属する熟練弁護士である。身なりも良い彼は、控えめで、愛想も良い。彼が主張を展開すると、法廷の二列目に座っていたマートマの妻と両親は頭を垂れてしまった。家族のもっとも暗い秘密であり、最大の恥が今、暴かれているのだ。マートマにとっても、それはインサイダー取引で起訴されることよりも、つらいものであった。

ガーデフは同情を示したが、陪審員たちにハーバードの話を目にしたかどうか問いただそうとはしなかった。彼らはすでに、裁判に関するあらゆる報道に触れてはいけないと命令されていた。彼は当初からインターネットを避けるよう伝えていたのだ。彼が連邦判事になったのは二〇〇八年だが、陪審制度というのは信頼のうえに成り立っていると考えていたのだ。


デブリン・ブラウンは、裁判のなかで冒頭陳述が一番好きである。今回のような裁判では、それがすべてを決することがある。米連邦地検では、代々の検察官に受け継がれる、そのための公式を持っていた。まず、「ザ・グラブ（つかみ）」と彼らが呼ぶものから始める。それは、起訴内容を二分間に要約したもので、陪審員の注意を引くためのものである。つかみは、二つのうちどちらかの方法で行われる。まず、「本件は強欲に関するものです」といった大きな主題から始めるのだ。デブリン・ブラウンは、自ら「暗い嵐の夜」と呼ぶ切り出し方を好んでいた。それは、陪審員をドラマチックな情景へといざなう方法である。まるで映画のようだ。

この日、彼は「それは二〇〇八年七月のことでした」とお得意の方法で切り出した。彼は、穏やかで、静かな声で語りかける。「被告、マシュー・マートマは、アルツハイマー病の専門家がステージに上がるのを待ち望みながら、シカゴのコンベンションホールを埋め尽くした一〇〇〇人の人々のなかにいました」。シドニー・ギルマンは国際アルツハイマー病協会の会議で、当時、注目を集めていた薬品の治験結果を発表する予定だった、と説明する。治験結果は、医学界の大きな躍進ともなり、また関係した製薬会社には巨額の利益をもたらすものだった。会議に出席しただれもが医師の話を待ち望んでいた、マートマを除いては。「お分かりのように、マシュー・マートマは、ギルマン博士が発表する内容をすでに知っていたのです。彼は、現金や見せかけの友情でギルマン博士を籠絡し、ギルマン博士も、自分のプレゼンテーション内容を事前に彼に伝えていたのです」とデブリン・ブラウンは言った。ギルマンによる治験結果の発表が終わると、エラン株は四〇％も下落した。「マシュー・マートマを除く、多くの人々が資金を失いました。そして、マシュー・マートマが働くヘッジファンドは巨額の利益を上げました」

デブリン・ブラウンは生来の役者で、母親はブロードウエーの女優であった。彼はコロンビア大学に通い、同僚たちと同じように、その後はハーバード大学法科大学院へと進んだ。彼は模擬法廷から、法科大学院のアカペラグループに至るまで、人前で話ができるあらゆる機会を利用した。デブリン・ブラウンの家族は、彼がサーカスの団員ではなく、弁護士になれたのは家出をしたからだ、と冗談を言っていた。

「本件には科学の話が出てきますが、科学のテストではありません。洗練されたヘッジファンドも登場しますが、金融に関するものではありません。本件は、不正行為に関するものであります」

彼が政府側の主張のあらましを語る間、妻のローズマリーは椅子のなかで前かがみになり、眼鏡を上げ下げしながら、敵である検察官を見定めようとしていた。彼女の夫は、五フィート離れた被告側の椅子にうつろな表情で身を固くしていた。すべての光景が彼には耐えられなかったかのようで、彼の魂は肉体を離れ、しわひとつないスーツをまとった抜け殻から離れていっているかのようだった。

ストラスバーグが自身の冒頭陳述に立ち上がるまでには、デブリン・ブラウンが描きだした印象を変えるのは難しいと思っていた。彼らは、主要な証人であるギルマンという大きな課題に直面した。動かぬ証拠があるわけでもなく、この八一歳の大学で医学部長まで務めた医師の信用を落とさせるのは容易ではない。彼は注意深く、マートマ側の主張を展開しなければならなかった。

「一〇年ほど前、ブロードウエーで大当たりした舞台がありました。重大な犯罪で有罪判決を受けた人々を扱った『ザ・イグザネレイティッド』というものです」と、ストラスバーグはゆっくりと語り始めた。彼は、髪をポマードでオールバックにし、仕立ての良いグレーのスーツにピンクのネクタイをしていた。靴は輝いている。「そのなかでの裁判では、すべて検察が誤っていました。彼らは、無実の男女を死刑囚監房に押し込めますが、やがて確たる証拠が出て彼らは無罪放免となります」。調子が出てきた彼は手ぶりを交え始める。「私は演劇のなかではなく、現実の世界でみなさんの前に立っています。検察側は判決を急いでおりますが、そう判決を急ぐことで、無実の男を非難しているのです」

デブリン・ブラウンは、少し困惑しながら彼の話を聞いていた。マートマを、誤って死刑囚監房に入れられた囚人と比較するのか。すこし大げさすぎるように思える。しかし、彼らの手駒を考えれば、マートマの弁護士は高価な陪審コンサルタントにそのアイデアを諮り、有効だと結論づけているのであろう。

どうしても免責を勝ち取りたい高齢の医師にとっては、唯一、相矛盾する説明となってしまう盗聴記録を陪審員は聞いていない、とストラスバーグは続けた。「ギルマン博士は、検察が期待する話をするよう圧力を受けておりました」

そして、彼は自身の依頼人に向けられた不公平な中傷に話を移す。「多くの点で、マシューは典型的なアメリカのサクセスストーリーの体現者だと言えます」とストラスバーグは言う。フロリダのインド人移民の子に生まれ、ケネディ宇宙センター近郊のキリスト教徒のマイノリティー社会の一員として育った。公立高校を卒業し、デューク大学に進学する。「ＭＢＡ（経営学修士）を修得するころ、ローズに出会います」。ストラスバーグはローズマリーに微笑みかけながら言う。ローズマリーは、予定どおりに陪審員に視線を送る。「二人は二〇〇三年に結婚し、やがてジョシュア、アバ、デビッドの三人の子宝に恵まれます。彼らはまだ九歳に満ちません」

「これ以上失うものがあるでしょうか」。法廷を歩き回り、宙に手を振りながら、彼は語る。「この裁判は無意味です。つじつまが合いません。重要なのは、あなたがた、陪審員のみなさんは急いで判決を下さないでほしい、ということです。マシューがこれらの罪を犯していないことを理解するでしょう。彼はぬれぎぬを着せられているのです」

冒頭陳述は双方とも力の入ったものであった。しかし、ストラスバーグが大きく出すぎたことは明らかである。彼はまるで営業マンのように、常識に逆らうような仮定を前提とする話を陪審員に説いた。マートマの弁護はストラスバーグのキャリアをかけた戦いとなりそうである。

冒頭陳述から五日後、陪審員は初めてシドニー・ギルマン博士と対面する。午前一一時四五分、彼が法廷に導かれると、部屋のなかは静まりかえった。マートマの家族は一般通念に従い、友人たちを裁判の傍聴に誘っていた。マートマの両親、ローズマリーの両親、たくさんのいとこや叔母が傍聴していたが、彼らはみなセーターに身を包み、凍えそうにしていた。ローズマリーは毎日、さまざまな目立つ衣装を着て法廷に現れた。しかし、支持者の数はスタインバーグのときよりもはるかに少なかった。スタインバーグ軍は血色も良く、裕福そうだったが、マートマのちっぽけな軍隊はほとんど悲劇的である。

黒い目を輝かせるギルマンは大きな涙袋を抱え、雪のように真っ白な髪は生え際が見えるほど薄くなっている。ダークグレーのスーツを着てトボトボと歩く彼をローズマリーは冷たく眺めていたが、あまりに弱々しく、触ったら崩れ落ちてしまうのではないかと思った。

ギルマンは証人としては不完全である。一つには、彼の記憶はあいまいなのだ。デブリン・ブラウンは、マートマの弁護士たちがギルマンをおとしめる情報を見いだすべく、彼のことを徹底的に調査したことは聞き及んでいた。彼らはギルマンが利用する仕立て屋から話を聞くために私立探偵をアナーバーまで送っていたのだ。しかし、仕立て屋は「仕立て屋特権」を理由に口を開くことを拒んだ。関係が疎遠になっていたコネティカット州に住むギルマンの息子を追い回した者もいた。デブリン・ブラウンは、ギルマンを裁判の比較的後半に登場させることで、あらかじめ主張の基本線を陪審員たちに明白にしておきたかったのだ。ギルマンは、彼らがすでに知っていることを確認しただけである。

彼は両耳に補聴器を付け、視力も弱っていたので、混乱した雰囲気を醸し出していた。デブリン・ブラウンが法廷にいるマートマを確認するよう指示すると、ギルマンは不器用に眼鏡をかけ、弁護士たちのほうを見つめていた。

「彼は、ダークスーツにグレーっぽいネクタイをしていますね」と、ギルマンはマートマのほうに目を凝らしながら言った。

室内に笑いが起こる。その説明は、法廷にいるほとんどすべての男性に当てはまるのだ。

ギルマンは元気がなく、おぼつかなく見えるが、彼の意識は剣のように研ぎ澄まされていたのだ。彼は、マートマが起訴された直後の二〇一二年一一月、職業倫理に背いたことで解雇されるのを待つことなく、自らミシガン大学から「身を引く」決断をしたと説明する。「私は大学のことをおもんばかり、恥をさらしてでも自らのキャリアに終止符を打ったのです」と彼は言った。大学はウェブサイトやキャンパスから、彼に関するあらゆる記述を消し去った。関係を絶った同僚も数多くいた。彼は今、アナーバーにある無料診療所で患者の面倒を見ているだけである。彼は、生涯にわたる研究の地であったミシガン大学から追放されたのだ。ストラスバーグは自分の席から博士を観察していた。彼はこれほど厳しい対応を受けることになるとは考えていなかった。

二〇一四年一月二一日、ニューヨーク市の役人たちは、近づいている冬の嵐に警戒態勢を敷いていた。七～一〇インチの積雪が予測され、そのニュースにおびえたように、学校や鉄道は早めに終了となるか、休校・運休になっていた。ガーデフ判事は、みんなが安全に帰宅できるように、午後二時と早めに閉廷することを発表する。デブリン・ブラウンは、マートマが治験の最終結果を知るためにミシガンまで飛んだ話に急いで移らなければならなかった。

彼は、ギルマンのマイクロソフトアウトルックの予定表のコピーをオーバーヘッドに映し出す。「ギルマン博士、二〇〇八年七月一九日の一二時三〇分から一時三〇分のところを読み上げていただけますか」とデブリン・ブラウンが尋ねた。

ギルマンは自分の前に置かれた一枚の紙に目を移す。「マット・マートマがオフィスに来訪する」と彼は言った。

「この予定されていたミスター・マートマとのオフィスでの面会は、何を目的としたものですか」

とデブリン・ブラウンが尋ねる。

マートマは数カ月前に叔父が亡くなったので、アナーバー近郊に住む親類を訪ねる予定だと言っていた、とギルマンは言った。近くにいるから立ち寄ってもよいか、と。デブリン・ブラウンは面会についての説明を求める。

「詳細は覚えていません」とギルマンは答えた。しかし、彼は空港から移動するマートマから電話があったことは覚えていた。また、彼が到着したときにオフィスに招き入れ、昼食の提案をしたことも覚えていた。さらに、マートマにパピに関するパワーポイントのスライドをコンピューター上で見せたことも覚えていた。

「ご自身がしていることが、法に触れるかもしれないということを理解されていましたか」とデブリン・ブラウンが尋ねる。

「インサイダー情報を開示しており、それが違法であることは認識していました。自分が法を犯していることを理解しておりました」とギルマンは答えた。

ギルマンのような失うものの多い人物が、なぜマートマと関係を持つに至ったのかという問題が本件の大きな謎の一つであり、検察にとっては課題であった。検察は、陪審員の注意をギルマンではなく、マートマの行動に向けなければならない。デブリン・ブラウンは、マートマとの関係を深めていった話題に博士を導いた。電話があり、面会があり、マートマが親愛の情を示してきた、そうして寂しい一人の老人が、カリスマ的な若きトレーダーの影響下に置かれていく知的誘惑の姿が現れた。ギルマンはワーカホリックで、実の息子とも疎遠になっていた。彼は、世界から隔離された寂しい人物だったのだ。そこでマートマは代理の息子のような存在となったのである。

ギルマンが最後の証言を行う日までには、デブリン・ブラウンは必要なことはすべてやったと自信を持つようになっていた。ギルマンは、同情されるべき人物であり、持てるものをすべて失い、ウソをつく理由など持ち合わせていない人物なのだ、という印象を与えることができた。政府が提示した証拠は、検察側の主張をあらかた裏付けるものであった。マートマにとっては災難であった。

最後に博士が証言台に立ったとき、デブリン・ブラウンは、なぜこれまで話をしたことのあるほかの投資家とは異なり、マートマとは一線を超えてしまったのかと改めて尋ねた。ギルマンはため息をつき、そして言った。「彼には親しみを感じたのだ。不幸にも、彼に長男の姿を重ねていた。彼の知的好奇心、聡明さ。私の長男も、とても賢かった」。長い沈黙のあと、「そして、長男は自ら命を絶ったのです」。

マートマの弁護士は極めて不利な状況で裁判に臨んでおり、今や彼らは追い詰められてしまったのは疑いのないことだ。検察にしてみれば、一級の証人をもってしても、これほどうまくことが運ぶことはなかったであろう。ギルマンは生来の教師であり、聴衆を魅了するのだ。ストラスバーグは、これ以上掘れないほど深い穴に落ち込んでしまった。息子を自殺で亡くし、この世間の評価も高い年老いた医師を反対尋問で問い詰めることは、彼や彼の患者たちに陪審員の同情を向けさせるようなものなのだ。

一見、脆弱に見えるギルマンであるが、まるでスタインバーグに最高の一発をお見舞いしてやろうと言わんばかりに彼を見据える姿に、その頑迷さが表れていた。

「こんにちは、ギルマン博士」とストラスバーグが言う。

「こんにちは、サー」と、ギルマンは冷たく答える。

「私の名前はリッチ・ストラスバーグ、ミスター・マートマの代理人です。これまでにお会いしたことはありませんでしたよね、ギルマン博士」。沈黙があった。ストラスバーグは少し前かがみになり、「聞こえますか」と言った。

「マイクを通して話してくれると、聞きやすくなるのだが」とギルマンは大声で答える。

「われわれはあなたの弁護士に、あなたとの面会を申し込んだのですが、断られました。ご存知ですよね」とストラスバーグが言う。

「最初の文言が聞こえませんよ、サー」

反対尋問が始まって六秒、ストラスバーグがイライラしているのが見て取れた。ギルマンは自分が言っていること以外は理解できないようで、彼の質問を何度も遮った。ストラスバーグは再び初めからやり直す。彼はマイクに口をぴったりと付け、まるで二歳児にでも話しかけるように、高く、見下したような調子で語りかけた。「ギルマン博士、本日はあなたにいくつか質問をしたいと思っております。質問の内容が分からなければ、おっしゃってくださいね。よろしいですね」とイライラしながら言った。

ストラスバーグは、ギルマンが高齢で、話の通じない、政府からウソをつくよう圧力を受けている人物であると陪審員に示そうとしていた。しかし、彼は相手を軽く見すぎていた。ギルマンにはまだ闘争心が残っていた。彼はストラスバーグに屈服するどころか、このベテラン法廷弁護士のバランスを失わせた。ストラスバーグが口を開くたびに、ギルマンは彼を怒らせるのだ。

ストラスバーグが何度となく話を聞いているか尋ねると、博士は「君の発音は不明瞭だ」ときつく言い返すのだ。

ストラスバーグは平静に務め、自分の主題に集中しようとした。つまり、博士は高齢で、記憶があいまいである、と。彼は数多くの会長職、コンサルティング、予定表、メールを取り上げ、それらの詳細を覚えているかどうか、特定の時間にだれと話し、特定の面会で何を議論したかを覚えているか、時間軸を行ったり来たりしながらギルマンに尋ねた。ストラスバーグが画面に映し出した多くの事柄を、ギルマンは一度も見たことがないと主張する。「まったく記憶にありません、サー」と、彼は繰り返し言った。

「ギルマン博士、この記録によれば、あなたは三〇〇人以上の依頼人と、四〇〇回以上の協議を行っていますよね」と、ストラスバーグが尋ねた。

「あり得ますな」とギルマンは言う。

ストラスバーグは、ギルマンが単に金銭目的で行っていたのだと言おうとしたのだ。二〇〇六年には三四万ドル、二〇〇七年には四二万ドル、二〇〇八年には四二万五〇〇〇ドルと、ウォール街の依頼人へのコンサルティングで多額のお金を稼いでいた。その額は、ミシガン大学で受け取る給与をはるかにしのぐもので、ギルマンはまるで科学のためというよりも、ウォール街のために働いていたかのようである。被告側の弁護士は、ギルマンがマートマとバピに関する情報を共有したことについてウソをついていると非難した。しかし、ストラスバーグが三日間にわたって責め立てても、ギルマンは自らの主張を崩すことはなかった。

世間の注目を集める裁判の渦中にある法廷弁護士には、ほとんど人間離れしたようなスタミナが求められる。ストラスバーグの前に置かれた証拠物件や添付書類の入った黒い分厚いバインダーは膨らみ続け、テーブルや床の上まで広がっている。疲れの見えたストラスバーグは二〇一一年にギルマンに接触し、彼の協力を得ようとしたFBI捜査官のB・J・カンに話題を移した。ストラスバーグは、FBIが最初に接触してきたときに何と言ったか、また彼が真実を話したかどうか、ギルマンに尋ねた。

「ギルマン博士、この面会であなたはFBIの捜査に協力したいとおっしゃいました。ご記憶はありますか」とストラスバーグが尋ねる。

「はい」とギルマン。

「ＦＢＩ捜査官とあなたとの間で行われたすべての面会において、彼らはマシュー・マートマ以外の依頼人については言及しなかった、と言ってよろしいですね」

「そのとおりだと思います」とギルマンは答える。

ストラスバーグが次の質問に移ると、ギルマンは座席でそわそわし始める。彼にはもっと話したいことがあったのだ。彼は話し足りないことがあるので、その前の質問に戻ってよいかと裁判官に尋ねる。

「ダメです、ギルマン博士」と、ストラスバーグはきつく言った。「裁判長、ギルマン博士は私の質問にお答えになったと思いますが」

しかし、ガーデフ判事は興味を持ったようだ。彼は、ギルマンに改めて答えるよう指示する。

博士は深呼吸をした。

「捜査官は、私は小者にすぎないと言いました。ミスター・マートマもです。彼らが本当に追っているのは、スティーブ・Ａ・コーエンという人物です」と、ギルマンははっきりした声で言った。

法廷全体が息をのんだ。検察官も、黒衣をまとった裁判官も、陪審員席に座るバスの運転手や保険数理士も、本当はコーエンが主題であるのに、みんな、マートマを追及する役割を演じているかのようである。コーエンこそが標的であり、ＦＢＩが追っている男であり、マートマが自らを守るために証言すべき相手なのだ。弁護士たちも裁判官も、コーエンの名前が裁判中に出てこないように苦労していたのであるが、高齢にすぎ、また失うものは何もないギルマンは、そのようなことは何も気にしなかったのだ。彼は一瞬カーテンを押し広げ、本当は何が起きているのかをみんなに示してしまったのである。

マートマの犯罪にコーエンが連座しているかどうかが裁判で直接語られることはなかったが、彼の名前は繰り返し挙がっていた。コーエンの部下のリサーチトレーダーで「右腕」であるチャンドラー・ボクレイジは、マートマの弁護士によれば、被告を擁護する態度を取っているのだが、彼は「私個人の意見ですが、スティーブは史上最高のトレーダーです」と言った。コーエンの名前が語られるたび、デブリン・ブラウンはイラ立ちを募らせた。彼の少なくとも今現在の目的は、マートマを有罪にすることである。その背後で悪党が顔をのぞかせていては裁判の邪魔なのだ。

ガーデフ判事は、同じ理由から、双方の弁護士にコーエンの名前を出さないよう繰り返し指示していた。彼はSACでの意思決定を行い、同社の利益のほとんどを稼ぎ出す億万長者であり、マートマの弁護士費用を負担してもいる。奇妙なことではあるが、マートマの裁判のことを考えれば、気が散らないようにすることも彼の務めである。「スティーブ・コーエンがどのようにトレードを行っていたかという一般的な質問はとても危ないと思います。スティーブ・

コーエンがどのように事業を行っていたかというより大きな検証を行うことになりかねません。それはわれわれが望む道筋ではないことには同意していると思います」と、ガーデフは陪審員の聞こえないところで言った。

議論を終えるにあたり、デブリン・ブラウンと同じく検察官であるユージン・インゴグリアは再度、SACでのマートマのキャリアから、情報源としてのギルマンとの関係開拓、そしてICAD（国際アルツハイマー病協会国際会議）の重要資料にあるスライドを見るためにミシガンにあるギルマンのオフィスを尋ねるまでを、時間を追って陪審員に説明した。「スティーブ・コーエンとマシュー・マートマは日曜日に二〇分間電話で話をしています。彼らが何を話したのかは分かりません。ただ、電話の直後、マートマはすべての口座にある持ち株のリストをコーエンにメールしています。翌日から四日間をかけて、彼らはすべての株式を売却しました。秘密裏に、です」とインゴグリアは言った。

次はストラスバーグの番である。彼は立ち上がり、陪審員を見つめた。「スティーブ・コーエンは本件とは関係ありません。スティーブ・コーエンは共謀者とすらされていません。マシューはスティーブ・コーエンではありません。ここにスティーブ・コーエンはいないのです。彼はまったくの無関係です」と言った。

もちろん、それは正しい。しかし、コーエンから報酬を受け取っている弁護士の口から出たこととすれば、それも疑わしくなる。マートマは政府に協力し、コーエンに反対する証言を行うかどうかについてのアドバイスを、コーエンから報酬を得ている弁護士から受けていたのである。コーエン自身が裁判にかけられていないことが、マートマが協力を拒否した主因であると検察官は考えていた。このようなお膳立てが可能となる制度こそ、腐敗していると思う者もいるであろう。

ストラスバーグの最終弁論は二時間半も続いた。四五分が過ぎたころ、彼が同じことを何度も何度も繰り返すので、陪審員たちも怒り出したようだ。それから彼は深呼吸をして、「マシューの希望と彼の家族の希望はこの裁判で永遠に変わってしまいました。マシュー、彼の妻、子供たち、そして彼の両親にとっては地獄の日々です。彼は小者などではありません。彼はスティーブ・コーエンを起訴するための道具などではありません」と言うと、ローズマリーの頬に涙がつたった。

評議三日目午後一時五一分、評決を伝えるために陪審員が戻ってきたときには、彼らが何を言うかはすぐに明らかとなった。法廷のマートマ側を見やる者はいない。陪審員長が結果を読み上げると、ローズマリーはすすり泣いた。三件すべてにおいて有罪。

マートマの両親は唖然としながら、裏口を抜け、外に出た。すべて有罪という言葉を聞いたとき、マートマの父親は心臓に三発の銃弾を撃ち込まれたような気持ちになった。

翌日の報道では、世界最大のヘッジファンドを支配する超大金持ちは、彼にしてみれば無視し得るほどの小銭を支払って、法律上の責任を逃れたとあった。スティーブ・コーエンはその後も株式をトレードし、美術品を購入している。検察にできることはマートマを見せしめとし、たとえ最終的な目的を達成していなくとも、勝利を得たことを主張することだけであった。

傍観者にとっては、マートマの裁判は不合理なものであった。マートマにはかつての上司に対する証言を行うことで、刑を軽くする機会は数多くあったが、彼はそれを拒んだのだ。そのかわりに、彼は屈辱的な裁判を受け、今や一〇年以上の実刑を受けたのである。なぜだろうか。それが、三年に及ぶ彼の事件に付きまとう疑問である。およそ一〇年にわたりスティーブ・コーエンを追いかけてきた連邦の検察官たちは、マートマが彼を有罪にできる情報を持っていると確信していた。マートマのように長い刑期を伴う罪で告発された者は、たいてい寝返るのだ。なぜ、マートマはそうしなかったのか。

マートマがコーエンを有罪とするような情報を持っていなかった可能性はある。しかし、たとえそうだとしても、彼が知っていることを話せば、刑は軽減されたであろう。よく分からないのは、彼がそれを試みようともしなかったことだ。広く議論された見解が三つある。

第一には、「名誉」である。マートマはたんに密告者となることが受け入れられなかったとするものだ。そのような道義的な態度というのは、ホワイトカラー犯罪ではめったに見られないもので、さらにマートマの歴史を知る者からすれば、信じがたいことである。彼は急に高潔な道を選んだというのだろうか。

次に挙げられるのが、「恐れ」である。おそらくマートマは、コーエンにたてつけば、何らかの報復を受けることになると考えていた、と。だがこれもまた受け入れがたい話である。マートマはすでに金融界を去っており、コーエンの無慈悲さを考えに入れても、彼が本物のギャングが用いるような忠誠心を強要するような手立てを講じた証拠は一切ない。

最後の仮説は、立件に関与した多く者が指摘したことだが、「物質的な自己の利益」、言い換えれば、「マートマはコーエンが彼の忠誠心に報いてくれるという期待を抱いていた」というものだ。この見方を支持する証拠は何もないが、ほかの仮説よりは理解しやすい。結局のところ、ウォール街の住民のほとんどを突き動かすのはお金であり、裁判でマートマは金銭的にも破滅してしまったのだ。政府は、ボカラトンにある彼とローズマリーの自宅、アメリカン・エキスプレス銀行のマートマ名義の口座にあった三二〇万ドル、INGダイレクトのローズマリー名義の口座の二四万五〇〇〇ドル、さらにマシュー・アンド・ローズマリー・マートマ財団に残されていた九三万四八九七ドルを没収したのだ。二〇一〇年に非営利団体として、一〇〇万ドルを投じて財団を設立し、慈善活動に身を捧げると話をしたあと、マートマは税控除だけを受け取り、資金はまったくほかには投じなかったことが判明している。同じ年、彼らは旅費とほかの費用として二万二八二六ドルを財団に請求している。口座に残されていた資金のすべてが、政府の手に落ちたのだ。

ローズマリーは、自分と子供たちはやがて生活の糧を失いかねないと主張した。家族はだれも自らを救う資金を持ち合わせていないのだと、彼女は裁判所への申し出を通じて判事に訴えていた。

コーエンからマートマ家へ資金が流れた道筋は、控えめに言っても巧妙なものであった（違法であり、またあからさまな証人買収である）。政府の会計士は、即座に怪しい収入を見つけた。証拠はなかったが、裁判を知る者からすれば、何かが起きていると推測せざるを得ないものである。ローズマリーが噂を否定することはなかったが、「スティーブ・コーエンがわれわれの面倒を見ているという話はないし、過去にもなかったし、これからもないでしょう」と、苦しまぎれに法律家のようなコメントをした。これは弁護士が吹き込んだセリフのようにも聞こえる。今もって、マートマの動機は謎のまま、である。

量刑審理までの数週間、マートマ家は苦悶のなかにあった。彼らの悪夢がついに現実となってしまったのだ。もっとも痛かったのは、スタンフォード大学が願書に虚偽の記載があったとして、マートマのビジネスの学位を取り上げると書状で伝えてきたことだ。

それでもなお、ローズマリーは友人や同僚や親族にマシューの量刑を決する裁判官に宛てて、支援の手紙を送るよう必死で頼んでいた。マシューはプライドをかなぐり捨てて、デューク大学の倫理学教授のブルース・ペインに依頼した。ペインは、一度は友人だとも思ったかつての教え子が、スタンフォード大学のビジネススクールへの推薦状を書いてほしいと頼んできたとき、ハーバードでの出来事を秘密にし、自分をだましていたことを知って気分を害していた。これは道義上、許されざる罪である。ペインはマートマの依頼を断った。

しかし、ローズマリーの努力のおかげで、その多くが医師であるいとこや叔父や叔母などたくさんの者が手紙を準備してくれ、遠くはインドから送られてきたものもあった。それらの手紙ではいくつかの主題が繰り返されていた。いわく、マシューを収監することは彼の三人の幼い子供たちを不当に罰することになる。ローズマリーは繊細な人物で、マシューがいなければダメになってしまう。彼女は一人で子供たちの世話をすることはできない。マートマはすでに十分な罰を受けたと主張する者もいた。ローズマリーは病を患っており、弱っていることをほのめかす手紙もあった。しかし、それも上品ぶったもので、マートマの弁護に深く関与した力強い姿とは相いれないものであった。検察官はそれらを読んでも真剣に取り扱わなかった。後にデブリン・ブラウンが指摘したことだが、診断を下した医師や精神科医からの書面はなかったのだ。

マートマの父親であるボビーは、ピンストライプのスーツにネクタイをした子供のころのマートマの写真と一緒に、一三ページにわたる情熱のこもった手紙を送ってきた。マートマがハーバード大学に進学できなかったときの親としての激しい落胆を書き記したあとで、ボビーは次のようにしたためた。「二一年後の今日、私は私の夢を達成するために彼に圧力をかけすぎたかもしれないと感じています。われわれが彼に成功を求めるあまり、彼は限界に達してしまったのです」

ローズマリーは、夫に分が悪いことは承知していた。ストラスバーグとブラセラスはでき得るかぎり気を使いながらも、彼女に来るべき事態に備えるよう伝えていた。インサイダー取引の刑期はたいてい厳しいものである。例えば、ラジャラトナムは一一年を言い渡され、ツビ・ゴッファーというガレオンのトレーダーは一〇年の実刑だ。それでも、彼女はマートマは別であるとの希望にすがっていた。彼女は毎日、祈っていた。

二〇一四年九月八日午後三時三〇分、マートマは再びガーデフ判事の前に立ち、判決が言い渡されるのを待っていた。量刑ガイドラインに従えば、彼は一九年半の収監となる。

判事は犯罪を示す話を再び語り出した。二〇〇八年七月一七日のマートマとギルマンの電話でパワーポイントの資料を見直したこと、マートマがデトロイトに飛んだことや、ギルマンのオフィスで面会したこと、翌日、コーエンと二〇分にわたり電話をしたこと、そして、翌週、SACがエランとワイスのすべての持ち株を秘密裏に売却したこと。政府が裁判中にコーエンを名指しすることはなかったが、彼はマートマの犯罪の中心人物なのだ。

「これら一連の出来事からしても、コーエンはマートマから重大な非公開情報を受け取った可能性は高いと思われます」。判決を言い渡すにあたって、マートマはこれらすべてに責任を取ることになる。

「ミスター・マートマは今回の起訴ですべてを失いました」と裁判官は言う。しかし、彼の事件をほかへの戒めとするためにも「長期にわたる懲役が不可欠だと考えます」と付け加えた。ローズマリーは頭をうなだれてしまった。ガーデフは間を置く。そして突如、正しくも思い出したかのように言った。「九年間の懲役を科すものとします」

言葉を受け止めるまでにしばらくかかった。九年。ローズマリーは泣き出してしまった。裁判官が退廷したあと、しばらく沈黙があった。そしてローズマリーがマートマの手を取り、二人は法廷を去っていった。

マートマの両親は数カ月間、沈黙を守っていた。毎日の裁判所の出入りも、カメラマンの群れを勇敢にも押しのけ、一言も発することはなかった。しかし、有罪判決を受け、まぶしい太陽の下によろめきながら出てきたとき、怒りが爆発した。

「彼ははめられたんだわ」と、裁判所の階段を降りたところで、マートマの母リジー・トーマスは叫んだ。彼女の目は燃えていた。もはや我慢がならなかったのだ。

「私は彼の父親だがね、三年前に二人の捜査官がボカラトンに来たときに、マシューが有罪であることを知っていたなら、どうして彼を密告者として採用したいなどと言ったのだ。その理由はなんだ」と、ボビー・マートマは妻のそばに立って言った。ボビーはなおも止まらない。「彼が有罪なら、『君は有罪だ。立件するつもりである』と言えばよい。それなのに彼らは『協力してほしい』と言ったのだ」

ボビーは続けた。「彼ははめられたんだ。だれがお金を稼いだんだ。二億七五〇〇万ドルも稼いで、すべての罪をマシューにかぶせた奴がいる。今日、裁判官はすべての罪を彼にかぶせたんだ。あの裁判官め、奴に正義などない。まやかし以外の何物でもない。これがアメリカの制度さ」

「お金を稼いだのはだれ。私の息子はそのうち九三〇万ドルを手にしただけで、三〇〇万ドルは税金で消えたわ」とリジーが割って入った。

そして、どうしてマートマは検察に協力して、自らの身を守ろうとしなかったのか、とだれかが尋ねた。どうして彼はお金を稼いだ男、つまりスティーブ・コーエンを検察が捕まえる手助けをしなかったのか。

ボビーは義憤にかられたように指さしながら答えた。「教えてほしいか。第九の戒律を信じていたからさ、第九の戒律を知ってるか。『汝、その隣人に対して虚妄の証をたつるなかれ』だよ」

「お金を稼いだ男はヨットに乗ってるわ」。リジーが、その夏、インターネットに掲載されたギリシャあたりを船で旅するコーエンの妻を指していたのは明らかだ。「そして、私の息子は刑務所に行く」

ボビーは言った。「これのどこが正義だ」

エピローグ

二〇一五年五月一一日、マシュー・マートマの判決が出た八カ月後、クリスティーズはロックフェラーセンターの本店で、世界の最高級品を集めた特別なイブニングセールを開催した。オークションには「過去を見据えて」との題がつけられ、ヘッジファンドの大物たちが美術収集からスポーツビジネスに目を移す前に、厳選された二〇世紀の傑作や現代作品、少々古い作品など、主要な美術館に収まってもおかしくない作品が取りそろえられた。その夜の目玉はピカソの「アルジェの女たち」で、一億四〇〇〇万ドルは付けると期待されていた。その夜は、全体でも記録的な売上高になるものとされ、ウォール街や爆発的に増大したアジアの富に支えられた美術市場の世界的ブームの締めくくりになると思われていた。コーエンのコレクションからも絵画が一点オークションにかけられていた。ジャン・デュビュッフェの「パリス・ポルカ」で、エスティメートは二五〇〇万ドルであった。

かつての愛弟子であるマートマは上訴するとともに、刑務所での新たな生活の準備をしていたが、コーエンは沈黙を守るどころではなかった。彼の弁護団があらゆる刑事責任が晴れたことを保証するや、彼は世界に対し、自分が今まで以上にパワフルであることを示そうと積極的に動きだした。テレビカメラが見つめるなか、ダボスに出かけ、マジソンスクウェアガーデンのコート脇に座る。一一月一〇日、マートマの収監が予定されているその日に、コーエンはサザビーズに一億一〇〇万ドルを投じて、アルベルト・ジャコメッティの「シャリオット」という彫刻を購入したことでニュースとなった。

「スティーブはプロ顔負けの鋭敏なコレクターだ」。コーエンのアートディーラーの一人であるウィリアム・アクアベラはニューヨーク・タイムズにまくしたてた。「彼は鋭い直観を持っている。美術史の本を読んでも身につかないような直観をね」

コーエンはウォール街での悪いイメージを払拭することに努め、法的スキャンダルから距離を置くようにした。和解条件に応じて、彼はSACを閉鎖し、一〇〇億ドルにも上る自己資金を運用するファミリーオフィスに作り変えた。一〇〇億ドルという数字が彼には重要なのだ。

二〇一四年四月、マートマが有罪判決を受けた三カ月後、コーエンは自分の会社の名前をSACキャピタル・アドバイザーズからポイント72アセット・マネジメントに変更した。これはスタンフォードのカミングスポイント通り七二番地という会社の住所にちなんだものである。

彼はまた、法律上の問題で彼を支えていた上級職員や顧問たちを解雇した。SACのコンプライアンス部長スティーブ・ケスラーと会長のトム・コンヒーニーは退社した。事業開発部長で、法的問題を起こしたトレーダーの多くの採用に関与したソル・クミンも同社を去り、自身のヘッジファンドを立ち上げた。コーエンは新たなコンプライアンス部長を探していたが、採用担当者はSACの捜査に関与した幾人かの検察官やFBI捜査官に接触していた。

最終的に、コーエンはコネティカット州の元連邦地検の弁護士をポイント72の法律顧問として採用し、六人の著名なビジネスマンからなる「アドバイザリーボード」を立ち上げ、経営や倫理問題についてアドバイスを行う計画を発表した。ほとんどブラックジョークなのだが、コーエンは大学の学生向けにポイント72アカデミーと名づけた、「一五カ月に及ぶ、選りすぐりの綿密な」プログラムを立ち上げた。これは、金融界にキャリアを求める若者たちに投資戦略を教えることを主眼とするものである。

マートマとスタインバーグに対する監督不行き届きを訴えたSEC（米証券取引委員会）のコーエンに対する訴訟は未解決であった。SECは彼を生涯、金融業界から追放したいと考えていたが、コーエンもこれにはあらがった。彼は有名な弁護士であるデビッド・ボイーズを雇い、SECの件に取り組む弁護団に加えた。彼は、遠からぬ将来、もう一度ヘッジファンドを立ち上げたいと友人に語っていたが、それもSECとの訴訟に勝たなければ不可能であろう。しばらくの間、彼の「ファミリーオフィス」は年に何億ドルもの収益をもたらした。彼はいまだ何十億ドルも運用し、美術品を買い漁っている。八年という年月と、政府が彼に向けたあらゆる手立てをもってしても、彼を止めることはできなかった。

三年間にわたり、本書のための調査を行うなかで、私はコーエンの事務所と何度となくやり取りをし、彼のインタビューを取ろうとしてきた。私は電話をし、また手紙を書き、彼の代理人と面会もした。最終的には彼と話ができるとほのめかされていたが、結局、彼は現れなかった。私はどうしても彼と話がしたかったのだ。二〇一五年春のその夜、彼がクリスティーズに現れることを知っていたので、彼に会いに私もそこへ向かった。

オークションの夜、クリスティーズの建物は目鼻立ちのはっきりした美しい多国籍の女性と、世界中のニュースの見出しを賑わせていたギリシャの金融危機など気にもならないほど金持ちそうな男性とであふれていた。熱狂的な雰囲気であった。勝者が巨額のお金を支払うことになる華やかなゲームが始まろうとしているのだ。

午後六時三〇分ごろ、コーエンのかつての部下でトレーダーのデビッド・ガネックがシャツのボタンを胸元まで開けて悠然とロビーに入ってきた。まるで、ヨットから降りてきたばかりのようないで立ちだ。そして、オークションが始まる七時直前、コーエンが入ってきた。

背が低く、小太りのコーエンはグレーのジップネックセーターにカーキのズボンをはき、どうやら一人のようである。頬を赤らめ、すきっ歯を見せながら笑う彼は群衆のなかへと分け入っていった。彼は、ＦＡＯシュワルツに入ってきた子供のように見える。これこそが権力者の行動であり、その時期、もっとも注目を集める美術オークションが幕を開ける五分前に到着した。コーエンは自分がいなければオークションが始まらないことを知っていたのである。

入札者が自分のプレートを置いてあるテーブルに向かう廊下に彼が差し掛かったとき、私は彼の目の前に分け入った。「ハァ～イ」と声をかけ、自己紹介をする。このときまでに、私は何百人もの元同僚や従業員や信奉者たちとのインタビューをこなしてきた。私は、彼ら同様にコーエンをよく知っているつもりになっていた。

「あぁ、あなたですか」と言うコーエンは固まっていた。

「ぜひお話がしたくて」と言って、彼の手をつかみ、握手をする。

「そうだろう、そうだろうとも」とコーエンは言う。彼は逃げ道を探し始めた。

「そのとおりです。あなたには語るべき話があると思います」

「あなたとはお話できませんよ。ただ、未来永劫というわけでもないでしょうが」そう言って、彼は立ち去ってしまった。

彼が人ごみに紛れ込もうとするとき、私は最後の質問を投げかけた。「今夜は買うんですか、売るんですか」

「あぁ、売りだよ。売り」と彼は答えた。

彼は踊り場のある階段を上がり、満員のギャラリーに入っていった。オークションが始まろうとしている。一五分後、アルベルト・ジャコメッティの銅像「指さす男」が登場する。これはジャコメッティ最高の作品の一つと言われているものだ。

厳しい時間を潜り抜けたコーエンにとって、彫刻は彼の富の象徴であり、法的問題が暗い影を投げかけた数年間を経て、再び輝きを取り戻してくれるものだ。政府は、世界でもっとも裕福な男の一人に正義を成そうと最大限の努力をしたが、彼は以前と変わらない環境にある。コーエンは生き残った、彼が望んだであろう以上の形でこの時代の象徴となったのだ。恐怖から解き放たれたコーエンは、欲しいものは何でも手に入れることができた。活発な競りが行われたあと、彼がジャコメッティを競り落とした。一億四一三〇万ドル、である。これはオークションにかけられた彫刻では史上最高値であった。

ヘッジファンドへの捜査を主導したプリート・バラーラは全国的な有名人になったが、法律制度は驚くべき非難を加えてきた。二〇一四年一二月、控訴審は、ダイヤモンドバックのトッド・ニューマンとレベル・グローバルのアンソニー・チアソンに対する判決を覆した。どちらもSACと深いつながりを持つヘッジファンドである。裁判官は、企業のインサイダーからではなく、友人や従業員などから間接的にインサイダー情報を入手したにすぎないトレーダーを強引に起訴したと、バラーラを叱責したのだ。「ニューマンディシジョン」として知られるようになるのだが、トレーダーが重大な非公開情報に基づきトレードしたことで起訴されるため

には、情報を漏らした者が受け取ることになる便益をその者たちが承知していなければならないと、裁判所は述べたのである。インサイダー取引の輪のなかで、トレーダーたちは、それが企業内部の者から出た情報であることを知りながら、ほかのトレーダーたちから収益の数字を入手するのである。情報を漏洩することで得ることになる便益とは目に見えるもの、つまり現金同等物であるべしと裁判所は規定したのだ。友情や好意に基づくものでは不十分なのだ。

「昨日の決定は一八輪トラックに乗って、インサイダー取引の法律を蹂躙するものだ」と、ラジ・ラジャラトナムの裁判を主導した連邦判事のリチャード・ホールウェルは述べている。「ウォール街で働く多くの者が昨日まで『不正だ』としてきた活動がまかり通ることになる」

バラーラはこの決定に激怒する。それはウォール街の実情に合っていない。ウォール街では、情報が現金と同じ価値を持ち、好意や口には出さない将来のお返しの見返りとして、友人や同僚の間でやり取りされているのだ。彼は、ニューマンディシジョンを最高裁に持ち込んだ。最高裁が上告を却下すると、バラーラはマイケル・スタインバーグを含む七人に対する告発を取り下げざるを得ないと感じていた。人生をめちゃくちゃにされながらも、スタインバーグは自由の身となった。スタインバーグに加え、元部下のアナリストのジョン・ホルバート、ホルバートの友人でダイヤモンドバック・キャピタルのジェシー・トートラ、その他有罪答弁を行った重要な証人が免責となった。コーエンにとっても免責となる基準でもあり、本質的にはＳＡＣが取り組んでいた聞かざる言わざるといった情報収集方法を合法化したことになる。バラーラは、自分たちが起訴した事件のうち、この決定で影響を受けるのは一〇％程度にすぎないが、たいていのインサイダー取引がもはや罰せられないこととなり、有益な情報を得ることができる裕福で人脈の豊富な人々がさらに有利となる前例を生み出すものであると語った。これは、情報源に対する知識が乏しいかぎりは、重大な非公開情報に基づいてトレードを行ってもよい、ということになる。

「これは明らかに不道徳な振る舞いのロードマップを構築するものである。それが市場にとって良いことなのか、市場の品位にとって良いことなのかどうかを問わなければならないと思う」とバラーラは述べた。ニューマンディシジョンが最初に示された二年後の二〇一六年一二月、最高裁は別のインサイダー取引の裁判で、ニューマンディシジョンは行きすぎであり、友人や親族に提供された重大な情報は不適切な便益だとみなすとして、司法省の主張を擁護するかたちとなった。

二〇一五年二月、デビッド・ガネックはバラーラとＦＢＩを訴え、憲法で認められた権利を侵害し、捜査の結果閉鎖されたファンドのレベル・グローバルに不当な強制捜査を行ったと非難した。政府がコーエンを追いかける過程で、自分たちを含めた多くの人々の生活や事業が不当にも損害を受けたとガネックは考えていた。彼のファンドのレベル・グローバルとトッド・ニューマンが働いていたダイヤモンドバック・キャピタルは、捜査の影響で閉鎖に追い込まれていた。ニューマンが申し立てを行った結果、両社は司法省と和解（ダイヤモンドバックの裁判において）し、ＳＥＣは判決を覆し、彼らが支払った罰金を返却した。ガネックの事案はそれを却下しようとした米連邦地検による動議によって否決されたため、今も係争中である。連邦地裁の判事は裁判を継続する意見書のなかで次のように述べている。「本件が単なる誤解なのか、それ以上の問題が起きているかを解明するために適切な開示手続きが行われた」

二〇一三年にＳＥＣがコーエンを告訴したスタインバーグとマートマに対する監督不行き届きは、二〇一六年一月、静かに和解を迎えた。ニューマンとチアソンの件に対する控訴審の判決によって弱腰となったＳＥＣがコーエンに与えた唯一大きな制裁は二年間、外部投資家の資金を運用してはならない、とするものである。つまり、彼は二〇一八年には晴れてヘッジファンドに復帰することができるのだ。「再開すれば、一日で二五億を集めても驚かない」とヘッジファンド投資家であるエイジクロフト・パートナーズのドン・スタインブルージは述べている。「門前に市を成すだろう」。かつてＳＡＣに資金を投じていたアルファ・キャピタル・マネジメントのブラッド・アルフォードはこう述べている。「ちょろいもんさ」

二〇〇六年にＳＡＣやほかのヘッジファンドに対して、株価操作のかどで訴えたバイオベイルの裁判も棄却された。バイオベイルはＳＥＣに詐欺で起訴され、後に同社は訴件乱用を主張したＳＡＣキャピタルに対して一〇〇〇万ドルを支払っている。また、フェアファックスがＳＡＣやほかのヘッジファンドを訴えた裁判も二〇一三年に棄却された。本件は現在控訴中である。コーエンの元妻パトリシアが彼を訴えた裁判は二〇一六年五月に棄却された。地方裁判所の判事は「離婚調停中に、コーエンがパトリシアから資産を隠した証拠はない」とした。フロリダで九年間の懲役刑を受けているマシュー・マートマは、本書の刊行時点で控訴中である。

一方、コーエンやSACの立件に関与した検察官や規制当局者たちは、もっと実入りの良い職に移っていった。SACの一八億ドルに及ぶ罰金の交渉に参加した米連邦地検の刑事部長ローリン・ライズナーは、コーエンの弁護団に加わった弁護士事務所のポール・ワイスでパートナーとなった。スタインバーグの裁判を担当した検察官のアントニア・アップスは政府を去り、ミルバンク・ツイード・ハードレー・アンド・マクロイのパートナーとなり、この企業向け弁護士事務所でホワイトカラーの弁護を行っている。バラーラの部下であったリチャード・ザベルは、エリオット・マネジメントというヘッジファンドの法律顧問に就任することを発表した。このファンドは政治の世界への資金提供でも有名な億万長者のポール・シンガーが運営するものである。B・J・カンの上司のパトリック・キャロルはFBIで二五年を過ごしたあと、コンプライアンス部のバイスプレジデントとしてゴールドマン・サックスに入社した。マートマの裁判を主導したアルロ・デブリン・ブラウンはコビントン・アンド・バーリングのパートナーに収まった。

しかし、もっとも輝かしい転身を遂げたのはSECの法執行部門の上級執行官で、マートマに対する捜査を監督していたアメリア・コットレルである。二〇一五年六月末、彼女は長らくコーエンの顧問弁護士を務めていたマーティン・クロッツが働く弁護士事務所ウィルキー・ファーに入社することを発表して、同僚たちを驚かせた。

政府が全力を挙げてコーエンに対峙し、もっとも重要な事件を主導したことが、彼の相談役の下で働く機会を得る最良の手段となったのだ。

金融業界はさらに複雑さを増し、規制当局や法執行機関にはほとんど手出しできないものとなっていた。ウォール街でもっとも成功した企業は常に最先端を追っている。法律が追いついてきたとみるや、彼らはさらにその先を行く。ミルケン時代のあと、そして二〇〇八年の金融危機以後は特に意志と能力の不足から、最高位で働く企業犯罪者を起訴することは実質的に不可能だと考えられるようになった。長期にわたり、費用のかかる裁判に惨めにも敗北するという恐怖から、法執行機関にはある種の無気力が広がっているのだ。司法省には、二〇〇八年以前の金融制度では広く行われていた不正行為をもって、ウォール街の大物たちを刑事告訴する能力も意思も存在しない。そのかわりに、世界最大の銀行群から何十億ドルもの罰金を引き出している。二〇一五年、個別捜査が行われていないという批判を受けた司法省は、個人にも責任を課すことに力を入れた金融犯罪に対する新しい政策を発表したが、本書執筆時点で何も変わってはいない。

ヘッジファンド業界は、株式市場により積極的に賭ける方法を編み出したウォール街の若きトレーダーたちに、これまでにないほどの富を生み出している。コーエンはそのパイオニアであり、うぶな投資家たちに対する優位性を獲得することを目指したトレード帝国の創設者である。

数年後、金融犯罪史上最大の罰金を支払い、さらに多くの従業員たちがインサイダー取引に関与したことが明らかとなったあと、コーエンは世界でもっとも裕福な人物の一人として、この危機から復活したのである。結局、政府が一〇年近くかけて集めた彼に対する証拠が陪審員に示されることはなかった。あとはコーエンが自らの富を費消し、引退後の計画を立てるだけである。

いまやコーエンはこれまで以上にお金を稼いでいる。二〇一四年、自分の資産を運用しただけで、彼は二五億ドルもの利益を上げた。これは、アメリカ政府に手渡さざるを得なかった罰金を取り返して余りある金額である。その後、二〇一六年一一月一八日、ドナルド・トランプが大統領に選出されると、彼は金融の規制緩和が新たな時代を迎えるとうたい上げた。トランプ政権は政権移行チームのメンバーとして、コーエンの個人会社であるポイント72の法律顧問を雇い、司法省のスタッフを採用する役割を与えた。一方、コーエンは一日も早く、ヘッジファンドを再開する計画を進めている。

謝辞

多くの人々の支えなくして本書が日の目を見ることはありませんでいた。研究者、編集者、上司、同僚、ファクトチェッカー、そして友人たち。いくつかのヘッジファンドを対象に行われていたインサイダー取引の捜査を追いかけ、過去一〇年の間にそこで起こった出来事を再構築しようとする私に、貴重な時間と洞察を与えてくださった多くの情報提供者たちに心からの謝意を表します。

本書でつづった物語は、当初ブルームバーグ・ビジネスウィークの記事として準備されたものです。ブルームバーグ・ビジネスウィークは、ジャーナリストとして調査を進める私のホームグラウンドであり、本書で語られている出来事の多くがその時代に起こったことです。ブルームバーグ・ビジネスウィークの編集長であるジョッシュ・ティレンジールは、やる気を引き出すような高い水準を常に設定してくれました。彼と、副編集長であり後継者でもあるエレン・ポロックは遅筆な私を受け入れ、寛大にもこの野心的な物語を記す機会を与えてくださいました。友人であり、ビジネスウィークの特集記事担当デスクのブライアン・ウルスタッドは、私にＳＡＣキャピタルを取り上げるよう最初に背中を押してくれた人物です。編集者のブラッド・ウィーナーズや、ブルームバーグ・メディアの仲間たちをはじめ、多くの友人や同僚に感謝の意を表します。
ビジネスウィークを退社したあと、光栄にも、デビッド・レムニックのもと、ニューヨーカーの記者として働く機会を得ました。彼はあらゆる面で私の師であります。また、ヘンリー・フィンダー、ベラ・ティチュニック、ニック・トンプソン、編集者や同僚たちにも御礼申し上げます。

本書は、出版業界でもっとも寛大かつ厳格な編集者の一人であるアンディ・ウォードにも届けることができました。スーザン・カミルとトム・ペリーに会うために、ペンギン・ランダム・ハウスに足を踏み入れたとき、最初の面会で彼らは『大統領の陰謀』に言及されました。その瞬間、自分が本書の重要性を理解している出版人たちと仕事をしていることを知りました。サリー・マービンとロンドン・キングの二人は聡明で、熱心に刊行の意義を説いてくれました。また、カエラ・マイヤー、メリッサ・サンフォード、エバン・カムフィールド、ジョセフ・ペレスには大変お世話になりました。

エージェントであるゲイル・ロスは根気強く支えてくれました。また彼女のパートナーであるハワード・ユーンは編集上の貴重な助言を下さいました。ヒューゴ・リンドグレーンは、かけがえのない編集者であり、アドバイザーであり、友人であります。セオドリック・マイヤーとナディーン・サバイにはさまざまな場面で調査を手伝っていただき、またアンディ・ヤングはファクトチェッカーとして重要な役割を果たしてくださいました。原稿に目を通し、アドバイスを下さり、私の話に耳を傾け、またそれぞれの仕事を通じて私を導いてくれた多くの友人に恵まれた幸運に感謝します。カトリーナ・ブルッカー、スティーブ・フィッシュマン、デビッド・グロービン、スージー・ハンセン、アレクサンドラ・ジェイコブス、パトリック・ラッデン・キーフェ、ケイト・ケリー、ピーター・ラットマン、デビン・レオナルド、ダフ・マクドナルド、ベサニー・マクリーン、ミランダ・パーブス、アニータ・ラグワン、アンドリュー・ライス、マリア・ルッソ、ガブリエル・シャーマン、ジェニファー・スタール、ニック・ベルビツキー、デビッド・ボレアコス。本書は、私がジャーナリストとしての指導を受けたピーター・カプランに捧げるものでもあります。

私の家族にも感謝を伝えます。父フランク、母ロウェア、妹アマンダ。シャルロッテとパッツィなどの義姉妹。そしてもっとも大切な、セス、ワイアット、ローラ。世界中の何よりも愛し、またすべてを受け入れてくれる家族に感謝します。

二〇一六年一一月　ニューヨーク市

付録——登場人物一覧

SACキャピタル・アドバイザーズ（コネティカット州スタンフォード）

●経営陣

スティーブ・A・コーエン（創業者兼オーナー）
ピーター・ヌスバウム（相談役）
ソロモン・クミン（COO［最高執行責任者］）
トム・コンヒーニー（会長）
スティーブ・ケスラー（CCO［最高法令順守責任者］）

●CR・イントリンシック（SACの精鋭部隊であるリサーチドリブン部門）

マシュー・グロスマン（CR・イントリンシック代表）
マシュー・マートマ（ポートフォリオマネジャー）
ジェイソン・カープ（調査部長）
デビッド・ムンロ（ポートフォリオマネジャー）
ベンジャミン・スレート（ポートフォリオマネジャー）

ジョナサン・ホランダー（アナリスト）
ティモシー・ジャンドビッツ（ヘルスケア部門トレーダー）

●シグマ・キャピタル（マンハッタンを拠点とするSACの一部門）
マイケル・スタインバーグ（ポートフォリオマネジャー）
ジョン・ホルバート（マイケル・スタインバーグ直属のアナリスト）
ガブリエル・プロットキン（ポートフォリオマネジャー）
リチャード・グローディン（ポートフォリオマネジャー、ストラティックス・アセット・マネジメント共同設立者）
リチャード・クー・バン・リー（グローディン直属のテクノロジー部門アナリスト、スフェリックス・キャピタル共同設立者）

●SACのその他関係者
ウェイン・ホールマン（ヘルスケア部門ポートフォリオマネジャー、リッジバック・キャピタル・マネジメント創立者）
フィリップ・ビルハウザー（ヘッドトレーダー）
デビッド・ガネック（ポートフォリオマネジャー、レベル・グローバル・インベスターズ共同設立者）

リチャード・シメル（金融株トレーダー、ダイヤモンドバック・キャピタル共同設立者、スティーブ・コーエンの妹ウェンディと結婚）
ラリー・サパンスキー（エネルギートレーダー、ダイヤモンドバック・キャピタル共同設立者）
ドナルド・ロングイル（ポートフォリオマネジャー）
ノア・フリーマン（ポートフォリオマネジャー）
ケン・リサック（初期の経営陣、独立トレーダー）
アリ・キエフ博士（精神分析医、トレーディングコーチ）

デル取引関連

トッド・ニューマン（ポートフォリオマネジャー、ダイヤモンドバック・キャピタル）
アンソニー・チアソン（ガネックと共にレベル・グローバル・インベスターズ設立）
ジェシー・トートラ（ダイヤモンドバック・キャピタルでニューマン直属のアナリスト）
サム・アドンダキス（レベル・グローバル・インベスターズでチアソン直属のアナリスト）
サンディープ・ゴヤール（ニューバーガー・バーマンのアナリスト）
チャンドラディップ・「ロブ」・レイ（デル従業員）

グランタル・アンド・カンパニー

ロナルド・アイザー（オプション部長）

ジェイ・ゴールドマン（スティーブ・コーエン友人、J・ゴールドマン・アンド・カンパニー創業者）

マシュー・マートマの弁護士

●スティルマン・アンド・フリードマン（ニューヨーク）

チャールズ・スティルマン（パートナー）

ナサニエル・マーマー（パートナー）

●グッドウィン・プロクター（ニューヨーク）

リチャード・ストラスバーグ（パートナー、証券関連訴訟およびホワイトカラー犯罪部門の共同代表）

ロベルト・ブラセラス（パートナー）

マイケル・スタインバーグの弁護士

●クラマー・レビン・ナフタリス・アンド・フランケル（ニューヨーク）

バリー・ベルケ（パートナー、訴訟部門共同代表）

スティーブ・コーエンの弁護士

●ウィルキー・ファー・アンド・ガラハー（ニューヨーク）
マーティン・クロッツ（首席弁護士、訴訟部門）
マイケル・シャクター（パートナー）

●ポール・ワイス・リフキンド・ウォートン・アンド・ガリソン（ニューヨーク）
セオドア（テッド）・V・ウエルズ・ジュニア（パートナー、訴訟部門共同代表）
ダニエル・クラマー（パートナー、証券訴訟及び執行部門共同代表）
マーク・ポメランツ（法廷弁護士）

●ボイース・シラー・アンド・フレクスナー（ニューヨーク）
デビッド・ボイーズ（会長）

フェアファックス・バイオベイル訴訟

●カソウィッツ・ベンソン・トレス・アンド・フリードマン（ニューヨーク）
マイケル・ボー（パートナー）

FBI（米連邦捜査局）ニューヨーク支局

●ホワイトカラー犯罪部

パトリック・キャロル（B・J・カンの上司）
デビッド・シャベス（デビッド・マコルの上司）
B・J・カン（特別捜査官、C1班長）
デビッド・マコル（特別捜査官、C35班長）
マシュー・カラハン（特別捜査官）
ジェームズ・ヒンクル（特別捜査官）
トム・ズカウスカス（特別捜査官）

SEC（米証券取引委員会）

●本部　ワシントンDC

マリー・シャピロ（委員長二〇〇九～一二年）
マリー・ジョー・ホワイト（委員長二〇一三～一七年）
アンドリュー・セレスニー（執行部長二〇一二～一六年）
ジョージ・カネロス（執行部副部長二〇一二～一三年、執行部共同部長二〇一三～一四年）

●ニューヨーク支局
サンジャイ・ワドーワ
アメリア・リリー
マシュー・ワトキンス
ジョセフ・サンソーネ
ダニエル・マーカス
ジャスティン・スミス
ニール・ヘンデルマン
トーマス・スミス
マイケル・ホランド

ニューヨーク州南部連邦地方裁判所
プリート・バラーラ（連邦検事）
リチャード・ザベル（連邦副検事）
ローリン・ライズナー
アントニア・アップス（連邦検事補）
アルロ・デブリン・ブラウン（連邦検事補）

アビ・ウェイツマン（連邦検事補）
アンドリュー・マイケルソン
ジョシュア・クライン（連邦検事補）
レイモンド・ロアー（連邦検事補）
リード・ブロツキー（連邦検事補）
ユージン・インゴグリア（連邦検事補）
ハリー・チャーノフ（連邦検事補）
クリストファー・ガルシア
マーク・バーガー
アンジャン・サニー

登場人物一覧（姓のみの五十音順）

アイザー（グランタル・アンド・カンパニーのオプション部長）
アップス（ニューヨーク州南部連邦地方裁判所連邦検事補）
アドンダキス（レベル・グローバル・インベスターズでチアソン直属のアナリスト）
インゴグリア（ニューヨーク州南部連邦地方裁判所連邦検事補）

ウェイツマン（ニューヨーク州南部連邦地方裁判所連邦検事補）
ウエルズ（ポール・ワイス弁護士事務所）
カープ（CR・イントリンシックの調査部長）
ガネック（SACのポートフォリオマネジャー）
カネロス（SEC執行部副部長二〇一二〜一三年、執行部共同部長二〇一三〜一四年）
カラハン（FBI特別捜査官）
ガルシア（ニューヨーク州南部連邦地方裁判所）
カン（FBI特別捜査官、C1班長）
キエフ博士（SACのトレーディングコーチ）
キャロル（FBI、B・J・カンの上司）
クミン（SACのCOO）
クライン（ニューヨーク州南部連邦地方裁判所連邦検事補）
クラマー（ポール・ワイス弁護士事務所）
グローディン（シグマ・キャピタルのポートフォリオマネジャー）
グロスマン（CR・イントリンシック代表）
クロッツ（スティーブ・コーエンの弁護士）
ケスラー（SACのCCO）

コーエン（ＳＡＣ創業者兼オーナー）
ゴールドマン（グランタル・アンド・カンパニー）
ゴヤール（ニューバーガー・バーマンのアナリスト）
コンヒーニー（ＳＡＣ会長）
サニー（ニューヨーク州南部連邦地方裁判所）
サパンスキー（ＳＡＣのエネルギートレーダー）
ザベル（ニューヨーク州南部連邦地方裁判所連邦副検事）
サンソーネ（ＳＥＣニューヨーク支局）
シメル（ＳＡＣの金融株トレーダー）
シャクター（スティーブ・コーエンの弁護士）
シャピロ（ＳＥＣ委員長二〇〇九～一二年）
シャベス（ＦＢＩ、デビッド・マコルの上司）
ジャンドビッツ（ＣＲ・イントリンシックのヘルスケア部門トレーダー）
ズカウスカス（ＦＢＩ特別捜査官）
スタインバーグ（シグマ・キャピタルのポートフォリオマネジャー）
スティルマン（マートマの弁護士）
ストラスバーグ（グッドウィン・プロクターのパートナー）

スミス、ジャスティン（SECニューヨーク支局）
スミス、トーマス（SECニューヨーク支局）
スレート（CR・イントリンシックのポートフォリオマネジャー）
セレスニー（SEC執行部長二〇一二～一六年）
チアソン（ガネックと共にレベル・グローバル・インベスターズ設立）
チャーノフ（ニューヨーク州南部連邦地方裁判所連邦検事補）
トートラ（ダイヤモンドバック・キャピタルでニューマン直属のアナリスト）
ニューマン（ダイヤモンドバック・キャピタル）
ヌスバウム（SAC相談役）
バーガー（ニューヨーク州南部連邦地方裁判所）
バッカリーノ（コーエン直属のリサーチトレーダー）
バラーラ（ニューヨーク州南部連邦地方裁判所連邦検事）
ビルハウザー（SACのヘッドトレーダー）
ヒンクル（FBI特別捜査官）
ブラウン（ニューヨーク州南部連邦地方裁判所連邦検事補）
ブラセラス（グッドウィン・プロクターのパートナー）
フリーマン（SACのポートフォリオマネジャー）

ブロツキー（ニューヨーク州南部連邦地方裁判所連邦検事補）
プロットキン（シグマ・キャピタルのポートフォリオマネジャー）
ベルケ（マイケル・スタインバーグの弁護士）
ヘンデルマン（SECニューヨーク支局）
ボイーズ（ボイース・シラー・アンド・フレクスナー会長）
ボー（フェアファックス・バイオベイル訴訟の弁護士）
ホールマン（SACのヘルスケア部門ポートフォリオマネジャー）
ポメランツ（ポール・ワイス弁護士事務所）
ホランダー（CR・イントリンシックのアナリスト）
ホランド（SECニューヨーク支局）
ホルバート（シグマ・キャピタルのマイケル・スタインバーグ直属のアナリスト）
ホワイト（SEC委員長二〇一三～一七年）
マーカス（SECニューヨーク支局）
マートマ（CR・イントリンシックのポートフォリオマネジャー）
マーマー（マートマの弁護士）
マイケルソン（ニューヨーク州南部連邦地方裁判所）
マコル（FBI特別捜査官、C35班長）

ムンロ（CR・イントリンシックのポートフォリオマネジャー）
ライズナー（ニューヨーク州南部連邦地方裁判所）
リー（シグマ・キャピタルのアナリスト、スフェリックス・キャピタル共同設立者）
リサック（SACの初期の経営陣、独立トレーダー）
リリー（SECニューヨーク支局）
レイ（デル従業員）
ロアー（ニューヨーク州南部連邦地方裁判所連邦検事補）
ロンゲール（SACのポートフォリオマネジャー）
ワドーワ（SECニューヨーク支局）
ワトキンス（SECニューヨーク支局）

■著者紹介
シーラ・コルハトカー（Sheelah Kolhatkar）
『ニューヨーカー』の記者。以前は、ブルームバーグ・ビジネスウィークの特集記事担当や特派員を務め、アトランティック、ニューヨーク・タイムズ、ニューヨーク・タイムズ・ブックレビュー、ニューヨーク、タイムなどへ寄稿していた。講演者、コメンテーターとしても活躍しており、ブルームバーグテレビジョン、CNBC、PBS、SBC、NPRなどで、ビジネス、経済、ウォール街、規制、金融犯罪、政治、シリコンバレー、賃金格差、女性問題などさまざまな問題を取り上げている。ジャーナリストとして活躍する以前は、ニューヨーク市に本拠を持つヘッジファンド２社でリスクアービトラージのアナリストをしていた経験を持つ。現在、ニューヨーク市在住（https://www.sheelahkolhatkar.com/、@Sheelahk）

■監修者紹介
長尾慎太郎（ながお・しんたろう）
東京大学工学部原子力工学科卒。北陸先端科学技術大学院大学・修士（知識科学）。日米の銀行、投資顧問会社、ヘッジファンドなどを経て、現在は大手運用会社勤務。訳書に『魔術師リンダ・ラリーの短期売買入門』『新マーケットの魔術師』など（いずれもパンローリング、共訳）、監修に『高勝率トレード学のススメ』『ラリー・ウィリアムズの短期売買法【第２版】』『コナーズの短期売買戦略』『続マーケットの魔術師』『続高勝率トレード学のススメ』『ウォール街のモメンタムウォーカー』『投資哲学を作り上げる　保守的な投資家ほどよく眠る』『システマティックトレード』『株式投資で普通でない利益を得る』『ブラックスワン回避法』『市場ベースの経営』『金融版 悪魔の辞典』『世界一簡単なアルゴリズムトレードの構築方法』『ハーバード流ケースメソッドで学ぶバリュー投資』『システムトレード 検証と実践』『バフェットの重要投資案件20 1957-2014』『堕天使バンカー』『ゾーン【最終章】』『ウォール街のモメンタムウォーカー【個別銘柄編】』『マーケットのテクニカル分析』など、多数。

■訳者紹介
藤原玄（ふじわら・げん）
1977年生まれ。慶應義塾大学経済学部卒業。情報提供会社、米国の投資顧問会社在日連絡員を経て、現在、独立系投資会社に勤務。業務のかたわら、投資をはじめとするさまざまな分野の翻訳を手掛けている。訳書に『なぜ利益を上げている企業への投資が失敗するのか』『株デビューする前に知っておくべき「魔法の公式」』『ブラックスワン回避法』『ハーバード流ケースメソッドで学ぶバリュー投資』『堕天使バンカー』（パンローリング）などがある。

2018年１月３日　初版第１刷発行

ウィザードブックシリーズ(258)

ブラックエッジ
――資産１兆円の男、スティーブ・コーエン物語

著　者　　シーラ・コルハトカー
監修者　　長尾慎太郎
訳　者　　藤原玄
発行者　　後藤康徳
発行所　　パンローリング株式会社
〒160-0023　東京都新宿区西新宿 7-9-18　6階
TEL 03-5386-7391　FAX 03-5386-7393
http://www.panrolling.com/
E-mail　info@panrolling.com
編　集　　エフ・ジー・アイ（Factory of Gnomic Three Monkeys Investment）合資会社
装　丁　　パンローリング装丁室
組　版　　パンローリング制作室
印刷･製本　株式会社シナノ

ISBN978-4-7759-7227-4